■ PPP丛书

# PPP
# 项目合同管理

全球基础设施中心　　　　　财政部政府和社会资本合作中心
/ 编著　　　　　　　　　　中国政企合作投资基金管理有限责任公司
　　　　　　　　　　　　　中央财经大学政府和社会资本合作治理研究院
　　　　　　　　　　　　　/ 译

中国财经出版传媒集团
经济科学出版社
Economic Science Press

图字 01-2020-5585
ⓒ Global Infrastructure Hub 2018
ACN 602 505 064
ABN 46 602 505 064
ⓒ 2020 中国大陆地区简体中文专有版权属经济科学出版社
版权所有　翻印必究

**图书在版编目（CIP）数据**

PPP 项目合同管理／全球基础设施中心编著；财政部政府和社会资本合作中心，中国政企合作投资基金管理有限责任公司，中央财经大学政府和社会资本合作治理研究院译. --北京：经济科学出版社，2021.4
（PPP 丛书）
书名原文：Managing PPP Contracts After Financial Close
ISBN 978-7-5218-2507-7

Ⅰ.①P… Ⅱ.①澳…②财…③中…④中… Ⅲ.①政府投资－合作－社会资本－经济合同－管理 Ⅳ.①F830.59②F014.391

中国版本图书馆 CIP 数据核字（2021）第 073216 号

责任编辑：凌　敏
责任校对：王肖楠
责任印制：张佳裕

**PPP 项目合同管理**
全球基础设施中心　编著
财政部政府和社会资本合作中心
中国政企合作投资基金管理有限责任公司　译
中央财经大学政府和社会资本合作治理研究院
经济科学出版社出版、发行　新华书店经销
社址：北京市海淀区阜成路甲 28 号　邮编：100142
教材分社电话：010-88191343　发行部电话：010-88191522
网址：www.esp.com.cn
电子邮箱：lingmin@esp.com.cn
天猫网店：经济科学出版社旗舰店
网址：http://jjkxcbs.tmall.com
固安华明印业有限公司印装
787×1092　16 开　19.25 印张　350000 字
2022 年 10 月第 1 版　2022 年 10 月第 1 次印刷
ISBN 978-7-5218-2507-7　定价：78.00 元
（图书出现印装问题，本社负责调换。电话：010-88191510）
（版权所有　侵权必究　打击盗版　举报热线：010-88191661
QQ：2242791300　营销中心电话：010-88191537
电子邮箱：dbts@esp.com.cn）

# 中文版前言

2022年4月,中央财经委员会第十一次会议强调要推动政府和社会资本合作(PPP)模式规范发展、阳光运行。这为PPP事业未来发展确定了方向。PPP项目合同作为政企合作的基石,需要合同各方进行持续有效履行和管理,才能发挥项目规范建设和运营、长期保质保量提供公共服务的作用,并积累有利于合同完善的经验和知识。截至2022年6月末,全国PPP综合信息平台项目管理库中,已签约项目7934个、投资额13.1万亿元。这要求我们将PPP项目合同管理纳入PPP事业发展的重要日程。各级政府、PPP相关各方需要充分重视和加强合同管理,推进PPP市场和项目规范高质量运行。

鉴此,财政部政府和社会资本合作中心联合中国政企合作投资基金管理有限责任公司、中央财经大学政府和社会资本治理研究院,将二十国集团(G20)旗下全球基础设施中心"Managing PPP Contracts after Financial Close"报告翻译成中文并出版。本书聚焦促进政府方在PPP项目建设和运营阶段的履约管理,汇集了精心选取的全球实践经验和生动案例,涵盖了项目合同管理的主要方面,具有重要参考价值,有助于提高政府方的合同管理水平,保障项目资产和公共服务长期保质保量交付,实现物有所值。本书对社会资本和项目公司的合同管理工作也有借鉴意义。

# 英文版前言

全球基础设施的数量明显不足，难以满足各国人民的需求。为此，基础设施建设已经成为许多国家政府高度重视的优先事项。

全球各国政府都期望通过公私伙伴关系（public private partnerships，PPP）来吸引私人部门参与建设基础设施项目，因为他们意识到私人部门的参与可以推动创新、提高效率，并提供额外的融资解决方案。

PPP通常涉及长期合同，这些合同在采购阶段结束后可能持续20年以上。然而，人们对于PPP项目的注意力往往集中在吸引融资和实现融资交割上，较少重视此后的建设和运营全过程中对项目的管理。

本书为公共部门的工作人员提供基于实践的指南和案例研究，以便使那些在融资交割后负责合同管理的人员能够更好地确保实现项目目标和物有所值。本书包含对全球250多个PPP项目的合同管理经验的分析以及从具体项目案例研究中汲取的经验教训。

本书旨在供在管理PPP项目方面具有不同层次的专业知识和经验的公共部门人员使用。虽然它的目标读者是那些在融资交割后负责PPP项目管理的人，但它也着重给出了一些存在于项目全过程中的经验教训，从而对负责PPP项目准备和采购的人员以及政策制定者都具有指导意义。

本书聚焦全球良好实践、解析真实项目一手经验，重点探讨了合同管理中的关键问题。书中提供的案例研究，项目类型丰富、涉足不同法域，读者可以进行实践性学习，增强阅读获得感。本书的目的并不是为各国政府提供一个单一的解决方案，而是为其提供一个框架，使其能够为那些负责项目融资交割后进行基础设施项目管理的公共部门人员进行能力建设。

通过使用本书，政府将能够更好地管理项目建设和运营，更顺利地与私人部门合作伙伴进行合作，并继续从高质量的基础设施项目中获得更大的社会效益和经济效益。

"高质量 PPP 项目的设计、采购和谈判对项目的成功至关重要，但是如果在融资交割后没有有效的合同管理，再好的项目也面临着失败的巨大风险。"

——全球基础设施中心首席执行官
克里斯·希思科特（Chris Heathcote）

"这个参考工具旨在帮助公共部门意识到，在融资交割后，乃至于在整个合同存续阶段，PPP 合同管理所能够创造的价值和机会。"

——特纳唐逊咨询公司董事总经理（美洲地区和全球基础设施）
莫里·劳登（Murray Rowden）

# 目 录

第 1 章 引言 ·································································· 1

第 2 章 合同管理团队的组建与培训 ······································ 6

    2.1 合同管理团队的组建 ············································· 6

    2.2 合同管理团队的培训 ············································ 15

第 3 章 常规合同管理 ······················································ 20

    3.1 过渡期管理 ························································ 20

    3.2 履约监督 ··························································· 32

    3.3 利益相关者管理 ·················································· 42

    3.4 信息管理 ··························································· 56

    3.5 索赔 ································································· 58

    3.6 所有权变更 ························································ 69

    3.7 再融资 ······························································ 72

第 4 章 再谈判 ······························································· 77

    4.1 背景 ································································· 78

    4.2 指南 ································································· 80

    4.3 总结性数据分析 ·················································· 86

第 5 章 争议 ·································································· 90

    5.1 背景 ································································· 91

5.2　指南 ·········································································· 93
　　5.3　总结性数据分析 ····················································· 110

第6章　破产 ········································································· 114
　　6.1　背景 ········································································ 115
　　6.2　指南 ········································································ 117
　　6.3　总结性数据分析 ····················································· 122

第7章　根本违约和终止 ······················································ 124
　　7.1　背景 ········································································ 125
　　7.2　指南 ········································································ 127
　　7.3　总结性数据分析 ····················································· 135

术语 ······················································································· 137

方法论 ··················································································· 145

相关文献 ··············································································· 154

附录1　数据分析 ································································· 156
　　简介 ··············································································· 156
　　采购当局团队数据 ························································ 157
　　再谈判数据 ··································································· 158
　　有关争议的数据 ···························································· 162
　　其他重大事件的数据 ···················································· 166
　　所有权变更和再融资数据 ············································ 171
　　全球数据和样本数据 ···················································· 172

附录2　案例研究 ································································· 175
　　比利时：布拉伯一号轻轨 ············································ 175
　　巴西：水电站 ······························································· 183

# 目 录

巴西：皮拉西卡巴 440/138 千伏变电站 ······ 190

巴西：500 千伏图库鲁伊 - 如鲁帕里输电线路 ······ 196

中国：桥西区集中供暖 ······ 204

哥伦比亚：巴兰奎亚机场 ······ 211

约旦：阿利亚皇后机场扩建 ······ 218

菲律宾：Daang Hari-SLEX 连接道路 ······ 226

南非：豪登快速铁路 ······ 234

西班牙：塞加拉 - 加里格斯灌溉系统 ······ 244

西班牙：萨拉戈萨有轨电车 ······ 252

英国：中伯克郡垃圾处理项目 ······ 259

英国：城际快车项目 ······ 268

美国：I－495 高速车道项目 ······ 277

美国：迈阿密港隧道 ······ 284

**后记** ······ 295

# 第1章 引 言

PPP合同管理是PPP交付中最重要的方面。有效的合同管理会支持项目按照原定的合同条款取得长期的成功；反之，如果合同管理不善，多年的项目准备和采购工作的成果就会受到严重损害，并可能最终导致纳税人花费增加、使用者服务中断。

面对日益增长的投资需求和预算限制，许多政府越来越希望私人部门为基础设施的交付提供专业知识和融资，而这一般通过使用PPP来实现。然而，尽管政府越来越倾向于将PPP模式视为基础设施项目的采购和融资模式，但项目建设和运营阶段的合同管理工作却是基础设施交付中更容易被忽视的几个方面之一。

鉴于PPP合同的长期性及其庞大的规模和复杂性，如果合同管理不当，很有可能对公共服务的提供产生重大影响。合同签订后所进行的任何偏离（variations）、范围变更（scope changes）及其他变更，即使各方达成一致，也不一定能够维持项目当初通过采购所实现的竞争性和价值。

合同管理的重要性不仅体现在单一项目中，因为任何项目的实施都不可能孤立于其他PPP项目。从一个项目获得的经验有助于为后来实施的项目提供优化的机会。

因此，公共部门必须认识到有效的PPP合同管理所创造的价值和机会，制定相应的战略方案，在项目全生命周期中发挥PPP模式的优势，并且不断学习和完善私人部门参与公共基础设施交付模式的经验。

## 概 述

本书是基于对全球PPP项目建设和运营经验的研究而编写的指南。它为负责融资交割后PPP项目管理的公职人员提供了实用性的建议。

本书由G20发起的全球基础设施中心（GI Hub）及其咨询顾问特纳唐逊咨询公司共同编写。它对超过250个PPP项目的数据进行了收集和分析，并通过一些案例研究项目和详细的文献综述，深入分析合同管理的良好实践。

本书方便阅读，具有互动性，为世界各地负责 PPP 合同管理的公共部门团队提供从融资交割到移交过程中的全方位指南。本书补充了有关 PPP 项目监督和治理问题的其他学习资源，同时，它揭示了项目实施中最常见的挑战和问题，从而有助于改善项目融资交割前各阶段的工作。

本书涵盖了合同管理的关键问题，包括组建合同管理团队、常规合同管理问题以及可能对项目产生重大影响的非常规问题，例如合同争议、合同再谈判、项目公司破产或合同终止等情况。案例研究展示了成功项目的良好实践，并突出了可供学习的经验。

本书分析了可能导致采购当局和项目公司产生分歧的情况，提供了有关管理此类问题的良好实践指南。同样重要的是，本书也讨论了 PPP 合同通常不会涉及，但对采购当局管理项目交付工作十分重要的问题，比如公共利益相关者的参与。

虽然本书并不是一个规范意义上的 PPP 管理手册，但它却为如何认识 PPP 所固有的潜在问题，以及如何在实施阶段（包括设计、建设和交付项目资产）和运营阶段（包括服务提供期间的运营和维护）解决这些问题提供了实用性的建议和指南。本书还能使读者了解典型的 PPP 陷阱及其产生的主要原因，它们对 PPP 合同的潜在影响，以及主动管理项目风险的可能方法。

本书不是为了替代任何已有的指南文件，相反，它是对现有指南文件的有益补充——它基于系统研究和分析，以及真实案例的研究，聚焦于融资交割后的合同管理良好实践。最后，它不是用来评估采购当局能力水平或者识别所存在的差距的范本。当然，本书可能也强调了确保更加有效的合同管理所需要改善的组织问题。

## 定义与覆盖的行业

本书可供所有普通法系和大陆法系国家的公职人员使用，并为不同法系环境下所交付的项目提供指南。

就本书而言，PPP 合同是指采购当局（政府或其他公共机构）与项目公司（私人合作伙伴或商业合作伙伴）之间用于开发和/或管理公共资产或服务的长期合同，其中项目公司在合同期内承担主要风险和管理责任，并且收益回报与资产或服务的绩效和/或对资产或服务的需求或使用具有实质性的联系。它涵盖了绿地项目和棕地项目。

本书有意对 PPP 进行广义定义。这一定义包括将需求风险完全转移给私人合作伙伴的项目（也称为"使用者付费"项目或特许经营项目），也包括与需求无关、

# 第1章 引言

基于可用性由政府付费的项目（基于可用性的项目）。它还包括诸如政府实体作为电力购买者的电力购买协议。

虽然本书的数据收集和案例研究只集中于交通、能源、水和垃圾处理这几类经济基础设施项目，许多合同管理的一般原则也适用于其他项目，包括社会基础设施项目，如学校和医院项目。

## 开发方法概要

本书是通过系统研究PPP建设阶段和运营阶段所使用的实践数据和实际案例编写的。本书的数据收集步骤如图1.1所示。此外，本书的方法论部分详细介绍了所采用的方法。

（1）开发一个全球主数据库，其中包括2005~2015年完成融资交割的所有经济基础设施类PPP项目。主数据库是使用多个网络资源组建的，并按地区和行业分类，其中包括了137个国家的3736个项目。

（2）从主数据库中随机选择了250个项目，组成一组，使样本的区域和行业分布类似于主数据库的分布。具体做法是从主数据库中随机选取样本，并将样本的区域和行业分布与主数据库进行对比，重复此过程多次，最后选择与主数据库的区域和行业分布最为一致的样本。

（3）通过结合桌面研究和主要利益相关者的访谈来收集这些项目的数据。收集的信息包括重大事件（合同终止、不可抗力等），再谈判（次数、结果等），争议（次数、结果等）的详细信息，以及合同期限、投资额、融资和承包商等基本项目信息。这些信息所反映的有关问题的普遍程度，是确定本参考工具重点内容的基础。该数据收集的局限性在方法论部分有详细说明，其结果反映在附录1（数据分析）中。

（4）对有关PPP合同管理的现有文献进行了调研，以了解已经存在哪些指南，以及哪些问题没有被现有指南所涵盖等。

（5）在数据收集工作取得显著进展之后，确定25个项目作为研究案例，以进一步研究采购当局在融资交割后在PPP项目中所面临的具体挑战，以及需要学习的主要实践和经验。这25个PPP项目中的大多数是从随机抽样的250个项目中选取的，另外还有别的一些项目，以确保研究案例涵盖各个区域以及所有相关问题。之后，与每个所研究的案例中的采购当局和项目公司进行了访谈，并在需要的时候采访了贷款人和律师，以全面了解影响所研究的PPP项目的成功和挑战因素，以及该项目所采取的做法。此外，还与该领域的专家进行了不针对具体项目的一般性访谈，受访者为具有 PPP 合同管理经验的律师、贷款人和顾问等。诺顿·罗氏·富布莱特（Norton Rose Fulbright），一家在 33 个国家运营的全球律师事务所，对本书进行了大量的法律审查，审查意见已纳入本参考工具。

（6）完成一定数量的案例研究并编写了本书之后，我们举办了三次区域研讨会，分享初步研究结果，并进一步了解 PPP 从业人员在 PPP 合同管理过程中所面临的挑战。第一次研讨会在哥伦比亚的波哥大举行，第二次在新加坡，第三次在意大利的罗马。与会者包括这些国家所在区域的政府采购当局、私人部门组织以及多边开发银行的相关人员。从研讨会获得的反馈意见和其他经验已纳入本书。

1 开发主数据库 → 2 随机选取 250 个 PPP 项目 → 3 进行数据收集 → 4 对 25 个项目进行案例研究 → 5 举办三次研讨会 → 6 编写本书

图 1.1　本书数据收集步骤

因此，本书基于世界各地项目的实际经验，并得到采购当局以及包括项目公司、股权投资者、贷款人和承包方在内的其他利益相关者的支持和反馈；本书的章节设计和安排，能够解决 PPP 合同管理中的主要挑战和问题。

25 个案例研究中的大多数已纳入附录 2（案例研究）。由于一些项目存在敏感性（如处于争议之中），因此目前尚未将所有案例研究全部发布。出于这一原因，我们对部分案例研究做了匿名处理，或将其完全省略。但是，从所有 25 个案例研究中汲取的重点经验教训已纳入本书。

由于为拟研究的项目划定了时间限制——它们必须是于 2005～2015 年期间实现融资交割的项目，所以这意味着已经进行移交的项目数量很少。尽管如此，因为移交是 PPP 管理的重要部分，本书仍然提供了有关移交过程的指南，只是有关最终移交的章节并未附有具体的案例研究。

# 鸣　谢

本书由全球基础设施中心（GI Hub）编写，全球基础设施中心的一项主要工作是研究和推广高质量基础设施交付的良好实践。

全球基础设施中心聘请了特纳唐逊公司牵头本参考工具的准备工作。特纳唐逊是一家在全球 PPP 市场中发挥领先作用的独立专业服务公司，在本工作中与由莫拉格·贝尔德(Morag Baird)和杰克·汉德福德(Jack Handford)领导的全球基础设施中心团队开展了密切合作。

很多政府和私人部门对本书的编写也做出了贡献,它们包括项目业主、股权投资者、贷款人(如英杰华投资集团公司(Aviva Investors))、承包商和顾问(例如,其礼律师事务所(Clyde & Co)和福斯特建筑事务所(Foster & Partners)等)。他们花时间协助项目团队收集数据、准备案例研究,并对PPP合同管理中的一般问题进行评论。诺顿罗氏律师事务所(Norton Rose Fulbright)和法博律师事务所(Felsberg Advogados)对本书进行了大量法律审查。

本书主要数据的收集也得到了有关PPP合同管理这一议题的文献综述的支持。这些文献主要包括欧洲PPP专家中心的文件《在合同期内管理PPP》[1]、印度政府的特许经营型PPP合同管理工具包(Post Award Contract Management Toolkit for PPP Concession)[2],以及加拿大PPP中心(PPP Canada)向全球基础设施中心提供的未发表的指南。

其他国际和双边组织的支持和贡献也有助于本书的编写,特别是欧洲投资银行的欧洲PPP专家中心(包括Edward Farquharson)、美洲开发银行和世界银行。

我们举行了一系列咨询性研讨会,为本书寻求咨询意见。来自近30个国家的政府官员参与了这些研讨会,为本书的编写做出了贡献。

---

[1] http://www.eib.org/infocentre/publications/all/epec-managingppps-during-their-contract-life.htm。
[2] https://www.pppinindia.gov.in/post-award-contractmanagement-toolkit。

# 第 2 章　合同管理团队的组建与培训

长远而言，有效的合同管理团队对于确保实现项目目标至关重要。考虑到任何项目都可能面临的挑战，第 2 章为采购当局如何组建合同管理团队提供了指南，以便使采购当局以最有效的方式履行合同管理职责。采购当局还需要对项目工作人员的培训进行规划，其中包括一般性培训和 PPP 专题培训。本章也提供了有关员工培训这一特定主题的指南。

本章中的"合同管理团队"是指采购当局的合同管理团队。项目公司也需要一个团队来负责管理其合同义务和责任，并与采购当局的团队对接，但这不是本章的重点。

本章涵盖的主题：
- 合同管理团队的组建（第 2.1 节）。
- 合同管理团队的培训（第 2.2 节）。

## 2.1　合同管理团队的组建

影响合同管理团队规模和结构的因素有若干个，其中包括采购当局承担的义务和风险水平以及项目的总体复杂性。如果采购当局在 PPP 合同下承担了高风险，并且承担了大量义务，那么它就必须在合同管理中发挥积极作用。如果采购当局承担的风险和义务较少，则它可能不需要很积极的角色，尽管其责任也不应被低估。考虑到这些因素，采购当局需要确定团队需要哪些技能，以及通过依靠外部顾问或其他政府部门，可以获得哪些专长。

**本节结构**

本节在第 2.1.1 小节（背景）中介绍合同管理团队的组成背景。此外，本节还提供了合同管理团队组成的指南。成功组建合同管理团队的关键因素总结如下，并在第 2.1.2 小节（指南）中详细讨论。

- 考虑采购当局在特定 PPP 合同管理中的职责范围。
- 根据项目的性质以及可用的外部资源来确定合同管理团队的规模。
- 确保采购当局的合同管理团队拥有合适的治理结构以及所需的技术和能力。
- 在融资交割前策划组建合同管理团队。
- 实施多个 PPP 项目时，集中使用专家资源，激发项目之间的协同效益。
- 在适当情况下使用外部顾问并确保对更换顾问的情况进行有效管理。
- 持续评估合同管理团队的结构和资源配置，并根据需要进行调整。
- 做好人员流动计划并确保有适当的程序来管理知识的连贯性。
- 组建合同管理团队的方式应有利于减少政府或政策变更的风险。

## 2.1.1 背景

无论 PPP 项目的特征如何（如规模、项目类型、复杂性或合同结构），采购当局必须有一个负责合同管理的团队。PPP 合同比较复杂、规模较大并且期限较长。这意味着，它的成功取决于采购当局的工作人员是否已明确他们在 PPP 项目的不同阶段所承担的管理职责，包括与主要利益相关者的关系以及与其他相关政府部门、监管者的有效沟通。

应该认真规划和审视合同管理团队的组建工作，因为融资交割后所需的合同管理技能不同于 PPP 合同缔结谈判中所需要的交易能力。

不应低估采购当局对其在 PPP 项目中所承担的风险及有关义务进行管理的要求。PPP 不同于传统的政府采购（如建设工程合同的采购），因为它们涉及重大的风险转移并且合同期限长。采购当局在组建合同管理团队时必须考虑到采购长期 PPP 合同的这一特点。

专门的合同管理团队是确保在项目生命周期内实现物有所值，以及确保实现项目目标的关键。从运营角度理解项目所面临的挑战和 PPP 合同条款，对于确定合同管理团队的最佳规模以及高效合同管理所需专长的性质和相关时间安排来说至关重要。

我们在数据收集的过程中，发现了一些有关合同管理团队组建的常见挑战：

- 采购当局的愿景、价值观和战略目标未与项目公司沟通和分享，导致项目公司不完全履行合同。
- 采购当局合同管理团队的职责不清。
- 合同管理团队没有获得明确和充分的授权，因而必须寻求其他相关政府机构的批准，并由此导致其不能及时和明智地做出决策。

- 合同管理团队能力不足。
- 利益相关者参与不足。
- 缺乏有效的履约管理框架。
- 无效的体系和流程。

### 2.1.2 指南

#### 2.1.2.1 考虑采购当局在特定 PPP 合同管理中的职责范围

对于采购当局,第一步是要认识其在管理相关 PPP 合同方面应当承担的角色的性质。合同管理团队的结构和规模应取决于采购当局在合同管理活动中应有的参与程度。

团队的结构和规模取决于以下几个因素,需要结合具体 PPP 项目进行考虑:
- 项目的规模、地理位置和复杂程度。
- 所提供服务的范围和复杂性,包括其所在的行业。
- 合同安排的复杂性。
- 采购当局在 PPP 合同下所保留的风险,或者无论 PPP 合同如何规定,采购当局都要承担的固有风险,例如社会风险和交易对手风险(counterparty risk)。
- 采购当局在 PPP 合同下的积极义务。

合同管理方法可以分为两种:积极合同管理和被动合同管理。它们决定了采购当局合同管理团队的规模和结构。何种方法更合适取决于上述因素。

**积极合同管理**

积极合同管理主要指采购当局承担了实质性义务和风险,并且需要密切和积极地参与合同管理活动以管理这些风险。

在大型或复杂的项目中,即使大量实质性风险已转移至项目公司,采购当局可能仍需要密切和积极地参与合同管理。

PPP 的几个方面可能要求更加积极的合同管理:

履约监督。PPP 通常是基于项目公司自我监督的原则,并因此也向采购当局提交大量的定期报告以供其验证和批准。所以,采购当局要理解和分析项目公司提交的监督报告,必须配置具备相关能力和经验的人员,而数据分析可能需要大量资源。

利益相关者管理。PPP 项目本身就涉及大量的互动关系。这些关系不仅存在于采购当局与项目公司之间,还存在于它们与其他利益相关者之间,甚至是存在于其他利益相关者之间。其他利益相关者包括最终用户、公众、股权投资者、贷款人和其他政府部门。需要为管理这些关系安排足够的资源。在备受瞩目的项目中，还需要管理各种关系之间存在的声誉风险。

征地、配套工程和其他义务。采购当局可能负责配套工程，例如临时接入公用事业、公用事业设施移位及其管线改道、监管审批或与接口基础设施的互联互通。这些活动与项目公司活动之间的联系可能构成重大风险。采购当局可能还需要管理第三方的履约行为——他们的项目和/或活动可能对 PPP 合同产生实质性影响。就许多项目类型而言，采购当局通常需要负责征地和穿越用地权。

PPP 合同还经常要求采购当局在建设阶段（例如签核设计、施工方案、对已达里程碑节点的认证等）的积极参与。采购当局需要迅速做出反应，以避免对项目公司的延误负责。

项目范围变更和项目公司索赔。任何类型的范围变更、偏离或项目公司索赔都可能对采购当局产生重大财务影响，采购当局需要采取强有力措施予以有效管理。

采购当局管理团队需要积极管理的其他方面包括争议（数据显示，17% 的 PPP 项目在融资交割后的头四年内发生过争议）、再谈判（数据显示，45% 的 PPP 项目在融资交割后的十年内进行了再谈判）和与许多其他活动相关的信息管理。

本书的其他章节详细介绍了上述各方面的管理：第 3.1 节（过渡期管理），第 3.2 节（履约监督），第 3.3 节（利益相关者管理），第 3.4 节（信息管理），第 3.5 节（索赔），第 5 章（争议）等。

**被动合同管理**

大多数 PPP 合同都需要一定程度的积极合同管理。

对于某些 PPP 合同，如果采购当局面临的风险较低，合同义务较少，或者项目较小且不太复杂，采购当局则可以在合同管理中发挥较小的作用。例如，在一些电力购买协议（PPAs）中，采购当局同意购买项目公司在一段时间内生产的能源，并进行有限的监督。此类有限监督包括，如管理履约报告、电价变更，以及对其资产状况和财务情况进行定期审计。

然而，即使在这种情况下，采购当局也可能要负责 PPP 项目与相关项目的接驳，例如能源项目与输电线路接驳。那么，采购当局在交付这类邻接项目方面将面临比一般被动合同管理更高的风险，并承担更多义务。采购当局必须谨慎处理这些情况，并且也通常需要更积极的管理方法。

**案例　巴西的被动合同管理**

巴西的能源监管机构，国家电力能源局（ANEEL），最近签署了 10 个新的水力发电厂。这些发电厂增加了 2607 兆瓦的发电量能力。项目公司负责设计、施工和运营,并承担能源需求风险,因此采购当局将合同管理重点放在与电力供应故障发生的频率和持续时间相关的少量绩效指标上。

**2.1.2.2 根据项目的性质以及可用的外部资源来确定合同管理团队的规模**

上一项指南描述了采购当局在管理相关 PPP 合同方面应当承担的角色的性质。采购当局在进行这些考虑之后,还需要决定采取主动还是被动合同管理。这些考虑和决定,对确定合同管理团队的适当规模发挥着关键作用。

没有固定的公式来确定采购当局合同管理团队的规模和结构。根据合同和项目的复杂程度以及采购当局参与合同管理的程度,团队人数亦有所不同,可能只有几个人,也可能超过 50 人。

最常见的情形是,合同管理团队由少数几个长期工作人员(少于 10 人,通常少于 5 人)组成。一个管理完善的 PPP 项目可以只配置一个小型核心团队,该团队依赖于采购当局的其他部门、中央 PPP 中心和/或外部顾问提供的专业技能和支持。

PPP 项目很少会是孤立存在的,在确定合同管理团队的规模时,采购当局需要更广泛地考虑。其他相关考虑因素详述如下,包括是否有可以提供帮助的外部支持。

**案例 世界各地采购当局合同管理团队的结构**

在巴西圣保罗,单个 PPP 合同通常要求采购当局组建专职的合同管理团队。此外,圣保罗中央 PPP 工作组包括具有 PPP 经验的管理人员,也包括 PPP 专业人员,如律师、工程师和经济专家,他们一起帮助处理合同管理中的再谈判或再平衡等关键挑战。

在菲律宾,PPP 中心为采购当局提供法律、技术和金融专长。PPP 中心还帮助采购当局建立和实施其履约监督制度。这可使采购当局不必雇用额外专门人员来管理 PPP 合同。采购当局的团队则主要是技术人员,主要负责技术问题。

在哥伦比亚,国家基础设施局(ANI)是公路项目的采购当局。它为每个项目组建一个约 9 人的管理团队,其中包括法律和金融专门人员。除此之外,每个管理团队都可以获得同一个更专职法律团队的支持。这样这个专职法律团队横跨约 40 个项目。

在苏格兰,公营公司苏格兰期货信托基金为项目提供法律和金融专业服务。在项目建设和运营阶段,它保持参与其中,在必要时提供帮助。采购当局的团队则主要由技术人员组成,对其在苏格兰境内各项目的运营进行监督,而不是为每一个项目组建一个专门团队。

**2.1.2.3 确保采购当局的合同管理团队拥有合适的治理结构以及所需的技术和能力**

采购当局采用的治理方法应该使其合同管理团队能够有效解决日常问题,并就战略问题及时作出决定。

合同管理团队所需的核心专业知识包括合同管理、项目管理、风险管理和一般商业谈判专长。所需的其他专业技能包括法律、沟通、财务、保险、技术和行政专长。第 2.2 节(合同管理团队的培训)详细列示了合同管理团队通过接受持续培训应当具备的能力。

团队应由合同经理、项目经理或者项目主任领导,他们的职责是作为采购当局的主要代表与项目公司交涉。根据项目的性质和合同经理可用的资源(如外部顾问和其他政府团队),也可能需要专职绩效经理、合同管理员、法律经理、财务经理、沟通经理、保险经理和其他技术专家。合同管理团队应定期召开会议,讨论日常运营管理问题。

本章重点介绍采购当局内部的合同管理团队,因此本章并不聚焦于其他治理安排,例如与政府更广/其他层面的官员组成指导或其他战略委员会,也不聚焦于任何项目公司的治理安排,如项目公司董事会成员的提名。这些将在第 3.3 节(利益相关者管理)中详述。

**2.1.2.4 在融资交割前策划组建合同管理团队**

合同管理团队在融资交割前至少要部分到位,以确保顺利和有效过渡到建设阶段。同样重要的是,项目公司和承包商(还可能涉及主要分包商)都需要有横跨过渡阶段的员工。

在融资交割前让合同经理参与招标过程是有利的。合同经理应该从运营的角度深入理解合同,且合同经理了解合同的形成会促进其对合同的理解。合同经理在融资交割前的参与还带来其他益处:即可以在 PPP 合同形成时对合同管理的责任和目标有一个充分的考虑。

研究表明,采购当局经常在融资交割后完全改变合同管理团队的组成。在这种情况下,得到精心管理而又全面的交接工作就变得至关重要。第 3.1 节(过渡期管理)详述了这个阶段的交接以及过渡期间员工的变动。

**2.1.2.5 实施多个 PPP 项目时,集中使用专家资源,激发项目之间的协同效益**

集中专家资源的动机是分享各自的职业专长和专家职能,以便使多个不同项目在需要的时候可以获得这些专长（如法律专长）。它也促进了地区内有关知识在项目之间的传播，并提供 PPP 培训和能力建设。是否存在这种集中专家资源对合同管理团队的规模和内部所需专长会产生影响。

在许多地区，一个或多个中央政府机构会为合同管理团队提供支持。中央政府 PPP 中心或者采购当局内的一个专业团队可以向合同管理团队提供支持，参与多个 PPP 项目的合同管理工作。中央机构也可以采取其他方式提供支持，比如在某个部门组建推广 PPP 的联系网络，例如英国的垃圾处理基础设施交付计划（Waste Infrastructure Delivery Programme，WIDP）。集中化的专家资源可以在员工培训中发挥重要作用，详见第 2.2 节（合同管理团队的培训）。

集中化的专业机构或团队对 PPP 项目合同管理的参与程度在不同地区会不一样。例如，哥伦比亚国家基础设施局（ANI）为 PPP 项目合同管理提供广泛和全面的支持。而在许多其他地区，中央 PPP 中心的规模和职责则没有 ANI 那么大，他们只为采购当局的常规合同管理团队在专业咨询（例如法律）、PPP 培训及合同管理的其他方面提供一时性、临时性的支持。

**案例　英国的垃圾处理基础设施交付计划**

英国的垃圾处理基础设施交付计划（WIDP）有助于促进最佳实践和知识共享。该计划是一个非开放式的联系网络，鼓励成员与网络内的同行公开谈论并分享经验教训。它已经发布了一份广泛使用并被认为有实用性的合同手册。该网络可以为成员的项目交易提供支持，也可以对合同管理方面的各种具体问题提出建议，还帮助成员及时了解其他成员面临的热点问题和挑战。

**案例　哥伦比亚国家基础设施局**

哥伦比亚国家基础设施局（ANI）是负责 PPP 的政府机构。它成立于 2011 年，是交通运输部的一部分。它有大约 700 名雇员，牵头实施总价值约 250 亿美元的 40 余条公路 PPP 项目。哥伦比亚国家基础设施局除了从事 PPP 合同的设计和实施，还负责合同管理工作。

### 2.1.2.6　在适当情况下使用外部顾问，并确保对更换顾问的情况进行有效管理

一些专业技能最适合通过外部顾问来获得，例如专门的法律、财务、保险和技术专业技能。但是，外部顾问可能会很昂贵，而且有时政府方雇用长期员工会更具成本效益。决定雇用长期员工还是使用外部顾问的关键是使用相应专业技能的频率。

如果有可能只需要一次再谈判或一次性的争议解决，那么聘请外部顾问是适当的。如果支付机制复杂，采购当局需要不断理解和适应财务模型，则政府方雇用长

期财务人员可能更具成本效益。聘请独立验收机构是协助采购当局监督项目公司履约情况的通常做法。在第3.2节（履约监督）详细介绍了独立验收机构的职责。

使外部顾问提供连续性服务可以避免知识损失，并最大限度地减少了更换顾问所涉及的管理工作。但是，确保顾问服务采购的竞争性有助于实现物有所值，而长期聘用外部顾问则会是一个问题。外部顾问可以长期提供一定连贯性的知识，特别在政府政策要求公职人员经常轮岗的情况下。

如果可聘用的外部顾问之间有充分竞争，物有所值就更容易得到实现。一些国家的政府政策要求定期对咨询合同进行重新招标。在无此类政策要求下，应衡量/比较重新竞争性采购外部服务能带来的潜在成本节约，与更换外部顾问所导致的效率损失。

在采购当局被要求更换咨询顾问的情况下，知识的连贯性至关重要。合同管理团队应该管理好更换所涉及的所有咨询顾问，以确保更换过程高效进行，知识能够被有效地从离任顾问转移给继任顾问。如果合同管理团队对咨询顾问所提供的服务有很好的理解，这一过程就能够很好地实现，新顾问的聘任和过渡也因此能够得到有效管理。

**案例　更换顾问的缺点**

英国的城际快车项目强调了尽可能长期保留关键工作人员和顾问的重要性。在此项目中，中央政府要求采购当局重新招标其咨询合同，结果一些顾问被更换，为此需要进行文件和知识移交，这降低了（工作）效率。

更多有关信息，请参阅英国城际快车项目案例研究。

### 2.1.2.7　持续评估合同管理团队的结构和资源配置，并根据需要进行调整

合同管理工作在项目生命周期中会不断发生变化，认识到这一特点十分重要。有关采购当局职责的变化，详见第3.1节（过渡期管理）的讨论。这种变化带来的一个影响是，合同管理团队需要定期重新评估其工作职责的范围，以及团队是否有充足的人员来履行这些职责。两个随时间推移而发生变化的关键因素是风险和问题发生的频率。

例如，采购当局负责公路项目的土地征收，这一工作会在施工期间完成。与此活动相关的风险和责任会随着时间的推移而降低，而其他风险和责任则会在项目的整个生命周期内存在。

问题发生的频率也很有相关性。一些活动每天进行，一些活动定期进行，而另一些虽然很少或偶然发生，但会对PPP合同产生重大影响，并需要合同管理团队投入大量资源（例如处理大型争议或索赔，或者再谈判）。

采购当局还应仔细审查项目公司自我监督工作的好坏。如果采购当局对项目公司提供服务的质量不满意，就需要加强对项目公司的监督。一些 PPP 合同还赋予采购当局权利，使其能够增加对项目公司的监督，并由项目公司承担相应的监督成本。履约监督的讨论详见第 3.2 节（履约监督）。

**案例　设计和建设阶段增加资源投入**

美国的 I-495 高速公路项目强调，在工作量密集期需要投入额外的资源以履行合同管理义务。在该项目中，采购当局需要在项目交付的各个阶段提供适当的资源，并在工作量密集期（设计和施工两个阶段）增加资源。这为加快进度和节约工期提供了帮助，项目因此比原计划提前了 45 天完工。

更多有关信息，请参阅 I-495 高速公路项目案例研究。

### 2.1.2.8　做好人员流动计划并确保有适当的程序来管理知识的连贯性

在 PPP 项目生命周期（可以超过 30 年）内，合同管理团队成员可能会发生变化。并且，知识的连贯性对所有重大项目都是个挑战，特别是那些长生命周期的项目，如 PPP。因此需要对合同管理团队进行管理，使其工作效果不会随着时间的推移而受到影响。因此，制定程序以确保员工离职时知识得以保留和传递非常重要。

团队成员通常也会因项目所处阶段的不同而发生变化。采购、建设和运营等阶段需要不同的技能，详见第 3.1 节（过渡期管理）。这意味着团队成员的离职会带来知识损失的风险。

本书强调了采购当局的领导者在项目整体成功方面能够发挥的重要作用。在某些情况下，采购当局长期聘用这些领导者。他们作为行业内公认的领导者，有能力负责项目的整体成功。

**案例　关键职员的连续性**

一系列项目都突显了关键职员在项目不同阶段保持稳定所带来的好处。

在英国的一个垃圾处理项目中，采购当局合同管理团队的大多数人员都参与了采购过程，因此对合同非常了解。

西班牙的塞加拉加里格斯灌溉系统项目（Segarra Garrigues Irrigation System）强调了在建设和运营阶段保持员工连续性的好处。

更多有关信息，请参阅塞加拉加里格斯灌溉系统案例研究。

但是，采购当局应当避免过于依赖任何一个人的情况。避免这种情况的一种方法是制定适当的轮岗计划。某些地区对公共部门员工供职于某些特定岗位设有年限限制，这对 PPP 等长期项目的合同管理带来更多的挑战。

培训新员工对维持知识的连贯性很重要。他们必须通过知识传递而跟上项目进度。信息管理对维持知识的连贯性也很重要。采购当局需要确保有效而全面地记录信息，以便新员工能够系统地获取项目的全部细节。培训要求详见第 2.2 节（合同管理团队的培训），信息管理详见第 3.4 节（信息管理）。

#### 2.1.2.9　组建合同管理团队的方式应有利于减少政府或政策变更的风险

当新上台的中央或地方政治人物组建的新政府不熟悉项目，要改变该项目的实施模式或者要求改变 PPP 模式时，都会使项目面临挑战。应对这种情况的一种方法是组建一个专门的团队来管理 PPP 项目，并通过这种方式尽可能地减轻政治变化对项目产生不利影响的风险。

还可以通过配置专门的法律或其他专业技能对变更进行管理。有关这种变更，例如要求再谈判的变更，或基于法律变更或重大政府不利行为的索赔，详见第 3.5 节（索赔）和第 4 章（再谈判）。有关管理政府更迭对 PPP 的影响的指南，详见第 3.1 节（过渡期管理）。

**案例　组建专责的项目管理单位**

约旦交通运输部为阿利亚皇后机场扩建项目（Queen Alia International Airport Expansion）组建的项目管理单位（PMU），在管理与项目本身无关的政治和体制变更所带来的风险方面发挥了关键作用。该机场扩建是一个备受瞩目的高价值项目，这意味着组建一个专门的单位是最有效的措施。PMU 团队获得了足够的授权，并且在各种各样的政治变革中保持不变，确保了知识连贯性和对合同的管理。

更多有关信息，请参阅阿利亚皇后机场扩建案例研究。

**案例　组建专责的管理机构**

南非豪登快速轨道（Gautrain Rapid Rail Link）项目的采购当局一开始是豪登省的道路和运输行业。后来鉴于项目的规模和复杂性，成立了监督和管理项目的专门机构——豪登铁路管理局。虽然项目仍然需要依赖外部顾问，但成立专门机构这一举措可使团队能够完全专注于本项目实施，并及时应对有关挑战。

更多有关信息，请参阅豪登快速轨道案例研究。

## 2.2　合同管理团队的培训

基础设施项目建设和运营的两个阶段会经历很长时间，员工的技能需要与时俱进。可以认为，在PPP项目整个生命周期内，任何员工、法律法规和技术等方面的改变都是合理的。

合同管理团队培训的目标是确保新员工知识的连贯性，深化现有员工对项目流程的理解，并培养能够与当前行业标准与时俱进的新技能。反过来，这些目标将有助于合同管理职能的连贯性，而这是融资交割后成功管理PPP项目的关键。

员工培训面临的挑战很多，从文化挑战到技术和管理挑战都有。在某些情况下，项目需要进行工作文化的完全转型。例如，如果资产（例如机场）第一次有私人部门参与运营，就会出现这种情况。工作文化需要改变的另一种情况是：采购当局团队的成员习惯于更具对抗性的、固定费用类型的合同（比如固定费用建设合同），而不是PPP所需的合作氛围。

采购当局合同管理团队需要开展的两个关键的培训领域是：
- 针对具体项目的培训，这涵盖PPP合同及其确定的各种作业流程。
- 管理PPP项目的一般培训。

**本节结构**

本节提供合同管理团队培训方面的指南。合同管理团队培训成功的关键要素总结如下，并在指南中详细讨论：
- 准备一个涵盖所有相关主题的培训计划，包括专门针对PPP的培训和针对合同管理的一般性培训。
- 考虑安排项目公司员工和采购当局员工进行联合培训。
- 使用适当的外部资源来落实培训计划。
- 考虑制定PPP合同管理手册。

## 指南

**准备一个涵盖所有相关主题的培训计划，包括专门针对PPP的培训和针对合同管理的一般培训**

采购当局必须制订计划，对其合同管理团队进行初始培训和持续培训。在第3.1节（过渡期管理）详细说明了各特定时期内所需的培训。

新成立团队的员工技能水平可能会有很大差异，因此需要量身定制的培训来解决能力不同的问题，并使所有人员达到共同的能力水平。

采购当局合同管理团队成员通常需要接受以下针对PPP项目的培训：
- 动员、过渡和移交。

- 履约监督。
- 支付机制及其应用。
- 财务模型和项目融资。
- 利益相关者管理和支援平台。
- 索赔管理。
- 合同范围变更和偏离管理。
- 争议解决机制和管理。
- PPP 合同和所有相关的时间节点。
- PPP 风险分配和所选定的项目采购方式的影响。
- 合同应用相关的其他方面（如相关的通知期限）。

合同管理人员还需要合同管理方面的一般培训：
- 项目管理。
- 风险管理。
- 商业技能。
- 问题解决和谈判技能。
- 健康与安全，以及环境管理。
- 数据和信息管理。
- 有效的沟通计划。
- 促进成功的伙伴关系。

**考虑安排项目公司员工和采购当局员工进行联合培训**

培训并不仅限于采购当局的合同管理团队。在某些情况下，项目公司人员与合同管理团队一起接受培训可能最符合采购当局的利益。

例如，在某些项目中，项目公司（或其分包商）不完全熟悉当地的工作实践，他们对当地或国家法律法规方面知识存在不足。联合培训就成为补足项目公司（或其分包商）知识缺口的一种选择。

私人部门工作人员参与培训，也有助于培养采购当局合同管理团队的知识和技能，深化他们对项目公司工作动力等方面的理解。

联合培训还可以促进采购当局和项目公司双方之间的关系，建立相互的尊重和信任。

**案例　联合培训项目**

中国的桥西区集中供暖项目凸显了私人部门的经验如何能够帮助采购当局实施培训计划。在这个项目中，采购当局工作人员主要接受"在职"培训。采购当局员工向项目公司股权投资者之一的北京源通热力有限公司的技术人员学习。这家私人公司专门从事供热及其管理服务。

更多有关信息,请参阅桥西区集中供暖案例研究。

**使用适当的外部资源来落实培训计划**

国家 PPP 中心、中央 PPP 工作组或特定行业的联系网络可以协助采购当局进行培训,或牵头培训与发展。第 2.1 节(合同管理团队的组建)详细介绍了此类集中化资源。采购当局还可以在其他政府机构的支持下,或在外部顾问(或上述组合)的参与下,开展内部培训。

可以利用的支持包括:

● 实施培训计划。在对单个 PPP 项目开展培训不具有成本效益的情况下,可由中央机构实施跨项目或跨行业的员工技能培训计划。如果中央机构有实施此类计划的技术、法律或财务专长,这会是最佳方法。

● 开发通用工具。与上述实施培训计划的方法类似,可由中央机构开发供多个项目使用的工具和标准合同文件。例如,也可以针对通用的标准化合同管理手册进行变通使用,从而节省项目团队从头开始编制合同管理手册的工作量。

● 分享知识、经验教训和良好实践。接受本研究访谈的英国垃圾处理采购当局人员高度评价了垃圾处理基础设施交付计划。该计划将各具体项目的合同经理聚集在一起,分享具体项目的经验教训。如果某一地区已经开展 PPP 项目,或其政府有使用 PPP 模式进行采购的承诺或政策,它们也可以采取类似的做法。

**案例 从融资交割过渡到建设阶段时开展培训**

为了协助哥伦比亚巴兰奎亚机场(Barranquilla Airport)项目的知识传承,举办了由合同签订后入职的员工参加的研讨会。哥伦比亚国家基础设施局(ANI)中央知识团队的代表以及参与合同设计的 ANI 团队和顾问的代表共同举办了这些研讨会。参与合同设计的外部顾问在签订合同后还与采购当局携手合作六个月,并在必要时提供持续支持。

更多有关信息,请参阅巴兰奎亚机场案例研究。

**考虑编制 PPP 合同管理手册**

本研究认识到合同管理手册的好处。该手册是一份工作文件,旨在促进项目从采购阶段向运营阶段顺利过渡,促进在整个合同有效期内合同经理之间的衔接。任何合同管理手册都需要持续更新,并结合具体项目的需求进行个性化处理。

在本研究调查的 250 个项目中，约有 30% 使用了某种形式的合同管理手册；但它们的使用情况在全球各地区之间存在显著差异。澳大利亚和北美的大多数项目使用合同管理手册，而拉丁美洲和中东的项目使用合同管理手册的比例要低得多。本研究获得了一些合同管理手册供文献调研。

# 第 3 章　常规合同管理

常规合同管理既涉及定期会发生的工作，也涉及预期在合同期内至少会发生一次的工作。它既包括持续性的工作，也包括离散（项目进程发生的）事件。前者如履约监督以及管理与项目公司或利益相关者之间的关系，后者如管理项目不同阶段之间的过渡。

本章涉及的主题是：
过渡期管理（第 3.1 节）
履约监督（第 3.2 节）
利益相关者管理（第 3.3 节）
信息管理（第 3.4 节）
索赔（第 3.5 节）
所有权变更（第 3.6 节）
再融资（第 3.7 节）

## 3.1　过渡期管理

所有 PPP 项目都经历了项目不同阶段之间的过渡（即从融资交割到建设，从建设到运营，从运营到移交）。如图 3.1 所示。每一次过渡都代表着一次实质性的变化，通常都涉及采购当局和项目公司员工的更换，以及新的责任和挑战。

采购 ⇨ 建设 ⇨ 运营 ⇨ 移交

**图 3.1　典型绿地 PPP 项目在生命周期内各阶段之间的过渡**

每次过渡通常都包括动员期，需要项目公司和采购当局之间的额外配合。例如，在运营和服务开始时可能需要一些联合培训。此外，在过渡期间以及新阶段正式开始之前还通常须符合特定的要求。例如，与移交要求有关的条件，必须在项目移交给政府之前得到满足。

如果处理不当，过渡期间出现的问题可能会在项目的整个生命周期中继续带来问题，从而导致采购当局承担额外费用，或对所提供的服务水平产生负面影响。第3.1节提供了有关如何成功管理过渡期并尽量减少对项目负面影响的指南。

本指南将这些过渡期分为四个不同的期间，其中前三个与项目自身的发展有关，第四个与外部因素有关：

从融资交割到建设（第3.1.1节）

从建设到运营（第3.1.2节）

从运营到移交（第3.1.3节）

政府管治或政策变更（第3.1.4节）

### 3.1.1 从融资交割到建设

融资交割结束是指采购阶段结束、PPP合同签订后，所有融资的先决条件已经得到满足，融资已到位，并且项目公司可以开始建设的时间点。第3.1.1节为绿地项目和棕地项目过渡到建设阶段提供指南。其中在一些棕地项目中，建设和运营期可能同时开始。

因为向建设阶段的过渡发生在项目开始时，所以它对项目的长期成功有可能产生重大影响，无论影响是积极的还是消极的。采购当局应该为这一过渡制定详细的计划，以确保建设阶段能够有一个好的开始。过渡期的良好管理也有利于及时发现合同漏洞，使其得到及时修正，从而避免产生后续的合同争议，导致工期延误并引发索赔争议。

**案例　过渡计划**

根据PPP合同，中国桥西区集中供暖项目的项目公司必须在正常供暖日期之前提供供暖服务（只有正常天数的1/3来完成过渡）。项目公司增加了燃料储备，项目公司股东方也选派一些经验丰富的维护员工提前提供帮助。项目公司因此能够顺利完成过渡，并及时提供供暖服务。

更多有关信息，请参阅桥西区集中供暖案例研究。

**小节结构**

本小节为管理从融资交割到建设的过渡期提供指南。成功管理过渡期的关键要素概述如下，并将在本小节的"指南"标题下详细说明：

- 专注于组建高效的合同管理团队。
- 确保动员足够的资源来签核设计和其他文件。
- 与项目公司密切合作，共同解决任何可能的土地征收延误问题。
- 确保在土地征收影响当地社区时采取良好的重新安置措施。
- 在适当的情况下与项目公司合作，以确保有效解决许可问题。
- 尽早与其他相关政府机构合作，以确保减少潜在的延误。

此外，本节的附录（融资交割到建设阶段注意事项）列出了一个模板清单，采购当局在管理从融资交割到建设的过渡时，可以遵循该模板清单。

**指南**

专注于组建高效的合同管理团队

从融资交割到开始建设阶段的过渡，意味着采购当局要组建项目合同管理团队，并对其进行培训。如第 2 章（合同管理团队的组建和培训）中所述，这是一项应该仔细计划和检视的关键任务，因为融资交割后所需的专业技能与实现融资交割所需的项目交易方面的专业技能有根本的不同。

融资交割前后的采购和合同管理人员应有一定程度的重叠，以便有足够的时间进行培训和知识分享。同样重要的是，项目公司和承包商（以及可能包括主要的分包商）都需要维持从采购到建设期间人员上的重叠。

本研究显示，采购当局经常在融资交割后替换合同管理团队。在这种情况下，全面和精心的管理工作交接就变得至关重要。

招聘人员也可能是一个漫长的过程。在欠发达的市场中，具有相关经验的人员可能没那么多，因此招聘过程可能需要更长的时间。

**案例　从融资交割到建设阶段过渡的培训**

为了协助哥伦比亚巴兰奎亚机场项目的知识传承，哥伦比亚国家基础设施局（ANI）中央知识团队的代表，以及参与合同设计的 ANI 团队和顾问，共同举办了一些研讨会。采购当局授予合同后，新加入的员工参加了这些研讨会。参与合同设计的外部顾问在签订合同后还与采购当局继续携手合作了六个月，并在必要时提供持续支持。

更多有关信息，请参阅巴兰奎亚机场案例研究。

确保动员足够的资源来签核设计和其他文件

采购当局在融资交割到建设阶段的过渡期需要审批大量数据及文件，它需要对此有所理解并使其合同管理团队为此做好准备。采购当局通常都要求对详细设计和材料质量进行监督，因此需要现有的团队和流程来参与支持监督，并确保其能够在PPP合同规定的时间内做出回应。与传统设计施工合同不同，在PPP项目中，项目公司在项目设计方面可能拥有更大的裁量权。这意味着PPP项目中的设计签核程序将比采购当局直接与建设承包商签订合同更加复杂。采购当局应考虑到这种额外的复杂性，以确保其在PPP合同所要求的时间内遵守其批复义务。

**与项目公司密切合作，共同解决任何可能的土地征收延误问题**

土地征收是指为获取基础设施交付所需的土地所有权的行为。有些情况可能不要求征地，但需要相邻土地的穿越用地权（right of way）。在施工开始前，也可能会要求搬迁和建设临时接入公用事业和公用事业设施（移位及其管线）改道，这类情况也会产生类似的问题。

在过渡阶段，采购当局应就土地征收的任何延误与项目公司密切合作。获得可用的土地是施工进度不可或缺的一部分，因此如果不能按时获得土地，工程很可能会延误。

很多时刻，往往是因为项目承受政治压力，所以需要在完成所有必要的土地征收之前实现项目融资交割，以便使项目看起来已经投入建设。管理这种情况的一种方法是通过适当使用前期工程协议，使一些工程能够在融资交割结束前就能够开工。

如果在融资交割完成之后才开始所要求的土地征收工作，那么采购当局应向项目公司通报征收的进度，以使任何延误都可以在早期阶段由双方进行管理，包括在适当的情况下同意改变施工进度和补偿。

索赔详见第3.5节（索赔）。

对于具有广泛土地需求的线性项目（linear project），例如公路和铁路项目以及输电线路，土地征收尤其具有挑战性。在大多数地区，人口密集区的土地征收是一个难题。土地征收可能涉及与现有土地所有者之间漫长的谈判，乃至诉讼，并需要制定详细的重新安置策略——这一过程通常需要比预期更长的时间。在某些地区，土地所有权非常分散，这使土地征收更具挑战性。

关于土地征收的不同方面也可能需要与利益相关者达成特定的第三方协议，例如与受施工活动或新基础设施影响的店主和公共设施所有者。这些协议的管理应当得到精心规划，并保持前后一致。

**案例　因征地延误引起的延期**

南非的豪登快速轨道项目突出了土地征收可能带来的复杂性和随之而来的延误。在该项目中，满足国际足联世界杯期限的压力导致在施工前没有完成征地工作。值得注意的是，挑战不仅仅是由于土地所有者不支持，有关的利益相关者也通常会担心环境影响等其他问题。

更多有关信息，请参阅豪登快速轨道项目案例研究。

**确保在土地征收影响当地社区时采取良好的重新安置措施**

获得土地或者穿越用地权可能涉及当地居民的重新安置和对诸如农业和其他经济社会利益的损失进行补偿。较差的重新安置有可能导致负面社会后果（如抗议）和声誉损失等，因此需要由采购当局认真管理（无论哪一方负担重新安置的风险）。因重新安置措施不当而导致的法院诉讼也有可能影响土地使用权。

重新安置行动计划通常要求采购当局满足国家和贷款人的要求（例如开发银行对住房保障的要求）。这是一个复杂的话题，本参考工具不会试图详细讨论这一问题。

**在适当的情况下与项目公司合作，以确保有效解决许可问题**

采购当局在确保及时获得所需要的环境审批和其他许可方面可以发挥重要作用。这些许可通常由负责监管职能的项目利益相关者发放，采购当局可能与其有持续的关系。

在一些城市地区和环境敏感地区，施工工程所需许可的数量和相关负担可能很高。因此，为了确保批复和许可能够及时获得，各方应以协调的方式进行合作。

**案例　环境许可**

在巴西，获得许可证的责任通常在于项目公司，500千伏图库鲁伊－如鲁帕里输电线路项目（500kV Tucuruí-Jurupari Transmission Line）就是这种情况。在巴西，获得施工许可的延误曾造成了开工延误，并导致了运营期的缩短。巴西有关环境许可的合同条款已经发生了改变，新的PPP合同现在将环境许可定义为共同风险，并允许更长的许可审批时间。

更多有关信息，请参阅500千伏图库鲁伊－如鲁帕里输电线路案例研究。

**案例　施工许可**

在比利时布拉伯一号轻轨建设项目（Brabo 1 Light Rail）中，项目公司的施工许可证因公众反对被撤销。新的许可证在几个月后才得到颁发。采购当局与项目公司一起合作解决了这个问题。

更多有关信息，请参阅布拉伯一号轻轨案例研究。

**尽早与其他相关政府机构合作，以确保减少潜在的延误**

尽早使其他相关政府机构作为利益相关者参与到项目中来至关重要。在某些地区，地方当局可以对特定项目征税，或者可以不发放、扣留或撤销与工程建设有关的许可，这些地方当局的行为可以迟延由国家或州政府采购的项目。重要的是，这些利益相关者应在融资交割前就参与进来，以确保任何额外的要求都能够得到适当的满足。

例如，在印度，土地管理由州政府和一个专门的土地征收机构管辖，而相关的采购当局通常无法对它们施加控制。由于土地征收延迟，印度国家公路管理局在一些公路 PPP 项目方面遭遇重大延误。因此，采购当局通常会事先与有关州政府达成州政府支持协议，以促进高效率地进行土地征收。第 3.3 节（利益相关者管理）详细介绍了其他政府利益相关者的参与问题。

**附录　从融资交割向建设阶段过渡的注意事项**

在融资交割和建设之间的过渡阶段，采购当局可以使用下面的模板清单。
- 应认识到 PPP 合同文件大而繁杂，合同本身不能作为唯一的运营工具来使用。
- 帮助合同管理团队清楚地理解 PPP 合同的目的，并将关键合同条款纳入用户友好的合同手册中。
- 清楚地定义与准备/更新和维护合同管理手册有关的所有职责，谨记合同管理手册不能替代 PPP 合同，而是更好地管理 PPP 合同的工具。
- 使关键的利益相关者（例如地方当局、监管机构、公用事业提供商和其他第三方）参与到项目中，如果项目开工需要其批准、同意或许可。
- 使最终用户和其他受影响的各方参与到整个过程中。
- 尽早解决土地征收和穿越用地权问题，并了解政府和贷款人（如多边开发银行）关于重新安置行动计划和补偿的要求。
- 保持与重新安置行动和补偿相关的明确记录和数据管理程序，以确保透明度并解决后续的分歧。
- 使用"操作日志"，保持合同管理手册不断更新。
- 与项目公司分享合同管理手册的相关部分，以促进协调。
- 在 PPP 合同开始履约之前测试项目公司的履约管理工具，以确保它们运行正常并符合采购当局系统的要求。

### 3.1.2　从建设到运营

从建设到运营的过渡涵盖了基础设施建成并准备开始运营的时期。这一阶段的另一个要素有时被称为"嵌入磨合"（bedding-in）阶段。在这一阶段，采购当局可以在几个月的时间内，不使用其通常可以使用的付费扣减机制，使项目公司逐步过渡到运营阶段而不受到惩罚。

这一阶段可能是采购当局与项目公司之间的关系加剧紧张的时期，因为这一阶段既涉及合同的里程碑节点和付款，也涉及承包商的变更。

**小节结构**

本小节提供了管理从建设到运营的过渡阶段的指南。成功管理过渡阶段的关键要素概述如下，并在本小节的"指南"标题下详细说明：
- 确保动员足够的资源进行测试和试运行。
- 尽早计划测试和试运行，并考虑组建测试和试运行小组。
- 给各方预留足够的时间来熟悉运营关键绩效指标（KPI）和支付机制。
- 在建设和运营过渡期间注意与项目公司的关系，并降低争议风险。

**指南**

确保动员足够的资源进行测试和试运行

测试和试运行是标志着从施工到服务运营过渡的一项独特活动。随着施工工程的结束，作为其运营阶段动员的一部分，项目公司必须满足特定的合同要求，以证明项目的运营准备已经就绪。作为合同的一部分，采购当局必须监督这些条件是否得到满足并签核运行。这可能是一项复杂耗时的工作。

项目公司的测试和试运行活动必须注意与采购当局要求的相应的验证活动相协调。此过程还可能涉及许多参与测试或对测试和试运行结果进行独立验证的第三方。

采购当局希望利用测试和试运行期间的整个期限来确保资产的质量符合其预期和标准。然而，政治压力可能要求在紧迫的期限内开始提供运营服务（例如，一项体育赛事的体育场馆需投入服务\开始运营）。项目公司也可能对采购当局签署工程竣工批准施加压力，因为其是否开始获得付费也通常取决于施工工程的竣工，因此延迟交付将损害项目公司的潜在利润。匆忙地测试和试运行可能会导致双方都同意向前推进项目，在项目存在潜在瑕疵的情况下开始运营服务，这将为之后的工作留下隐患。

鉴于这一过渡阶段的重要性、需要多方采取行动的数量以及被延长的过渡期间，它对运营服务的开始提出了重大挑战。测试和试运行策略对过渡阶段的成功也产生重大影响。有关各方应该就无缝隙和有效的程序达成一致，以消除不必要的运营延误。

具体的测试和试运行要求应在相关的PPP合同中列出，但通常包括以下方面的验收：

- 除微小瑕疵外，施工工程竣工。
- 已与采购当局就任何微小瑕疵达成一致。
- 任何所需的测试已经完成并通过。
- 双方已就安全审计达成一致。
- 履约监督系统已为运营准备就绪。
- 已与采购当局商定运营服务计划。
- 已与采购当局商定监督计划。
- 履约失败的定义和验证方法已经双方确认。

**尽早计划测试和试运行，并考虑组建测试和试运行小组**

过渡阶段中的一个问题是，技术专家往往没有充分参与与测试和试运行相关的PPP合同准备，导致合同可能提出不切实际的要求。在具有多种资产的特别复杂的项目中，可能要求独立测试人员必须在数天内根据复杂的测试标准完成测试结果，而实际上这项工作可能需要数周时间才能得到验证。这可能会导致利益相关者之间不必要的紧张关系。这一情况也说明，采购当局对整个施工时间表，以及所需的服务投入运行日期要计划得现实一点。

**案例 及早计划测试和试运行**

美国的I-495高速公路项目强调，在项目时间表中需要留出足够的时间来测试和试运行复杂的收费和交通管理系统。值得注意的是，该项目至少在计划通车日之前一年，已经开始进行通车和收费的详细规划和协调。

更多有关信息，请参阅I-495高速公路案例研究。

可以组建测试和试运行小组，以应对从建设到运营平稳过渡的挑战。该小组可由采购当局、项目公司、建设承包商和运营承包商的代表组成。应在开始测试和试运行之前组建这一小组。

**案例 约旦的运营准备以及机场移交团队**

约旦的阿利亚皇后机场扩建项目突出了一个测试和试运行小组的案例。项目公司在服务开始前两年组建了一个"运营准备和机场移交"小组。采购当局密切参与其中，而且移交计划实施非常顺利，移交工作也十分成功。

更多有关信息，请参阅阿利亚皇后机场扩建案例研究。

**给各方留足够的时间熟悉运营KPI和支付机制**

关键绩效指标（KPI）可以包含详细的说明，也可以留出解释空间。因此，试运行期间这段准备时间有助于各方理解项目KPI的目的，并且可以使绩效评估在正式开始运营之前就得到测试。

运营阶段开始时需要面对的一个挑战是，运营 KPI 的实际实施和验证，以及对绩效不达标和付费扣减的定义。考虑到绩效不达标对于项目公司收入的重要性，其定义可能导致紧张关系。如果合同条文在记录绩效水平和付费扣减方面不明确，尤其会出现这类情况。

在此期间，采购当局应确保项目公司的质量管理和管理信息系统、绩效监督程序、总体报告机制和支持项目公司绩效评估的审计追踪等制度健全完备，并与采购当局的相关治理和付款流程紧密结合。

采购当局的行政人员可能没有在运营阶段进行大额付款的经验（特别是如果他们对传统采购项目下的付款程序更熟悉）。采购当局应确保在第一笔付款到期的最后期限之前，其工作人员熟悉内部程序和支付机制。

有关关键绩效指标和支付机制的指南，详见第 3.2 节（履约监督）。

**案例 运营阶段的"嵌入磨合"期**

一些案例研究强调，要留出足够的时间让各方熟悉运营阶段的关键绩效指标，包括允许存在"嵌入磨合"期，使项目公司和采购当局在运营开始后的头几个月组建团队、制定相关程序和计划。

更多有关信息，请参阅布拉伯一号轻轨案例研究和迈阿密港隧道案例研究。

**在建设向运营过渡期间关注与项目公司的关系，并降低争议风险**

测试和试运行问题可能会对各方关系构成重大风险。关于项目公司的利益相关者管理，详见第 3.3 节（利益相关者管理）。

本研究表明，在测试过程中出现分歧时，项目公司和采购当局有时会退回到互相对立的合同关系。一方面，项目公司在确保按时完成测试和试运行上有利害关系，因为测试和试运行的结束通常是可用性付费的开始。如果施工工程延迟竣工，项目公司通常还应向采购当局支付赔偿金。但另一方面，采购当局通常希望完整地利用合同所提供的这一期间来完成测试和试运行，并确保资产质量符合预期和标准。

运营阶段所需要的人员技能与建设阶段不同。因此在此阶段可能需要更换工作人员，以适应所需工作的变化，尽管需要在这两个阶段继续保留关键人员以确保知识的连贯性。此外，项目公司的团队在这一阶段也会有明显的变化。

双方工作人员的变化可以为建设新型关系和不一样的团队活力创造机会。不应该低估在此阶段重建与项目公司的关系所需的时间。在运营和服务开始时，联合培训和入职培训可能在帮助重建关系方面十分宝贵。

尽管有机会在这一过渡期间建立稳固的关系，但我们所研究的一些项目在进行到运营阶段时出现延迟，部分原因是在调试和测试阶段产生了对立关系。这意味着这一时期也可能发生更高的争议风险。例如，所研究的一个关于垃圾处理的 PPP 项目，其试运行的争议已经被诉至法庭，并威胁到项目本身的可行性。本阶段也是项目公司提出成本超支索赔的多发阶段，因为这一阶段使项目公司和/或建设承包商清楚地了解了建设阶段的总体成本。详见第 3.5 节（索赔）和第 5 章（争议）。

**案例　员工培训**

约旦阿利亚皇后机场扩建项目的各方一早就认识到过渡阶段的挑战，并在从建设向运营过渡之前两年就开始进行精心规划。有效的过渡管理以及早期规划和培训确保了从施工团队到运营团队的良好知识传承，并有助于启用机场运营服务的整体筹备。

更多有关信息，请参阅阿利亚皇后机场扩建案例研究。

**案例　从建设到运营**

在西班牙，塞加拉加里格斯灌溉系统项目的部分项目已建成并开始运营，而其他部分正在进行施工，因此该项目有一个多年的交叉期。这对采购当局来说是一个挑战，因为它必须同时对项目建设和运营两个阶段进行管理。

更多有关信息，请参阅塞加拉加里格斯灌溉系统案例研究。

### 3.1.3　从运营到移交

从运营到移交的过渡涵盖了原始 PPP 合同即将结束的时期。这通常涉及将资产或资产的运营移交给采购当局，或新项目公司或新运营商。这一过渡阶段很重要，因为它将影响到提供公共服务的持续性。本研究显示，采购当局有时没有给予移交工作充分的、有前瞻性和策略性的考虑。项目公司必须遵守合同规定的移交要求。该要求应规定在合同到期时需要证明其资产状况。所需证明的资产状况可以通过技术标准来体现，而技术标准应该是可测量的，以便对其进行独立的验证。

移交阶段的一个关键挑战是，项目公司在进入移交期时，其商业压力会驱使其在项目资产的维护活动中追求其自身的经济效率，从而可能导致项目资产状况恶化。虽然本研究中有关移交的实例有限，但有研究表明，项目公司"榨干资产"的情况并非罕见（即尽可能多地从资产中榨取价值，同时减少维护，从而使移交给采购当局的资产需要进行大量维修）。如果采购当局没有充分管理这一阶段，它可能会发现自己的资产处于不理想状态。

### 小节结构

本小节提供了有关管理移交的指南。成功管理移交的关键要素概述如下，并在本小节的"指南"标题下详细说明：

- 确保 PPP 合同包含有关资产移交的保护措施，并且确保这些保护措施可以被理解和使用。

- 在 PPP 合同结束之前计划好移交给采购当局（或移交给新的项目公司或运营商）。

### 指南

**确保 PPP 合同包含有关资产移交的保护措施，并且确保这些保护措施可以被理解和使用**

PPP 合同可以规定以下主要合同保护措施，以降低移交之前资产状况恶化的风险。因为这些保护措施是在签订 PPP 合同时就必须予以认真考虑的，所以本书就不对其进行详细说明（这不是本书的重点）。应充分理解和利用与 PPP 合同和项目相关的保护机制，以保护采购当局的利益。

- PPP 合同应该清晰、明确地定义资产移交标准，以便尽可能少地为项目公司留下移交不符合标准的资产的空间。

- 要求项目公司为移交之后的任何维护设立应急维护准备基金。采购当局将提取这笔资金（或者担保，例如信用证），以便完成移交之后所需的维护。如果不需要额外的维护，这笔资金将被退还给项目公司，从而激励项目公司不要"榨干资产"。

- 可以要求项目公司移交给采购当局的项目在一段时间内（例如移交之后的 5 年内）持续满足 PPP 合同中规定的移交标准。

值得注意的是，在本研究的案例中，很少有 PPP 项目合同已经期限届满，因而其中的移交条款尚未实际执行。换句话说，与 PPP 合同的其他条款不同，一些移交机制的应用从全球实践角度看在很大程度上仍然是个未知数。

### 案例　项目维护准备金账户

对于西班牙的萨拉戈萨有轨电车（Zaragoza Tramway）项目，项目公司需要将其可用性付费的 5% 支付到"准备金账户"中，该账户将用于支付移交之前所需的任何其他维护活动。

更多有关信息，请参阅萨拉戈萨有轨电车案例研究。

**在 PPP 合同期限届满之前计划好移交给采购当局（或移交给新的项目公司或运营商）**

采购当局管理移交的主要方法是主动计划移交流程。根据相关资产的规模和复杂程度，采购当局可能需要在 PPP 合同到期至少 3 年前就开始计划移交工作。

建议在这个早期阶段就与有关利益相关者进行磋商。这可以帮助采购当局确定不同的采购策略和/或选择潜在的运营合同，以便在移交后继续提供服务。

移交计划侧重于两个关键领域：

- 确保资产符合移交的合同要求。
- 确保资产提供服务的连续性。

就第一点而言，重要的是采购当局需重新审视 PPP 合同，并理解资产被移交时的合同义务和权利。采购当局必须清楚地了解合同条款的目标、合同要求的内容以及移交时资产的状况。这将确保采购当局不会接收低于 PPP 合同定义的标准的资产。

在移交流程开始之前，采购当局还应制订计划，以确定如何测试和检查资产状况，将进行哪些审计，以及如何使用这些结果来衡量合同的遵守情况。在此过程中，采购当局应与项目公司合作，确保双方就被移交的资产的状况达成一致。如果资产被移交到新的项目公司或新的运营商，那么新的项目公司也应该参与其中。这将使所有各方受益，特别是在即将离场的项目公司的付款将被提取为应急维护准备金的情况下。

采购当局还应该有一个如何确保服务连续性的计划。该计划应该确定，资产是否由采购当局运营，现有合同是否将被展期，新的运营合同将如何进行招标，或者新的 PPP 合同将如何进行采购。虽然现有合同的展期似乎是最直接的选择，但这不太可能为采购当局提供最佳物有所值，因为展期的谈判通常是在没有竞争的情况下进行的。

此外，作为向移交过渡的一部分，采购当局还应当处理以下问题：编制资产或产品清单、向新项目公司或新运营商（如果项目正在进行重新招标）提供任何所需要的免责说明以及员工转移和与新员工相关的预算问题。

### 3.1.4 政府管治或政策变更

本研究揭示，从一届政府向另一届政府的过渡，或政策、法律、法规的变化可能会产生与第 3.1 节中所述类似的挑战。

如果项目需要进行任何重大变更，尤其是涉及后续人员变动的重大变更，则这种过渡必须由采购当局的"顶层"来领导，以展现出对该项目最为坚定且持续的承诺。

如果政府或政策的重大变化对项目产生了影响，应考虑相应变动合同管理团队。依托稳定的信息管理系统来审慎管理知识传承，在涉及人员变动的情况下发挥着重要作用。详见第 3.4 节（信息管理）和第 2 章（合同管理团队的组建和培训）。

采购当局可以组建一个具有一定独立性的专门项目团队，以此来降低政府管治变化的风险。

如果政策，法律或法规发生变更，导致项目公司满足合同要求的能力发生了重大变化，那么项目公司通常会期望得到补偿。这个可以通过 PPP 合同中的各种机制来实施，例如基于法律变更的索赔或合同的经济再平衡。这可以由专门配置的法律或其他专业人员来管理。详见第 3.5 节（索赔）。这些变更可能会产生更广泛的影响，并可能需要对合同进行修订。详见第 4 章（再谈判）。

**案例 专门的项目团队**

约旦阿利亚皇后机场扩建项目的采购当局成立了一个专门的项目团队。该项目管理机构向监管机构和许可机构提出项目问题并帮助其解决。它还在多位运输部长的换届中保障了项目团队的稳定性。

更多有关信息，请参阅阿利亚皇后机场扩建案例研究。

## 3.2 履约监督

履约监督是采购当局在管理 PPP 合同中的一个关键方面。履约监督的主要目标是确保采购当局能够获得项目公司同意提供的服务，并且对 PPP 合同中约定的风险分配进行持续确认。

PPP 模式的一个主要好处是将重大风险转移给项目公司，因为它可以更有效地管理风险。项目公司通常负责项目资产的建设和运营，并且最适合管理其承包商以及其他利益相关者。因此，采购当局的优先事项是确保 PPP 合同中规定的履约监督机制得到正确遵守，并且确保合同中所分配的风险仍然由项目公司承担。不应低估采购当局为完成履约监督工作需要投入的资源。

**本节结构**

本节在第 3.2.1 小节（背景）中提供了履约监督的背景，并提供了有关管理项目公司履约情况的指南。履约管理的关键要素概述如下，将在第 3.2.2 小节（指南）中详细说明：

- 确保为履约监督活动提供充足的资源。
- 利用中间（阶段性）施工里程碑，保持对工程进展的充分了解。
- 了解并使用包括自动报告在内的最有效的履约监督工具。

- 使用KPI和付费机制来确保项目公司按照PPP合同履行，而不是把它们作为惩罚性措施。
- 在运营开始之前或运营阶段早期评估KPI的运营有效性，并且要进行持续评估。
- 向项目公司澄清其认为拟使用的KPI中不明确或含糊不清的方面。
- 对那些因其固有性质而无法向私人部门转移的风险，实施更严密的履约监督。
- 保持良好的绩效数据记录，以便日后更广泛地使用这些数据。

### 3.2.1 背景

#### 3.2.1.1 典型的履约监督机制

有一系列履约监督机制可以在PPP的建设和运营阶段使用。这些机制通常与付款相关联（例如使用扣款机制来惩罚不合格的履约行为），以激励项目公司更好地履约。这些机制通常包括：

- 基于约定完成部分工程而确定的施工里程碑（但要符合质量要求）。
- 施工前瞻性（对期望效果或预期效果的）测试。
- 审查和分析对KPI的遵守情况。
- 审查质量控制和质量保证程序，以确保质量体系到位且有效。
- 非正式审计程序，或进行调查和访谈以评估用户满意度。
- 采购当局进行独立监督，以验证提交给采购当局的报告的准确性。
- 对用以测量服务提供质量的设备进行独立校准，以验证其准确性。

在建设和运营阶段，履约监督具有不同的特性。施工里程碑是建设阶段采购当局可采用的主要履约监督工具，而KPI是运营阶段的主要履约监督工具。如果现有资产的运营与建设和扩建活动同时进行（例如在棕地项目或分阶段开始运营的项目），则可以合并运营KPI和施工里程碑。

#### 3.2.1.2 自我监督

项目公司通常根据项目质量管理计划报告其自身的履约情况。这些文件由项目公司准备，并由采购当局进行审查。它们详细列明了项目公司为实现高质量交付所需要遵守的活动、标准、工具和流程。采购当局的责任在于确保项目公司遵守约定的质量管理计划，进行现场检查、测试和实物检查，并提供PPP合同所要求的签核和认证。针对履约监督情况进行问责的能力是采购当局的一项重要权利。采购当局需要正确行使这项权利，以确保项目公司遵守PPP合同，并且采购当局能够实现物有所值。

采购当局投入多少资源进行监督，可能取决于项目公司的自我监督程序和系统的质量。这些任务通常在建设阶段与独立认证机构一起完成（如下所述），或在运营阶段与其他技术顾问合作完成。

### 3.2.1.3 关键绩效指标

关键绩效指标（KPI）旨在使采购当局能够评估所提供服务的质量和数量。它们是一系列可测量的履约指标，用以反映项目公司按照项目设计提供服务的情况。

监测 KPI 是采购当局确保在运营期间获得 PPP 合同规定的服务的主要方式。在开始提供服务后的很快一段时间应该就能证明，KPI 和支付机制是否能够按预期运行，以及相关的合同在记录绩效水平和付费扣减的适用方面起草得是否明确。如果关键绩效指标和相关的支付机制已经设计得很好，那么采购当局对绩效指标和支付机制的应用，应该能够为项目公司提供真正的履约激励。

在运营期间如何实施履约监督存在着一个概念上的差异，具体取决于 PPP 是基于可用性付费模型还是基于使用者付费模型。

- 如果 PPP 项目采取可用性付费模型，那么采购当局就是所提供服务的最终用户，其确保质量目标得以实现的需求也就因此非常之强烈。这种类型的项目较常使用详细的 KPI。

- 如果项目公司从使用者付费中获得收入，它要承担一些质量风险；服务水平的降低和用户的不满可能直接导致其收入减少。由于项目公司基于实现最大化的激励而提供优质服务，详细的 KPI 可能变得不那么重要了。然而，采购当局不能采取完全放手的做法。可能存在这种情况，即项目公司的绩效差（例如未能进行长期维护或未能提供安全的工作环境）可能不会对项目公司的短期收入产生负面影响，但可能会对采购当局产生负面影响。此类项目中的 KPI 还应考虑那些不会导致收入减少但仍然会降低绩效的情况。例如，即使道路的路肩坑坑洼洼，可能存在安全隐患，道路使用者也可能需要花很长时间来寻找对他们不太方便的替代方案。

KPI 取决于资产类型。例如，KPI 可能是铁路项目的准点指标，供电或输电项目的断电时间，道路项目的车道可用性、漏水率、社会接受程度调查、响应时间等。

在谈判 PPP 合同时，设定 KPI 的水平是一个持续的挑战。本研究发现，有些案例中的 KPI 被认为非常难以满足，而有些案例中的 KPI 又过于模糊。过于细致入微的 KPI 可能意味着，与 KPI 相关的扣款如此微乎其微，以至于绩效监督不会提供物有所值。项目公司还被激励做出这样的决定：既然满足 KPI 标准的成本会高于不满足 KPI 标准导致的扣款额，那么干脆就直接忽视 KPI 标准。正确的 KPI 标准及其灵活性本身就是一个复杂的话题，不在本书详细讨论之列。

**案例　不同程度的 KPI**

在西班牙的塞加拉加里格斯灌溉系统中，要求在 48 小时内修复某些灌溉设施的所有损坏，无论损坏的范围如何。这有可能导致各方之间的关系恶化：项目公司及其承包商认为他们被要求达到不可能实现的标准，而采购当局则面临着放弃扣款权利的压力。在本研究的另一个案例中，项目公司认为它几乎不必考虑 KPI，因为它们的标准被设置得非常低。这些案例表明，设定不当的 KPI 既不能激励良好绩效也不能惩罚不良绩效。

更多有关信息，请参阅塞加拉加里格斯灌溉系统案例研究。

### 3.2.1.4　支付机制

支付机制以一系列财务激励措施的形式出现，包括增加对项目公司的单一付费或总额付费（如与施工里程碑挂钩）、付费扣减、商定的补偿、调整从项目获得收入的权利、变更要求项目公司投资的水平。支付机制的关键是绩效水平会对项目公司的收入产生积极或消极影响。

未能达到 KPI 水平通常会导致相应的扣款或向采购当局支付协议补偿金。

施工期间的支付机制通常与施工里程碑有关（在满足质量要求的前提下）。许多 PPP 项目在施工期间不会向项目公司付款，因为付款与运营阶段的服务可用性或使用者付费相关联。该结构激励项目公司在约定的时间内完成工作，因为是否获得收入取决于施工工程的完成，因此延迟项目交付将损害项目公司的潜在利润（还需要支付延迟交付赔偿金）。这种结构仍然为项目公司提供了适当管理承包商所需的自主权。

施工期间的支付机制可以是基于施工里程碑完成而进行的一次总付性的付款，具体付款的实施方式，可以是在完成施工里程碑时增加单一付费金额，也可以是从单一付费金额中扣减，直到达到施工里程碑。

**案例　里程碑付款**

一些案例研究的项目成功使用过里程碑付款。在西班牙的萨拉戈萨有轨电车项目中，采购当局 10% 的补贴将取决于某些里程碑的实现；在美国迈阿密港隧道项目中，完成里程碑后可获得大笔付款。这些都被视为促进按时交付的有效激励措施。

更多有关信息，请参阅萨拉戈萨有轨电车和迈阿密港隧道案例研究。

### 3.2.1.5　独立监督

在 PPP 项目中，特别是在施工期间，通常会采用独立的认证/验收方式。在项目施工期间，项目公司、采购当局和独立验收机构之间会达成三方协议，共同聘用一个独立的认证机构，以监督对项目产出技术规格、项目总体进度和质量控制的遵守情况。此外，贷款人通常还会任命第三方技术顾问监督施工进度，并在需要向建设承包商付款时批准项目公司提取贷款。绩效监测职责如图 3.2 所示。

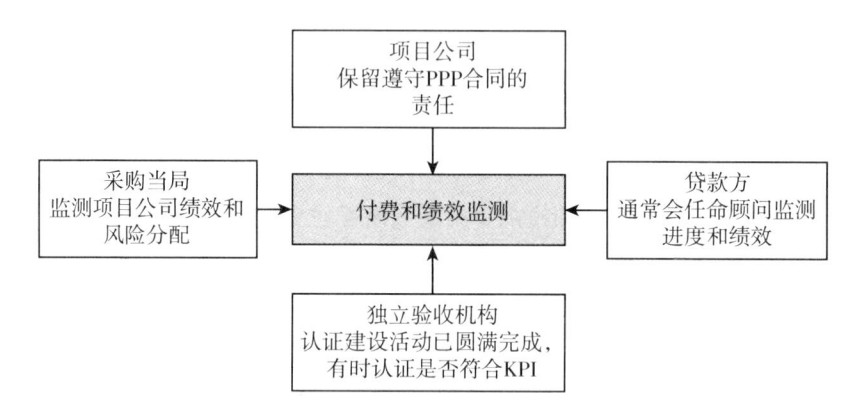

**图 3.2　绩效监测职责**

对于复杂项目，采购当局和项目公司指定的独立验收机构可以在运营阶段继续发挥作用，只不过其作用较为有限或是临时性的。

贷款人对项目公司遵守 PPP 合同的监督是对 PPP 合同履约监督的额外保障。贷款人和采购当局的利益在项目公司守约这个问题上是一致的，因为项目公司的任何重大不当履约都会最终影响项目公司的现金流（通过扣款）和项目公司的偿债能力。但是应该指出，贷款人的监督可能是有限的。贷款人通过其独立技术顾问对项目运营绩效报告进行详细审查，但该报告通常不与采购当局共享。

### 3.2.2　指南

以下指南概述了监督项目公司与 PPP 合同相关的绩效时应考虑的关键问题。

#### 3.2.2.1　确保为履约监督活动提供充足的资源

PPP 通常基于项目公司自我监督的原则。因此，将有大量的定期报告提交给采购当局进行验证和批准。需要很好地理解和分析这些报告，同时，对资料的研判也需要大量资源。

采购当局应仔细审查项目公司的自我监督情况，并相应地改变其内部程序。如果采购当局对项目公司提供的服务质量不满意，可能需要适当加强采购当局自身的监督水平。一些 PPP 合同还赋予采购当局让项目公司支付费用来加强监督的权利。

采购当局的优先事项是确保履约监督机制得到正确遵守,并且让 PPP 合同中约定分配的风险由项目公司承担。

采购当局可能需要签核竣工证明,以便可以开始运营。此过程通常被定义为测试和试运行阶段。详见第 3.1 节(过渡期管理)。

一旦投入运营,采购当局的主要义务之一,特别是可用性付费项目,是向项目公司付款。不应该因为采购当局没有足够的时间对项目公司的监督报告进行审查而延迟付款。延迟付款可能会给项目公司带来大量困扰、现金流困难,并使运营承包商感到焦虑。

**案例　西班牙履约监督团队**

西班牙萨拉戈萨有轨电车项目的采购当局有四名专职人员,专门负责履约监督。其他案例研究中,履约监督所需的工作人员较少,但它们通常更多地依赖外部顾问。

更多有关信息,请参阅萨拉戈萨有轨电车案例研究。

### 3.2.2.2　利用阶段性施工里程碑,保持对工程进展的充分了解

设计和施工监控结构通常将关键的阶段性里程碑用作进度监控或付款激励工具。阶段性里程碑可以协助采购当局在整个施工过程中监控工程的进度。如果重大项目的可分离部分可以提前开始运营,则使用阶段性里程碑将特别有用。

阶段性里程碑可能会在完成商定的工作部分时引入其他付款机制,以激励绩效。

在包含许多离散工作包的大型复杂项目中,使用阶段性里程碑可能更为重要。阶段性里程碑的使用可以使采购当局能够及早发现可能影响总体竣工日期和危及公共服务提供的任何延误,并及时采取缓解措施。

**案例　大型复杂项目的阶段性里程碑**

采购当局在发达市场上的轻轨项目中注意到,由于缺乏阶段性里程碑,加上工作的复杂性,使得采购当局更难以监控施工进度。里程碑也可以与一次性付款相关联,作为对项目公司的激励。但这一点没有体现在该项目中。

### 3.2.2.3　了解并使用包括自动报告在内的最有效的履约监督工具

用于在运营期间监控 KPI 的常用工具是质量管理计划(Quality Management Plan)。该计划由项目公司制订,然后由采购当局审核。质量管理计划列明,谁将从事运营和维护工作,如何对这一工作进行检查,以及检查结果如何由项目公司向采购当局报告。PPP 合同通常还规定了具体的报告要求。

采购当局应该在某种程度上信赖项目公司的报告,但它自己也应该确认,所提

供的绩效数据是准确的。采购当局为此可以采用多种方法，包括用户满意度调查、现场核查和测试、正式检查，以及对投诉日志和支援平台的审查。

关键是要确保项目公司按合同要求和在运营中要求的绩效报告的详细程度，格式和频率足以满足采购当局的需求，并且可以方便独立监督和验证。有时，（由运营承包商通过项目公司）所提供的信息并不充分，此时应鼓励各方开会讨论并对此过程进行检视。

对于复杂的项目，各方还可以联合任命一名独立顾问，以协助运营过程中的绩效监控。

一些 KPI 指标的满足/遵守程度，可以通过控制项目资产运营的软件自动产生。例如，与铁路项目延误相关的一些 KPI 由控制机车车辆运行（所有站点的到达和离开时间，机车车辆的速度，位置等）的软件自动产生。

**案例　监控 KPI**

萨拉戈萨有轨电车项目的采购当局非常认真地监控 KPI。这一 KPI 制度是全面的，涵盖质量和可用性指标，而且四名员工全职负责这项任务。采购当局认为此方法可以提高服务质量。

更多有关信息，请参阅萨拉戈萨有轨电车案例研究。

### 3.2.2.4　使用 KPI 和付费机制来确保项目公司按照 PPP 合同履行，而不是把它们作为惩罚性措施

采购当局不应在执行 KPI 相关联的扣款上采取"软立场"。KPI 体现了 PPP 合同中约定的服务水平和风险分配，因此应进行适当管理，以确保项目公司按照合同履行义务。采购当局采取的方法应该是"严格但公平"。

在项目生命周期的某个阶段，采购当局与项目公司在 KPI 方面存在一些分歧的情况并不罕见。本研究数据显示，全球 PPP 项目中 20% 的争议涉及 KPI。详见第 5 章（争议）。就 KPI 而言，各方有着不同的激励，因为采购当局希望以最低价格向公众提供最高水平的服务，以实现最大程度的物有所值，并且可能会受到激励，以最严格的方式执行扣款。而另一方面，项目公司希望以成本效益最大化的方式提供所需的服务，以获得最高收益。这些相互对立的激励因素增加了分歧或争议的可能性。例如，在我们所做的研究中，在许多情况下，项目公司认为 KPI 过于烦琐或不切实际，而采购当局则将其视为对项目公司"施加压力"的一种手段。

双方都应承认利益的内在分歧，并以开放的心态对待关键绩效指标，共同努力解决任何运营困难。扣款很可能会破坏采购当局与项目公司之间的关系。扣款机制的主要目标是确保项目公司提供适当的服务，而不是将其作为惩罚性措施使用，因

为这会使双方关系陷于危机,并且不会改善长期的物有所值。第3.3节(利益相关者管理)详细介绍了对项目公司利益相关者的管理。

在某些情况下,采购当局可以决定不行使其实施扣款或罚款的合同权利,如果它认为不行使这一权利符合更高利益。同样,它可以决定使用低于合同权利的扣款或罚款水平。在这些情况下,非常重要的是要向项目公司清楚地表明,放弃权利是(基于长期伙伴关系)有意为之,并且要进一步澄清这一决定的理由,以便未来出现类似情况时同样适用。

只有在获得法律建议后才能够放弃合同中的权利,以确保对项目公司的豁免是适当(即采购当局仅放弃其打算放弃的权利,而不放弃PPP合同规定的任何其他权利)。采购当局必须权衡放弃其权利的风险和收益。一方面,执行扣款可能具有损害其与项目公司关系的风险;但另一方面,严格执行扣款会使其获得财务收益,并设定一个严格行使其扣款权利的先例。

**案例 积极主动的 KPI 管理**

比利时的布拉伯一号轻轨项目有噪声过大的问题。缓解措施由双方主动管理。在有噪声期间收集数据,并制定和实施适当的缓解措施。

更多有关信息,请参阅布拉伯一号轻轨案例研究。

### 3.2.2.5 在运营开始之前或运营阶段早期评估 KPI 的运营有效性,并且要进行持续评估

KPI 在采购阶段创建,并具体约定在 PPP 合同中。但是,必须从实际运营的角度来考虑它们。采购当局应与项目公司达成协议,确定项目的内容,并确保双方都能够理解 KPI。一旦 KPI 测量和评估开始,这个问题需要尽早解决。

采购当局应定期评估任何可能无效的 KPI 指标,并应考虑到项目的长期成功,决定是否:

- 为了项目的利益,修改某些 KPI(如绩效标准、整改期限)或扣款额。
- 与项目公司商定符合实际的解决方案,以管理较难执行的 KPI。

正如第 3.1 节(过渡期管理)中详述的那样,"嵌入磨合"期在运营阶段开始时也很常见,便于各方熟悉其运营阶段的义务。

**案例 审查 KPI 的早期合作**

美国迈阿密港隧道项目的采购当局和项目公司在运营开始前一年开始与运营承包商合作,审查 KPI 并预测任何挑战。采购当局评估了承包商提出的问题,得出结论认为,与反应时间有关的一个 KPI 指标是不可行。其他所有的 KPI 指标都按照

PPP 合同中的规定予以保留。

更多有关信息，请参阅迈阿密港隧道案例研究。

### 3.2.2.6 向项目公司澄清其认为拟使用的 KPI 中不明确或模棱两可的方面

PPP 合同中起草的 KPI 可能不切实际，模棱两可，难以在实践中实施或不再相关。采购当局不应利用不明确的 KPI 来损害项目公司，以及采购当局与项目公司的关系。相反，应在各方之间澄清拟使用的 KPI。

KPI 通常在融资交割时在 PPP 合同中进行定义。对于可以运行 20~30 年的项目，这意味着指标可能因外部因素而变得过时。例如，2005 年起草的合同不太可能包含温室气体排放目标，而采购当局更有可能在其当前政策中规定排放目标。同样，在合同期的早期阶段，机场可能需要额外的容量，而在后期阶段，则会将重点转移到改善客户服务上。

处理 KPI 过时问题的不同方法包括创建能够灵活适应环境变化的 KPI。

**案例　过时的 KPI**

英国中伯克郡垃圾处理项目于 2006 年签署，当时的主要目标是减轻垃圾填埋场负荷。项目公司获得了以它认为合适的方式实现这一目标的自主权（例如通过垃圾焚烧）。目前的政策更侧重于循环利用，因此 KPI 已经不太符合采购当局的新目标。在撰写本书时，采购当局正在考虑如何应对这一挑战。

此外，采购当局意识到，报告的某些值得关注的方面并没有被明确地包含在合同中。因此，采购当局进行了非正式审计。审计是与项目公司一起开展的，涵盖了可能更主观且没有明确定义的问题。

更多有关信息，请参阅中伯克郡垃圾处理案例研究。

### 3.2.2.7 对那些因其固有性质而无法向私人部门转移的风险，实施更严密的履约监督

PPP 模式的关键要素之一是将风险转移给项目公司；但是，应该强调的是，无论风险分配如何，采购当局仍将承担一定范围的公共利益风险。采购当局必须考虑项目公司在环境问题、健康和安全或社区参与等方面的作为（或不作为）可能影响公众。无论相关风险如何分配，这些问题都有可能影响采购当局的声誉。

采购当局有义务监督和支持项目公司。这一方面是为了在事件一旦发生时保护自己的声誉，另一方面也是基于政府机构应该关心公民福利这一根本原因。

有关利益相关者管理和参与的问题可能会给公众和采购当局带来风险，特别是对关注度高的大型项目而言更是如此，而 PPP 项目往往正是这种类型的项目。施工

工程都会以各种方式对有关人群产生重大影响，无论是工程自身产生的噪音或振动，还是道路封闭带来的不便。缺乏利益相关者参与除了会影响采购当局的声誉之外，还会使受影响者的境地更加困难。详见第3.3节（利益相关者管理）。

如果将利益相关者管理和咨询的风险和责任转移给项目公司，则采购当局订约前所做的利益相关者管理工作有可能会化为乌有。采购当局应仔细考虑继续参与利益相关者管理的工作，以协助确保项目公司和利益相关者都能够做出适当的行为。

一些其他问题也可能会威胁到服务的持续提供，从而成为潜在的公共利益问题。例如，项目公司可能遇到财务困难，而这完全是项目公司承担的风险最终发生的结果。如果这些财务困难导致项目公司破产，那么服务就可能会停止，从而影响到公共利益。破产问题详见第6章（破产）。

**案例　环境问题**

在一个发达市场上从事道路项目的项目公司同意向当地社区项目支付赔偿金，因为它容许受施工工程污染的水流入当地水道。事件的根本原因与该地区不寻常的土壤成分有关（导致沉降时间高于平均，因此水流在大雨中从沉降池溢出）。建设承包商并不熟悉这种状况。采购当局得出的结论是，建设承包商本可以更加关注这种土壤所带来的挑战，从而采取降低风险的措施。

**案例　公众参与问题**

在发达国家的一个轻轨项目中，有些问题需要第三方利益相关者的同意，因此对项目成功至关重要。采购当局采取积极主动的方式来促成这些同意，并管理利益相关者意见对项目的影响。采购当局组建了自己的利益相关者管理团队，并考虑在未来项目中由自己承担这一风险，以避免与项目公司重复工作的成本。

在美国迈阿密港隧道项目中，建设承包商在遵守联邦劳动法方面面临一些挑战。该案例突出强调了采购当局确保项目公司及其承包商充分了解相关法律的重要性。在该项目中，如果采购当局的任何项目不符合相关法律法规，它也要承担被罚款的责任。

更多有关信息，请参阅迈阿密港隧道案例研究。

### 3.2.2.8　保持良好的绩效数据记录，以便更广泛地使用

采购当局应该认识到绩效数据更广泛的价值，并且应该基于各种原因收集绩效数据：作为其他项目的基准、为政策制定提供信息，并使其成为满足向监管机构或中央政府报告要求的一部分。如果可以获得其他项目的绩效数据，也可以利用这些数据更好地评估本项目公司的绩效，因为它可以作为类似项目的基准。第3.4节（信息管理）详细介绍了信息管理。

## 3.3 利益相关者管理

PPP项目涉及大量相互关联的关系。这些关系不仅存在于采购当局和项目公司之间，而且也存在于与其他利益相关者之间，包括最终用户、公众、股权投资者、贷款人、承包商、保险公司、顾问、其他政府部门和PPP中心。图3.3说明了PPP交易所涉及的潜在关系的复杂性。

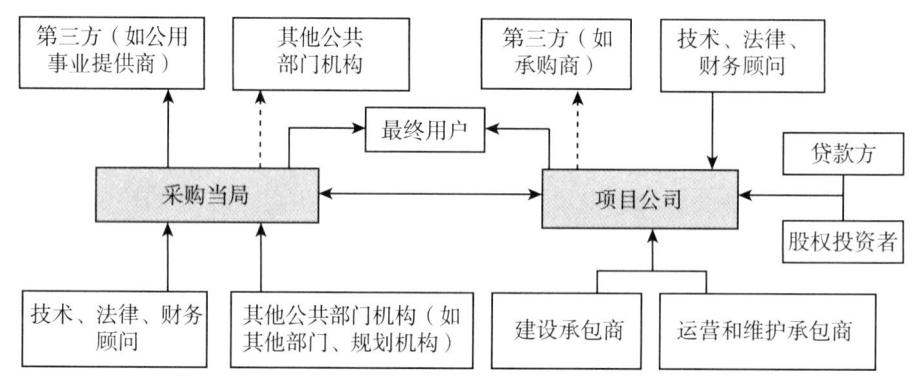

**图3.3 典型PPP利益相关者**

PPP项目有可能创造一种协作和互利的环境。在这一环境下，服务质量改善和效率提升可以为政府带来增加的价值，为最终用户提供高质量的服务，并为私人伙伴方带来商业利益。这些目标的实现在很大程度上取决于如何管理各方之间关系，因为不适当的关系管理可能会产生重大的连锁反应。

**本节结构**

本节提供有关管理与三个主要利益相关者群体关系的指南：项目公司及其相关私人合作伙伴（股权投资者、贷款人、承包商）；最终用户和社区；其他政府机构。成功管理利益相关者关系的关键要素如下所述，并在第3.3.1小节（指南）、第3.3.2小节（指南：项目公司）、第3.3.3小节（指南：项目公司以外的私人合作伙伴利益相关者）、第3.3.4小节（指南：最终用户、企业和社区）和第3.3.5小节（指南：其他政府机构）中详述。

- 定义所有和项目相关的利益相关者。
- 确保制定良好的沟通策略和实践。
- 保持良好的沟通记录，包括非正式沟通。

项目公司

- 考虑项目公司的利益，包括其情况的任何变化。

- 确保举行适当频次的会议，包括相关战略层面上的会议。
- 必要时遵循正式的沟通要求。
- 关注项目公司董事会成员任命的优点和缺点。
- 考虑与项目公司共享办公空间，这可以对双方关系有益。
- 使用合同条款来保护采购当局的权利，而不是将其用作惩罚性措施。
- 即使存在持续的争议，也要重视保持良好关系。

**项目公司以外的私人合作伙伴利益相关者**
- 在沟通和相关会议上考虑相关的私人合作伙伴（包括建设承包商）。

**最终用户、企业和社区**
- 确保最终用户、企业和社区利益相关者参与到基础设施交付的所有阶段，以确保项目可行性并改善服务。
- 确保最终用户、企业和社区利益相关者持续、透明地参与所有相关议题。
- 定义项目公司在最终用户、企业和社区利益相关者管理中的作用。
- 考虑每个相关的社区群体，因为他们可能有不同的利益和期望的结果。

**其他政府机构**
- 考虑需要其他政府机构参与的程度。
- 组建有效的治理结构，以管理与其他相关政府机构的关系。
- 与项目公司配合，在适当情况下与其他政府机构合作。
- 对于无法施加影响的其他政府或准政府机构，采购当局应该及早制订相关的关系管理计划。

### 3.3.1 指南

#### 3.3.1.1 定义所有与项目相关的利益相关者

由于PPP通常涉及大量的相互关系，因此采购当局应该从采购过程的早期就开始计划和定义所有相关的利益相关者。这里有几个关键群体：项目公司及其相关的私人合作伙伴（股权投资者、贷款人、承包商），最终用户，企业和社区，其他政府机构。还应考虑其他第三方，例如接驳项目的私人运营商、独立监管机构、公用事业提供商、保险公司和顾问。

采购当局与项目公司之间的关系是PPP成功的关键。协作关系有助于各方最终实现"双赢"解决方案，而关系破裂可能会扩大争议并威胁项目的持续可行性。

外部利益相关者，例如公众成员或服务的最终用户，需要由采购当局和项目公司邀请参与和管理。这些利益相关者可能包括不同的公众成员和最终用户，例如社区、开发商、本地企业、公用事业提供商和其他利益群体。基础设施项目有可能对这些群体造成干扰，如果关系管理不当，可能会形成对项目的反对意见，造成严重和代价高昂的延误，以及基础设施利用不足。

采购当局必须考虑的另一个关键利益相关者群体是其他政府部门。例如，通常需要财政部（或同等机构）的批准。其他相关机构是：PPP 中心，服务提供（如电力）的规制机构，规划和环境监管机构，健康和安全监管机构等。采购当局将需要确保与所有相关政府机构保持良好的关系。

**案例 不同的利益相关者**

基于项目和行业不同，PPP 中的利益相关者可以非常多样化。

在约旦的阿利亚皇后机场扩建项目中，与所有机场一样，这些设施的用户是公众、零售商和航空公司的成员。所有这些群体都有不同的观点，需要以不同的方式参与其中。

更多有关信息，请参阅阿利亚皇后机场扩建案例研究。

### 3.3.1.2 确保制定良好的沟通策略和实践

有效沟通对于维持 PPP 合同各方与第三方利益相关者之间的积极关系，努力实现共同利益至关重要。采购当局应该从第一天开始就制定沟通策略和计划。采购当局应该设计并实施一种满足所有相关项目利益相关者要求的沟通策略。这对项目的所有阶段都很重要。

采购当局应该定义：

- 所有需要与之定期沟通的利益相关者，以及利益相关者的职责和利益。
- 项目公司与其他主要利益相关者（包括社区，最终用户和其他政府机构）所需的沟通频率和形式。
- 采购当局团队对每一个关系所需投入的程度和性质。
- 可以在中央政府层面和其他行业机构或监管机构提供的支持水平，以及如何管理这些关系。
- 向中央政府和任何监管机构的报告要求。

沟通策略应包括如下方面：提高认识的宣传活动，有关项目进度的经常性通知，缓解影响最终用户和/或社区的任何问题的措施，危机沟通程序，回应公众和媒体询问的规程，以及一个供发布重要项目官方消息的专门网站。

采购当局团队定期进行内部沟通也很重要。高级管理团队应该意识到合同管理人员与对方人员之间的关系状况，而且各个层级的信息沟通应该是一致的。

**案例　大范围地理区域内的沟通**

北美的一个项目涉及 20 个不同地点的工作，而且这些地点遍布在大范围地理区域内。不同团队之间的沟通对于避免分歧升级为争议至关重要。

### 3.3.1.3　保持良好的沟通记录，包括非正式沟通

虽然口头交流有助于避免过度的形式主义，但把交流记录存档以避免混淆仍然重要。这可以通过记录和分享在非正式讨论中商定的关键行动点，并分享正式会议的会议记录来完成。准备高质量的会议记录尤为重要，可以有助于准确反映所达成协议的精神，并使相关参与者的承诺产生约束力。第 3.4 节（信息管理）详细介绍了信息管理。

## 3.3.2　指南：项目公司

### 3.3.2.1　考虑项目公司的利益，包括其情况的任何变化

采购当局与项目公司之间的关系是 PPP 成功的关键。管理与项目公司关系的第一步是确保双方都能很好地了解彼此的目标和观点。这将创造一个促进合作的共同愿景。应尽早明确目标和期望，并对其进行坦诚的讨论。虽然这些工作通常会在采购阶段进行，但它们应该在适当的时候被重新审视，例如在项目阶段之间的过渡期间，工作人员可能发生变化时，如第 3.1 节（过渡期管理）中所述。

由于 PPP 是长期合作伙伴关系，团队活力和个性在定义采购当局与项目公司之间的主要关系方面发挥着重要作用。

虽然项目公司和采购当局可能有不同的商业和非商业动机和激励，但他们终究要提供同一个项目，因此采取合作的方法很重要。采购当局应该征询项目公司对自己的看法，以持续改善与项目公司的关系。

采购当局与项目公司之间的积极关系也是项目公司的责任。各种因素可能会影响项目公司如何处理与采购当局的关系，包括其潜在财务状况，股权投资者的优先事项以及是否已为项目配置足够的人员和资源。

例如，在某些情况下，项目公司的潜在财务状况将影响其采取合作行为的意愿。当项目公司获得健康的利润时，它更有可能在实现双赢时采用一种更加灵活和合作的态度，即使合同变更对它没有明显的经济利益。反之，如果项目公司在项目中的经济效益不如其预期的那么正面，则项目公司可能会面临降低成本的压力，从而可能会对合作关系产生影响。这种情况凸显了保持各方之间良好沟通的重要性，以便采购当局了解发生了什么以及如何最好地与项目公司保持合作。

**案例　良好关系的优点**

由于外部基础设施工程的延误，英国城际快车项目被迫改变列车设计，而采购当局和项目公司之间密切的工作关系使他们能够减少延误。

更多有关信息，请参阅城际快车项目案例研究。

### 3.3.2.2　确保举行适当频次的会议，包括相关战略层面上的会议

成功的项目通常意识到，由采购当局和项目公司的相关代表及时解决日常运营问题的重要性，以及高层就关系项目未来的战略事项做出有效决策的重要性。后者的情况不太经常发生，但它必须包括公共和私人部门的所有相关利益相关者，而不仅仅是项目公司和采购当局代表。

采购当局和项目公司通常在常规会议上讨论运营问题，但频率可能因项目不同，从周会到季度会议。

各方之间的关系也可以在不同层面运作。参与 PPP 合同日常运作的各方应经常在正式和非正式的背景下就运营事宜进行沟通。

反之，高级管理人员团队可能会将沟通限制在战略问题和其他主要问题上，并可能以更正式的方式进行沟通。问题应按重要性明确进行分层，以便于采购当局合同管理团队根据问题重要性处理事务。需要区分日常运营管理问题（定期监督的普通问题）和具有重大商业影响的战略问题。后者会定期或在需要时进行讨论。

一些特定情况可能要求更频繁地召开会议，或额外增加其他特定代表参加会议（例如解决争议）。争议可见第 5 章（争议）。

**案例　不同项目的会议频率**

在南非的豪登快速轨道项目中，主要代表可以在每周会议上提出重要问题。在美国的迈阿密港隧道项目中，包括采购当局、项目公司和建设承包商，以及市和县政府的代表在内的人士会每周举行会议。在其他项目中，会议每月举行一次。而在比利时的布拉伯一号轻轨项目中，会议每季度举行一次。巴西能源项目的采购当局最近为其所有项目推出了季度合同管理会议。

更多有关信息，请参阅豪登快速轨道案例研究，迈阿密港隧道案例研究和布拉伯一号轻轨案例研究。

**案例　解决争议的会议频率**

在发达市场中的一个案例研究揭示了"主席会议"使用的情况。这是在持续争议期间举行的会议。参加方包括了采购当局、项目公司、建设承包商和运营承包商的代表。这些会议在六个月里每两周举行一次，并成功解决了很多问题。

### 3.3.2.3 必要时遵循正式的沟通要求

一些采购当局采用更正式的方法,以官方信件为主要沟通形式。这是巴西行政系统的要求,因此也是那里采购当局采取的方法。这种方法在印度也很常见。

PPP 合同通常会确定正式的联系点和正式的报告和沟通方式。但是,不太正式的其他几个联络点和沟通方式通常也是有益的。必须妥善管理沟通渠道以确保它们有效率。

### 3.3.2.4 关注项目公司董事会成员任命的优点和缺点

一些政府要求在项目公司中拥有股权利益,并有权让采购当局任命一名董事进入到项目公司的董事会。

这有几个好处,包括分享良好业绩的利润,加强关系和沟通,协助在战略层面提出问题,提高透明度和信息管理水平。

但这也存在缺点,包括分担损失,模糊公共和私人部门利益之间的界限,以及产生利益冲突。对于其他私人部门投资者而言(包括股权投资者和贷款人),它通常不是首选结构。其他私人投资者需要严格控制采购当局指定的董事在董事会层面拥有的权利。如果项目公司出现财务困难或破产,将出现额外挑战,详见第 6 章(破产)。

**案例　采购当局任命董事**

在中国的桥西区集中供暖项目中,项目公司治理结构包括董事会和监事会。董事会的五名成员中至少有一名成员、监事会的三名成员中至少有一名成员必须来自中国桥西区政府。这使得采购当局可以持续监督项目的绩效。

在苏格兰的几个 PPP 中,采购当局有一个观察员参加项目公司的董事会会议(除了与股东相关的商业讨论)。

更多有关信息,请参阅桥西区集中供暖案例研究。

### 3.3.2.5 考虑与项目公司共享办公空间,这可以对双方关系有益

在许多情况下,与项目公司共享办公空间也是有益的。虽然这在某些特定情况下才是可行的,但它具有明显的优势,例如除了正式会议之外还能够进行更多的经常性的非正式沟通。

如果采购当局和项目公司选择共享办公空间,则必须管理好保密性和独立性的风险。

**案例　决定共享办公空间**

英国中伯克郡垃圾处理项目的运营团队共享办公空间，这被认为即使在持续的争议中也有利于保持采购当局与项目公司之间的友好关系。

更多有关信息，请参阅中伯克郡垃圾处理案例研究。

**案例　决定不共享办公空间**

同样位于英国的城际快车计划项目团队强调，有些合作方选择不共享办公空间，以保持一定程度的分离和独立。他们认为在这种情况下这种做法更合适。

更多有关信息，请参阅城际快车项目案例研究。

### 3.3.2.6　使用合同条款来保护采购当局的权利，而不是将其用作惩罚性措施

采购当局不应该不公平地使用合同机制来处理关系问题或解决项目之外的问题。

例如，扣款的合同权利不应被视为是为采购当局带来节约和不必要地惩罚项目公司的手段。第3.2节（履约监督）详细说明了履约监督和扣款的应用。只有通过沟通和合作才能改善各方之间的关系，而扣款机制则有助于采购当局执行其合同权利。

如上所述，与项目公司的关系可能受其财务状况的影响。由于预算压力和政府广泛政策的优先顺序不断变化，采购当局也可能有成本压力。这可能会使采购当局的合同管理者陷入困境，但他们必须意识到，即使在预算压力下，与项目公司的关系仍然非常重要。

### 3.3.2.7　即使存在持续的争议，也要重视保持良好关系

在争议期间，重要的是前文所列基本沟通原则能够继续得到遵守，尽管在解决分歧过程中要保持这样的沟通面临着挑战。

重大变化，例如不可预见的事件和其他主要挑战，也可能要求采购当局更换其团队中处理这些挑战的成员。在采购当局处理重大争议或索赔时，善于建立良好人际关系的人可能会帮助其改善与项目公司之间可能紧张的关系。争议详见第5章（争议）。

**案例　争议处理**

一些项目凸显了采购当局与项目公司在所有商业分歧和正式争议中仍然保持积极关系的重要性。将争议与日常运营事宜分开可能会有助于积极关系的发展。在英国的中伯克郡垃圾处理项目中，共享办公空间这一事实也很有帮助。

更多有关信息，请参阅中伯克郡垃圾处理案例研究。

### 3.3.3 指南：项目公司以外的私人合作伙伴利益相关者

**在沟通和相关会议上考虑相关的私人合作伙伴（包括建设承包商）**

采购当局需要记住，不应该将项目公司视为唯一的私人合作伙伴；事实上，它正在与几个私人合作伙伴或私人群体合作（包括项目公司、股权投资者、贷款人、建设承包商和运营承包商）。所有各方都扮演着不同的角色。虽然负责管理这些关系的是项目公司，但采购当局仍然应该考虑到它们的存在和它们各自的利益。

例如，采购当局可以邀请其他利益相关者参加入职研讨会，以帮助提高他们对政府项目目标的理解，或邀请其他利益相关者参与其他采购当局与项目公司之间的相关会议。当然，在完成这项工作的时候，采购当局必须努力遵守相关保密要求。

一个有用的方法是，在存在施工范围变更或其他问题的争议时，采购当局将建设承包商包含在采购当局与项目公司之间的对话中。建设承包商最终需要同意采购当局与项目公司之间达成的协议，并且建设承包商的早期参与也可能提供最有利的结果。争议详见第 5 章（争议）。

在多个法域，采购当局还与项目公司和建设承包商约定，它有机会介入并解决项目公司未向建设承包商付款的违约问题。采购当局应该对项目公司可能的不付款行为进行监督，以确保建设承包商能够提供施工工程，且不会陷入财务困境。第 7 章（根本违约和终止）详细介绍了采购当局的介入权。

### 3.3.4 指南：最终用户、企业和社区

#### 3.3.4.1 确保最终用户、企业和社区利益相关者参与到基础设施交付的所有阶段，以确保项目可行性并改善服务

不应低估利益相关者参与的重要性。项目各阶段的反馈可确保项目持续向政府和社区提供物有所值。当地社区成员通常对本地区有很好的了解，也许能够对项目规划和项目价值提升做出积极贡献。

反之，与利益相关者沟通不足可能对竣工项目产生不利影响。例如，全球许多 PPP 项目都受到了土地征收和其他与利益相关者沟通失败问题的不利影响，显示需要从过去的经验中汲取深刻教训。

**案例　利益相关者参与不足带来的负面影响**

与最终用户的关系是项目成功的关键因素。在西班牙的塞加拉加里格斯灌溉系

统项目中，农民被要求同意并提供自己的资金来连接水网。然而，这一要求是在改进利益相关者管理计划实施之后才提出的。该项目发生的大部分延误是由于这些土地所有者不愿参与本项目开发所导致的。

更多有关信息，请参阅塞加拉加里格斯灌溉系统案例研究。

公共利益相关者的参与也可以为改善基础设施的设计、增加就业或更好地服务于社区成员提供很好的机会。

采购当局，乃至于更广泛的政府层面，还面临着以常规方式提供基础设施和以PPP模式提供基础设施的其他挑战。公众对PPP模式可能有负面印象，因而应该更广泛地向公众宣传PPP模式的益处，尤其是对最终用户的益处。媒体有关项目某些方面失败的负面报道可能会对广大公众对PPP的看法产生负面影响，结果导致人们忽视一个项目或者PPP模式的整体效果。

可以使用焦点小组方法来定性评估人们对项目特征和具体问题的期望和感受。焦点小组应由最终用户和生活在受项目影响的区域内或附近的人员组成。在收集较大群体的反馈时，通常使用调查的方法。

**案例  参与设计及服务于获得服务不足的群体**

美国的I-495高速公路项目强调，包括关键利益相关者的公众参与可以为社区和项目业主提供更好的项目。该项目的初步计划仅为该地区最大就业中心提供了一个出入口。在获得主要雇主、民选官员和通勤倡导者的早期反馈之后，项目组变更了项目范围，将三个主要的出入口纳入项目，以服务于这一繁忙的商业区。通过积极主动地邀请利益相关者参与，各方能够协同合作开发一个提供更好结果的运输解决方案。

在同一个项目中，采购当局要求项目公司尽可能地使用"弱势企业"，结果4.9亿美元的合同由小型和弱势企业承包。这是当时弗吉尼亚州历史上单一交通项目对此类企业所做出的最大贡献。

更多有关信息，请参阅I-495高速公路案例研究。

**案例  利益相关者参与设计细节**

西班牙的萨拉戈萨有轨电车项目显示，将公众纳入决策过程可以使所有利益相关者都能够受益。在该项目中，因修建有轨电车必须移除树木，而每移除一棵树，必须在其他地方种植两棵树；树木的种植地是通过参与式过程选择的。这一做法提高了项目的总体效果。

更多有关信息，请参阅萨拉戈萨有轨电车案例研究。

**案例  社区优先参与**

在美国的迈阿密港隧道项目中，社区参与被优先考虑。在建设阶段实施了当地就业计划,并且在整个项目期间继续与当地学校合作。这一重视社区参与的做法被认为是项目成功的关键催化因素,因为公共项目建设在融资交割时尚存在争议。

更多有关信息,请参阅迈阿密港隧道案例研究。

### 3.3.4.2 确保最终用户、企业和社区利益相关者持续、透明地参与所有相关议题

透明度是 PPP 采购和交付的基本原则之一。透明度对 PPP 合同管理尤为重要,因为它使采购当局能够获得足够的信息对合同进行有效的管理。

透明度也是更广泛的利益相关者参与和促进公众接受项目的重要组成部分。披露有关项目合同和绩效的信息有助于提高透明度,并获得社区对 PPP 模式和项目的接受。透明度也有利于 PPP 项目和更广泛的 PPP 计划的绩效审计。

应向公共利益相关者准确解释施工期间和服务交付开始时的预期。这包括解释项目的正面影响(包括增加服务的范围和提高服务水平)和负面影响(如交通噪声增加、营业中断和社区搬迁)。在建设阶段,当社区可能因施工活动而感到不方便时,利益相关者的支持尤其重要。方法之一是要求项目公司组建项目网站以介绍项目并定期更新,同时可设置用于管理社区查询的办公室来管理查询。

公众可能会关注有关项目的几个问题。它们包括:
- 工作场所的安全和环境事件。
- 土地征收和社区搬迁(这在线性项目中尤为普遍,如高速公路和铁路项目)。
- 公共服务条件未能满足公众要求(如过高的通行费和未使用的收费公路)。
- 降低使用者付费(在有些 PPP 项目中,成本有可能随着时间的推移而减少,并可能导致使用者付费减少或政府付款)。
- 私人合作伙伴的高利润水平(这可能从公众的角度来看是有害的)。

在某些法域,项目公司股权投资者的投资回报缺乏透明度。这不仅对特定项目,而且对 PPP 模式本身会产生负面效果。采购当局可能因此对物有所值缺乏信心,公众也可能因此对 PPP 项目的使用表示反对。从这个意义上讲,透明度非常重要,并且与有效的利益相关者管理高度相关。

采购当局还应公布绩效统计、审核、合同再谈判以及与公众相关的任何其他变更或问题。它还需要考虑哪些信息可以被公开,以及采购当局所承担的保密义务可能是什么。

PPP 合同通常定义项目公司与采购当局之间信息共享的要求,以及公开披露的要求及其任何例外。合同披露可能受到限制,这不仅因为采购当局需要保护其未来

的谈判地位，而且还因为需要通过商业信息保密来保护项目公司的合法利益。

虽然为了保护公共利益并确保物有所值，尽可能提高透明度可能符合采购当局的利益，但在所期待的信息披露的详细程度与私人部门要求的商业敏感信息保密限制之间实现最佳平衡始终具有挑战性。

本书没有涵盖采购当局有关项目信息披露的具体要求，以及每个法域可能存在的适用于信息披露的法律、行为准则以及标准国家指南所规定的相关要求。相关法律、法规和指南通常规定了有关采购当局在采购前和采购后披露责任的具体和明确的要求。

### 3.3.4.3 定义项目公司在最终用户、企业和社区利益相关者管理中的作用

采购当局和项目公司都有责任与当地社区进行互动，就项目的当前状态以及影响最终用户和当地社区的任何问题进行沟通。双方的沟通必须协调一致，这一点非常重要。

然而，采购当局可能很难充分地激励项目公司开展采购当局所希望的社区参与。因为项目公司主要受利润影响，在缺乏相关支付机制支持的情况下，采购当局可能无法充分地激励项目公司开展额外的社区参与。

解决这个问题的一种方法是严格规范PPP合同中的要求。这可能涉及为促进社区利益相关者参与而需要配置的人员或会议频率等具体要求。

如第3.2节（履约监督）中所述，如果要求项目公司与社区利益相关者互动，采购当局就应该密切监督项目公司的行动。如果社区参与工作没有做好，那么受影响的就不仅仅是项目公司；而且还有采购当局，无论确保社区参与的责任和风险被分配给谁。

**案例　萨拉戈萨有轨电车**

在西班牙萨拉戈萨有轨电车项目的建设阶段，项目公司雇用了一个沟通主管，并设立了信息办公室，以便任何个人或企业可以寻求有关项目的信息或任何与施工有关的问题。在运营期间，项目公司设立了一个客户服务办公室来回应公众投诉和他们所提出的问题。这被视为与用户互动的有效方式，也是收集反馈以改进服务本身的机会。

更多有关信息，请参阅萨拉戈萨有轨电车案例分析。

**案例　规范性合同要求**

在一个案例研究中，根据PPP合同，项目公司需要雇用一定数量的人员专注于社区参与，并且对所雇用员工的资格也提出了明确要求。

### 3.3.4.4 考虑每个相关的社区群体，因为他们可能有不同的利益和期望的结果

不同的社区群体有不同的利益诉求。对每个相关群体采用有针对性的沟通策略可能是有益的。例如，最终用户应有机会就所提供服务的质量和效果提供反馈，住宅社区可能会关注噪音，而企业则会担心由施工或维修工程引起的业务中断。

可以安排与关键利益相关者沟通的小组会议。小组会议可以依据相关利益来确定，并且可以进行细分，以响应不同利益相关者的不同诉求。

**案例 区分不同的利益群体**

在一个案例研究中，采购当局和项目公司采取了协调的方式进行社区参与，并设立了关键的咨询论坛。咨询论坛被分为"企业咨询组"和"社区咨询组"。前者由企业代表组成，后者由社区代表组成。企业和社区论坛由项目公司组织，并在之后向采购当局报告。

## 3.3.5 指南：其他政府机构

### 3.3.5.1 考虑其他政府机构参与的程度

鉴于 PPP 交易的性质，除了采购当局外，PPP 交易还涉及多个政府机构。这些政府机构也会在 PPP 交易中发挥作用。

这些其他利益相关者可能包括：

- 财政部门。财政部门通常提供审批（关于额外资金、主要范围变更和或有政府负债），并可能提出报告要求。
- 规划机构。规划许可是许多项目的主要问题。规划许可也有助于了解某个地区未来可能发展的情况。例如，该地区是否存在可能对项目产生影响的住宅或商业发展计划。
- 健康与安全或环境监管机构。如果这些机构对所遵循的程序不满意，并且/或者如果存在不遵守相关法规的情况，则这些机构通常有权停止项目的工作，因此它们是关键的利益相关者。
- PPP 中心。中央 PPP 中心也在项目的整体成功中发挥重要作用。中央 PPP 中心提供的资源和信息对于分享经验教训和改进项目成果非常宝贵。这可以来自区域或国家政府内的中央 PPP 中心，也可以是为协助某些行业的项目而设立的中央机构。PPP 中心在合同管理团队培训方面的作用详见第 2.2 节（合同管理团队的培训）。
- 接驳项目运营商。与不同采购当局管辖范围内的其他项目相接驳的项目也需

要利益相关者参与。不同行业或子行业之间的接驳很重要。例如，铁路项目可能与电力线路、其他公用设施、公路或公共汽车快速转乘项目相接驳。

- 受该项目影响的当地或地区当局。一个备受关注的项目将与政府有更广泛的利益相关性，因为它对当时执政的政府的声誉有潜在的影响。

采购当局应仔细考虑需要将哪些信息传递给其他政府部门，例如财政部或其他监管机构。由于建设和运营阶段会产生一系列报告，采购当局需要评估向有关其他政府机构报告的具体内容是什么。如果项目发生重大变化（如重大范围变更），可能需要从财政部等部门获得批准。这强调了需要考虑与这些部门共享哪些信息的重要性。范围变更详见第3.5节（索赔）。

同样也重要的是，采购当局通过提供相关的项目数据来为未来的基础设施发展提供信息，从而为这些机构提供帮助。将各种来源的信息整合在一起，是这些政府机构和行业机构能够在该特定区域获得更大物有所值和改善PPP的使用的一部分。采购当局应与这些机构保持良好关系，以便能够持续获得这些资源。所有市场，无论是成熟的还是发展中，都有能够大大改善数据战略和理解数据价值的方法，包括收集和分享数据，以及聪明和有效地利用数据。

**案例 多个政府机构**

在美国的迈阿密港隧道项目中，资金由联邦、州、县和市政府提供，而迈阿密市也批准了土地使用权。鉴于决定不征收通行费，对采购当局持续资助的承诺尤其重要，因为这增加了政府所需的资金数额。采购当局与该市和县签订了一项资助协议，但这些当局并不对该项目进行直接监督。为了协助项目的管理，采购当局每周举行会议，会议参加方包括采购当局，项目公司和建设承包商，以及市和县政府的代表。

更多有关信息，请参阅迈阿密港隧道案例研究。

### 3.3.5.2 组建有效的治理结构，以管理与其他相关政府机构的关系

不同层级政府之间的协调是合同管理的一个重要方面。在多个机构提供资助的情况下，协调的必要性就更大。

应组建适当的体制和治理框架，以加强政府机构之间的信息流动。如果不同政府机构之间的授权有交叉，挑战就会出现，并需要加以管理。

实现这一目标的一种方法是设立由不同政府机构的代表组成的项目咨询委员会。

**案例 项目咨询委员会**

在一个案例研究中，咨询委员会得以设立，以便向采购当局的部长提供有关该

项目的保证、战略监督和建议。它有一个独立主席，另外两名独立成员，以及财政部、行政办公室和其他相关部委的代表。咨询委员会每个月开会。

除了向部长提供保证、监督和建议外，它还是不同相关政府机构之间就项目进行更好地沟通和协作的平台。

### 3.3.5.3 与项目公司配合，在适当情况下与其他政府机构合作

由于不同层级政府之间的监管差异（例如地方当局、州/省级和国家级政府之间的监管差异），以及项目的不同方面受不同政府机构的监管，PPP 合同管理可能会面临挑战。如果没有与相关地方当局就所采购的项目达成协议（例如，在融资交割之前，国家政府没有与地方当局达成协议），就有可能导致审批延迟及额外征税，正如一些法域的情况一样。

**案例　施工许可**

在比利时布拉伯一号轻轨项目施工期间，由于公众对拟开发项目提出异议，项目公司的施工许可证被撤销。然而，项目公司在几个月后又获得了新的许可证。采购当局与项目公司一起合作，最终解决了这个问题。

更多有关信息，请参阅布拉伯一号轻轨案例研究。

在这些情况下，采购当局与项目公司配合，一起与其他政府机构合作可能更合适，特别是在采购当局与其他政府机构有更强关系的情况下。有关在关键过渡阶段与其他政府机构合作的讨论详见第 3.1 节（过渡期管理）。

### 3.3.5.4 对于无法施加影响的其他政府或准政府机构，采购当局应该及早制订相关的关系管理计划

采购当局可能与政府机构或准政府机构没有密切关系。在这些情况下，如果某些项目里程碑依赖于其他政府机构的投入，那么采购当局就应该尽早制订计划，并与那些政府机构达成协议，确保其他政府机构对项目没有任何干扰。

**案例　接驳项目**

英国的城际快车项目显示了管理与其他项目接驳的重要性。该项目的成功取决于接口轨道基础设施的交付及其电气化。该接驳项目是由铁路网公司（Network Rail）完成的，而铁路网公司是一个与政府保持距离的公共机构，因此不属于运输部自身的一部分。

更多有关信息，请参阅城际快车项目案例研究。

**案例 印度的土地征收**

在印度，土地征收问题导致了许多公路项目的延误和纠纷。土地管理是州政府的事务，由土地征收主管当局（CALA）负责。印度国家公路管理局（NHAI）是许多收费公路的采购当局，对 CALA 没有直接控制权，并依赖于州政府及其政策。为解决这个问题，NHAI 的区域办事处负责相关州的事务，并与各州的有关部门协调。为了便于征地，NHAI 与有关州签订州政府支持协议。NHAI 还聘请州政府的退休官员协助了解州土地法规。

## 3.4 信息管理

PPP 项目产生大量信息和数据，必须由项目公司和采购当局在整个项目生命周期内进行管理。项目公司通常需要定期提交履约报告。履约报告需要详细报告履约失败的情况，还要包括可用性报告、安全报告、公共政策问题等信息。

良好的信息管理可确保采购当局清楚地了解项目公司的履约情况及其提供服务的质量。它还与履约监督（包括 KPI 监控）直接相关，详见第 3.2 节（履约监督），并且有效管理分歧和争议，详见第 5 章（争议）。

文档控制是合同管理的重要组成部分。有几个项目都存在文档和数据控制不善的情况，其原因主要有两个：

- 在制订合同管理计划时，低估了文档和数据的数量。
- 无法遵守现有的信息管理战略。

特别是在大型和复杂 PPP 的情况下，如果各方从一开始就没有认识到信息和数据管理战略的重要性，挑战就会出现。稳健且结构良好的文档和数据控制可确保在整个合同期间知识的连贯性。它还为团队内部和相关各方之间的知识共享提供了机会。合同管理团队之间的知识连贯性是合同管理成功的关键。

信息管理不完善会导致：

- 产生关于索赔或范围变更的分歧和争议，而各方却连基本事实都不完全了解。
- 不遵守政府间报告要求。
- 履约监督不佳。
- 就 PPP 合同项下项目公司履约情况的信息公开不足。
- 因为补救措施没有正确地记录在案，重复其他项目的错误。

**案例 过渡期间的文档控制**

比利时布拉伯一号轻轨项目的采购当局经历过一个从建设向运营过渡富有挑战

性的时期，而文件控制不充分使得这一过渡变得更加困难。需要一个更好的信息管理系统来促进知识的连贯性，并可以获取和利用施工期间创建的数据和信息。

更多有关信息，请参阅布拉伯一号轻轨案例研究。

**本节结构**

本节提供有关信息管理的指南。成功信息管理的关键要素总结如下，并在指南中详述：

- 理解拟收集和维护的项目数据的范围。
- 开发适用于采购当局和项目公司的信息管理系统。
- 在可能的情况下，跨多个项目使用类似的信息管理系统和软件。
- 尽早确定要求项目公司提供信息的详细程度，以便就所要求的信息设定预期。

## 指南

**理解拟收集和维护的项目数据的数据范围**

采购当局需要从一开始就了解项目的规模和要求，以便理解并跟踪要管理的数据的范围。这包括彻底理解 PPP 合同所要求的内容以及从做好内部记录的角度来看所要求的内容。大部分信息将作为 PPP 合同义务的一部分由项目公司提供，但是，采购当局应该经常（必要时）验证这些信息，以确保其准确性和前后一致性，并且保留好内部记录。例如，有关项目公司的索赔或其他沟通的信息。在某些情况下，也可以要求项目的贷款人向采购当局报告情况。

**开发适用于采购当局和项目公司的信息管理系统**

在许多法域，采购当局在 PPP 合同中规定，项目公司必须在 PPP 合同期间使用基于互联网的双方都可以访问的共享的信息管理系统。一些采购当局规定了用于确保与其内部信息管理系统一致的软件。双方还将维护自己的内部信息管理系统。

在设置信息管理系统时，采购当局应该进行以下活动：

- 让所有各方参与制定信息管理策略，以便从一开始就确保兼容性。
- 同意项目公司需要收集和保留的信息的内容。
- 与项目公司协商使用一个供存储和共享文件（例如更新的合同文件、年度报告等）的共用平台。
- 在确定选择哪种信息管理系统之前，先确定项目需求和信息管理策略。基于信息管理策略和所商定的流程的不同，一些数据库比其他数据库更好，因为它们在使用时各自具有优势和劣势。在某些情况下，传统的共享驱动器比数据库更合适。

- 使用安全的电子信息管理系统保存所有关键文档的记录。
- 确保采购当局可以在 PPP 合同的整个生命周期内访问项目公司所用的相关 IT 工具，包括服务台、履约监督系统等。

**案例　不兼容的信息管理系统**

南非的豪登快速轨道交通项目中，合同规定了数据和信息管理系统。然而之后发现这些系统与项目公司的系统不兼容。项目公司必须将其文档和信息管理系统进行转换，以便与采购当局的系统兼容。

更多有关信息，请参阅豪登快速轨道交通项目案例研究。

**在可能的情况下，跨多个项目使用类似的信息管理系统和软件**

如果采购当局的资产组合已经有运行的信息管理系统，则构建一个与现有系统兼容的信息管理策略更有效率。对于是否建立一个新的信息管理系统或数据库，应该慎重决定并且将其作为最后的手段来使用。组织建设一个新系统是一项耗时且昂贵的工作，除非现有系统不合适，否则不应考虑建设新系统。

采购当局在可能的情况下应该采用它所熟悉的单一的软件，并将其用于各方的所有通信和记录保存。例如，在一个案例研究中，一个名为"Teambinder"的专用程序被成功用作通信和记录管理工具，并且也一直用于采购当局采购的其他项目。

**尽早确定要求项目公司提供信息的详细程度，以便就所要求的信息设定预期**

合同中有关信息管理系统的要求通常不会规定得那么详细。但从操作的角度来看，列明信息的详细程度很重要。采购当局应当在每个项目阶段开始时就明确对项目公司提供信息的要求，因为 PPP 合同可能没有规定得那么详细。

## 3.5　索　赔

PPP 合同通常赋予项目公司对某些特定事件要求索赔和/或时间减免的权利。通常，这些涉及由于采购当局或第三方的行为或疏忽或由于不可抗力事件而导致项目公司产生未预料到的成本和/或延迟的情况。

PPP 合同通常还包含采购当局有权向项目公司提出索赔的条款。第 3.2 节（履约监督）详细说明了项目公司履约的安排以及不履约适用扣款的规定，第 7 章（根本违约和终止）详述了项目公司的违约。相反，第3.5节涉及项目公司提出的索赔。

索赔可能涉及大量资金。如果管理不善，可能导致采购当局的成本增加，并可能影响融资交割时的物有所值的预测。此外，项目公司提出的索赔是否有理有据，在索赔开始时并不总是很清楚，因此它们可能存在疑问并有可能引发争议。争议管理详细在第5章（争议）。

采购当局设置健全的内部程序来管理索赔和范围变更十分重要，因为项目公司提出索赔的权利对于PPP合同的风险分配及其履行方式至关重要。

本节讨论索赔的一般问题，而不考虑处理索赔的具体机制如何。例如，具体的索赔机制和程序通常在普通法系的PPP合同中定义。但是，大陆法系PPP合同可能更多地依赖于一般法律原则，特别是在不可抗力索赔或重大不利政府行为（material adverse action by government authorities）方面。一些大陆法系PPP合同也依赖于经济再平衡程序，详见第4章（再谈判）。本节未详细说明提出索赔的具体机制，因为它们在各法域之间存在很大差异。

虽然本节涉及项目公司提出的各种类型的索赔，但它特别关注常见的范围变更引起的索赔。范围变更索赔可能与其他类型的索赔略有不同，并且可由任何一方发起。范围变更也可能更复杂，因为其有机会对PPP合同中约定的风险分配造成影响。

项目公司提出的更严重的索赔可能是由于采购当局违反PPP合同而导致采购当局违约和终止合同的权利。在某些情况下，长期持续存在某些索赔（例如持续很久的不可抗力事件）最终将导致合同终止权利。这些都在第7章（根本违约和终止）中详述。

**本节结构**

本节在第3.5.1小节（背景）中提供了管理索赔的背景，并提供了管理索赔的指南。成功管理索赔的关键要素概述如下，并在第3.5.2小节（指南）中详述。

- 理解项目公司根据PPP合同提出索赔的权利，并确保团队有足够的资源及时评估索赔。
- 监督潜在索赔的风险，以降低索赔风险，并且为接受索赔尽早进行准备。
- 在评估范围变更时，旨在保持融资交割时约定的风险分配，并确保物有所值。
- 理解PPP合同中规定的索赔和范围变更程序，并确保采购当局符合程序。
- 快速处理索赔和范围变更，以避免其变成争议或对项目产生其他不利影响。
- 与其他政府机构合作，以降低索赔风险并协助处理索赔。
- 制定政策以限制早期和频繁的范围变更。
- 了解项目公司的贷款人在处理索赔时的利益和要求。

### 3.5.1 背景

本部分总结了在 PPP 合同下项目公司可以提出的常见类型的索赔。本部分注意到，索赔的能力将取决于具体的 PPP 合同及合同所适用的法律框架，包括双方商定的风险分配。有关采购当局和项目公司之间典型的风险分配安排的指南，详见 GI Hub 的《PPP 风险分配工具》①。本部分的目的是确定典型的索赔语境和一些常见类型的索赔程序。一系列常见类型的索赔概述如下，并在本小节中详述：

- 采购当局违反合同的索赔。
- 重大不利政府行为（MAGA）。
- 法律变更或制裁豁免。
- 不可抗力。
- 范围变更。

#### 3.5.1.1 采购当局违反合同的索赔

采购当局不守约或违反 PPP 合同的问题对项目公司交付其工程或服务的能力产生负面影响，并通常会导致索赔，造成工期延误和费用增加。如果对合同的违反被定义为根本违约，就可能会赋予对方终止合同的权利。例如，未能按时提供土地或项目地的进入权，未能按时付款，未能按时执行第三方协议，未能获得相关批准，或未能提供接驳基础设施。对项目公司交付其工程或服务的能力产生负面影响的其他行为也可能导致索赔权。

#### 3.5.1.2 重大不利政府行为（MAGA）

PPP 项目有几个风险有可能对项目产生重大影响，但却不受任何一方的直接控制。例如，（采购当局之外的）政府机构的作为或不作为，可能对项目和项目公司有重大不利影响。通常项目公司会希望采购当局能够保留这种风险，因为采购当局是一个政府机构，并对此类事件有更大程度的控制。一些法域将此类事件特别描述为"重大不利政府行为"或"MAGA"，而且一旦出现这种 MAGA 事件，PPP 合同通常包含允许项目公司寻求救济的条款。其他法域可能有其他机制，但通常也会允许项目公司索赔救济。

---

① 可登录 http://ppp-risk.gihub.org 查看。

### 3.5.1.3 法律变更或制裁豁免

法律变更或制裁豁免也可能对项目公司产生影响，因为项目公司必须遵守其运营活动所在的法域的相关规则和条例。哪一方要求支付与法律变更相关的任何额外费用将取决于PPP合同中约定的风险分配。PPP合同通常会列出当事人可以对法律的具体变更寻求救济的情势，以及法律的哪些变更不会带来任何救济的权利。项目公司也有可能从法律变更中受益，这意味着法律变更的任何赔偿支付可以流向任何一个方向。2017年版世界银行《PPP合同条款指南》[①] 对不同类型的法律变更进行了详细评论。

### 3.5.1.4 不可抗力

不可抗力这一术语通常指的是超出当事人控制范围、根本无法预料到并且使一方无法遵守PPP合同的事件。不可抗力条款在PPP中很常见，其构成可以在相关的PPP合同或相关法律中规定（特别是在大陆法系法域）。在不可抗力事件发生时，通常的处理方式是允许当事人解除其合同义务，因为这些事件是不可预见的并且不受任何一方的控制。事件发生的风险通常由各方共担。不可抗力事件很少见。本研究的数据分析表明，7%的项目遭遇不可抗力事件，并且大多数基于不可抗力的索赔都是最后的手段。

通常要求项目公司为某些可保险的不可抗力事件进行投保。这是将可保险的不可抗力风险转移给第三方保险公司的方法。项目公司通常会支付任何所需的保险费。采购当局应了解项目公司持有的或者应该由项目公司持有的任何保险。采购当局应该留意某些事件变得不可保险的后果，并可能需要有效地进行自行投保。

### 3.5.1.5 范围变更

通常有两种主要类型的范围变更，可能需要采购当局采取不同的方法加以管理：
- 微小的范围变更。微小的范围变更在PPP合同的范围变更条款内就可以得到管理，而不会对约定的风险分配产生重大影响。
- 重大范围变更。所建议的重大范围变更的评估和实施可能更为复杂。采购当局应该注意到，合同可以对任何一方的能力施加限制，使其不能在PPP合同规定的范围变更机制内，发起这种性质的变更。如果需要进行此类变更，再谈判可能是一

---

① 可登录 http://ppp.worldbank.org/public-private-partnership/library/guidance-on-ppp-contractual-provisions-2017-edition 查看。

个可以使用的适当机制，但也可以考虑合同终止。重大范围变更也可能影响 PPP 合同约定的风险分配。再谈判详见第 4 章（再谈判），并在第 7 章（根本违约和终止）详细说明合同终止。

通常情况下，采购当局或项目公司都可能会要求范围变更。采购当局通常有权发出微小范围变更的指令。在出现此类变更时，通常需要双方就有关时间和成本达成协议，并且这将影响采购当局管理这一流程的方式。具体的程序将取决于 PPP 合同及其所适用的法律框架。

**案例　加速的机场扩张**

约旦的阿利亚皇后机场扩建项目经历了重大的范围变更——显然，乘客数量比原来预期的要高。最初的计划是分两个阶段扩建机场，但很明显，第一阶段的扩建不足以应对乘客流量的增长。虽然建设仍在继续，但双方都同意进行设计变更，从而使扩建的航站楼可以应对比之前预估得更大的乘客流量。这是一个利益非常明显的情况，并且有乘客数量增加所带来的额外收入，谈判也就相对简单。双方的激励是一致的，并且用户也可以获得优质的服务。

欲了解更多信息，请参阅阿利亚皇后机场扩建案例研究。

### 3.5.2　指南

以下指南概述了在管理项目公司基于 PPP 合同提出的索赔时应考虑的关键问题。

#### 3.5.2.1　理解项目公司根据 PPP 合同提出索赔的权利，并确保团队有足够的资源及时评估索赔

采购当局应当有管理索赔的资源。它还应该很好地理解适用于索赔的合同机制，以及 PPP 合同中双方约定的基本风险分配。在收到索赔后，采购当局应该迅速采取行动，首先评估索赔的理据，并且如果索赔具有正当性，评估批准该索赔的可能影响（包括财务影响）。

PPP 合同中的风险分配通常是精心拟定、谈判和协商一致的成果，因而这种风险分配应该予以维持。确定索赔的背后原因将使采购当局能够评估索赔的理据。为了能够正确地对索赔进行评估，采购当局应该了解项目公司有权根据 PPP 合同（或根据适用法律）提出索赔的情势，以便可以根据索赔的理据快速对索赔进行评估。项目公司可能有权提出索赔的案例详见第 3.5.1 小节（背景）。

项目公司的关键承包商的职责也同样值得注意，因为项目公司的许多索赔很可能源自这些承包商。

索赔的理据可能被包含于复杂的法律文件中。索赔也可能受制于相关门槛的要求（例如只能提出重大索赔），或者对一个索赔的最高应付赔偿额设定一个上限。这些法律的边界，门槛和上限都是处理索赔应该考虑的事项。对于合同管理团队不清楚风险分配的索赔，必须尽早寻求法律建议。例如，如果项目公司就共同分担的风险提出索赔，或者如果索赔涉及各方对相关风险分配有不同理解的情况，挑战可能就会出现。

应该评估批准相关索赔的可能后果，包括可采取的减少成本或时间影响的任何措施。在批准任何一项索赔之前，应该充分理解项目公司为减少项目延误和项目成本所建议的措施，并予以记录。这一过程将需要相关的技术和财务专家参与。

对索赔的评估将在很大程度上取决于可获得的信息水平。合同通常都规定项目公司在提出索赔时应提供的最低信息水平。但是，可能还需要更多信息。除了使用自己的记录外，采购当局还应了解其根据 PPP 合同通常拥有的权利，以从项目公司获得更多信息，或从项目公司承包商处获得间接信息。即使没有这样的合同义务，项目公司也很难争辩说采购当局不应该获取额外信息。

在实践中，即使索赔的理据和索赔金额相对清楚，也并不意味着问题的解决会总是直截了当，因为许多其他因素可能产生影响，例如各方之间的权力平衡以及其他索赔和目标的存在。

对索赔及其后果的评估应考虑采购当局或项目公司或第三方是否持有任何相关保险。如果索赔涉及保险单所涵盖的风险，保险公司应尽早参与到该索赔处理的过程中。

只有在根据 PPP 合同风险被分配给采购当局时，才可以继续进行索赔，以确保双方约定的风险分配不会被改变。

### 3.5.2.2 监督潜在索赔的风险，以降低索赔风险，并且为接受索赔尽早进行准备

对 PPP 合同的透彻理解对降低索赔风险，以及在索赔不可避免时准备接受索赔至关重要。为此，采购当局通常设立一个风险登记册，该风险登记册应根据风险的可能性，严重程度和潜在的缓解措施对相关风险进行持续评估。

应该在项目的整个生命周期内对风险登记册定期进行重新检视，因为风险环境在长时间内可能会发生变化。这涉及，持续地评估和再评估风险发生的可能性及其所产生印象的严重性，并且评估采购当局是否可以采取任何措施来防止或减轻这些风险。

监控项目风险将意味着，采购当局了解潜在的索赔，并且可以在收到项目公司索赔之前开始考虑索赔并为处理索赔制订计划。

采购当局应考虑合同期内技术变化的影响。例如，当某些生命周期项目由于技术变化而过时，或者服务因技术进步而改变，此时将出现怎样的情景？法律的变化也会影响项目的风险状况。也许除了国际制裁之外，法律的变化在一夜之间发生是不寻常的。如果可以合理预期法律或技术会发生变化，采购当局和项目公司应会理性地提前讨论应对这些变化的方法。

### 3.5.2.3 在评估范围变更时，旨在保持融资交割时约定的风险分配，并确保物有所值

与范围变更有关的一个关键考虑因素是，范围变更对双方约定的风险分配的潜在影响。如果范围变化很大并且需要修改 PPP 合同的条款，则这一点特别相关。再谈判详见第 4 章（再谈判）。如上所述，PPP 合同中的风险分配通常是精心拟定、谈判和协商一致的成果，因而这种风险分配在任何范围变更中都应该予以维持。

鉴于 PPP 合同的长期性，在某个阶段需要进行范围变更的情况并非不常见。采购当局优先事项的改变、技术进步、设计改善、或国家或地区更广泛的经济变化（包括需求变化）等，都可能引起项目范围变更。初始范围不充分，或设计或施工工程或服务的优化机会（例如基于钢材或混凝土市场条件的变化带来的成本节约），也可能会引起范围变更。

通常，每一方都有权发起范围变更请求，商定的范围变更程序通常规定了管理范围变更请求和相关时间表的步骤，以使相关方提出范围变更建议并进行批准。采购当局有权指示立即进行微小的范围变更，并在稍后阶段就定价和时间达成协议。具体程序将取决于 PPP 合同和基本法律框架，并且应该为采购当局所熟知。

如果项目公司提出范围变更请求，采购当局将需要仔细分析项目公司提出范围变更的理由和项目公司变更请求的所有后果，包括所提交的用以证明成本、时间和风险后果的证据是否有效并有证明力，并满足物有所值测试。

如果采购当局提出范围变更请求，那么采购当局应该已经先进行了初步评估，并且理解拟议变更的范围、其成本和时间后果，以及变更对风险状况的总体影响。之后，采购当局才可以将范围变更请求提交给项目公司。

无论范围变更是由采购当局或项目公司提出，采购当局都需要对其后果进行全面评估。通常会产生成本和/或时间影响（尽管并非总是如此，并且在范围缩小的情况下，这样的成本/时间影响可能对采购当局有利）。可能还会对风险状况产生整体影响。该影响评估应在范围变更条款的任何谈判开始之前完成，并应包括对任何范围变更的财务、技术、合同和项目后果的评估。

任何潜在的范围变更评估都应充分考虑以下方面的影响或后果：工程范围；成

本后果；风险分配；对现有风险状况的影响；改变现有的资本支出；运营支出和生命周期预算；时间影响；对支付机制和绩效标准的影响；对项目公司提供的现有担保安排的影响（例如履约保证金和担保）；责任上限以及对项目物有所值的任何潜在的影响。

还应探索由于潜在范围变化而可能为项目带来的任何附加价值。

为了帮助其评估，采购当局可能实施一种基准测试或市场测试，以确保其在范围变更之后仍能够获得物有所值。这通常不是一个简单的过程，特别是考虑到以下情况：替代承包商可能会对接手另一承包商交付的项目收取额外费用；另一承包商的介入可能对项目公司提供的保证和免责产生不利影响。在某些法域，合同会对某些范围变更规定一个费率表，这一费率表也可以被用于范围变更的评估。

**案例　基准测试应用**

在英国中伯克郡垃圾处理项目中，一些垃圾和运输服务需要进行基准测试。承包商将其成本与同等服务的市场价格进行比较，然后对价格进行相应调整，除非采购当局选择进行市场测试，也即将该承包商的工作进行重新招标。工程或服务成本的任何后续增加或减少将通过对项目公司适用的单一制付费的调整反映出来。虽然基准测试可能由项目公司进行，但它基本上是一项联合工作，因为采购当局必须对其获得的物有所值感到满意。可以成立一个由双方代表组成的团队来监督这种类型的基准测试。

更多有关信息，请参阅中伯克郡垃圾处理案例研究。

与重大范围变更相关的风险分配也可能是旷日持久的商业谈判的议题，而且对于重大或复杂的范围变更，采购当局可能需要聘请外部顾问。

关于什么构成变更以及什么属于项目公司已经承担的义务等问题，也具有导致分歧的潜在可能性。

### 3.5.2.4　了解PPP合同中规定的索赔和范围变更程序，并确保采购当局符合程序

采购当局应该充分理解其在索赔和范围变更方面的程序义务，以及它在履行PPP合同项下的这些义务时的时间表。当采购当局收到索赔时，认识到这些商定的程序对于守约十分重要。

采购当局还必须要清楚，哪些活动必须立即完成，哪些活动先进行其他主要活动才能开展，因为时间表限制通常会被整合到项目公司的计划中。不按照约定的程序回应索赔请求可能会导致采购当局违反PPP合同并且承担额外的索赔。在有"默认"（deeming provision）条款的情况下，情况尤其如此（如果在规定的时间内未收

到采购当局的答复，则该索赔可以被视为已经被接受）。

采购当局可以建立有效的内部程序，以确保按 PPP 合同要求及时处理索赔。在许多情况下，可以在法律建议的帮助下准备模板文档，以在初始阶段协助回应常见的索赔请求。

本研究表明，范围变更程序被忽视或没有得到适当的遵循并不罕见。这可能导致严重的问题，包括加剧与项目公司之间的紧张关系，以及在没有明确流程的情况下增加产生分歧的风险。

尽管在 PPP 合同中规定了需要遵循的程序，有时这些程序可能变得不可行，特别是用以生成信息，审查和回应的时间段是不切实际的。例如，在需要动员额外外部资源来评估问题的情况下。在这种情况下，双方之间关系紧张的风险也更高。解决这个问题的方法是让各方正式放弃他们严格的合同要求，并同意一个不太正式和更可行的流程。放弃合同下的权利只应在咨询了法律意见后进行，以确保放弃的权利是适当的（即采购当局仅放弃其打算放弃的内容，而不是放弃项目公司未来遵守相关程序的义务）。PPP 合同的修订也可能是适当的。再谈判详见第 4 章（再谈判）。

处理范围变更的一项选择是实施一个有助于范围变更实施的"软"启动。软启动涉及先发出一个非正式的范围变更通知，并允许在发出正式通知前几周考虑范围变更。需要注意避免无意中触发正式范围变更的机制。除非有明确的合同条款允许"软"启动，否则应就这一程序寻求法律建议。

**案例　选择灵活的变更方法**

英国中伯克郡垃圾处理项目引入了一种制度，即一方在正式通知发布前一个月提交非正式变更通知。这为每一方提供了审查机会并在它正式化之前适应其实施。

同样在英国的城际快车项目中，相关基础设施工程的挑战意味着采购当局必须采取灵活的方法来处理变化。

更多有关信息，请参阅中伯克郡垃圾处理和城际快车案例研究。

### 3.5.2.5　快速处理索赔和范围变更，以避免其成为争议或对项目产生其他不利影响

一旦采购当局评估了索赔的理据，并且认可索赔的正当性，它就应当尽快接受索赔。如果可能，当事人之间的关系不应该受到索赔的影响，当事人也不应该在可以被采购当局接受的索赔上产生分歧或争议，并花费不必要的金钱。第 5 章（争议）详细说明了争议的管理。

需要有效地进行范围变更管理，以最大限度地减少其对项目的不利影响，并能同时维持物有所值。重要的是对范围变更进行分级，并确定一个分级管理的框架，

使微乎其微的变更可以被有效率地处理，而重大变更（例如增加新机场跑道）得到严格审查以确保物有所值。

如果当事人不能同意索赔的理据或其后果（包括应付赔偿金或额外时间），各方应共同努力寻求一个解决方案。

**案例　合作工作以避免争议**

比利时的布拉伯一号轻轨项目与更广泛的安特卫普（Antwerp）网络相连，从而增加了该项目的某些部分的使用和维护要求。项目公司和采购当局共同努力估算增加的额外成本，避免产生任何分歧。

**更多有关信息，请参阅布拉伯一号轻轨案例研究。**

在处理索赔中，采购当局了解现金流风险可能对项目公司或其承包商行为的影响至关重要。从项目公司的角度来看，它强烈倾向于尽快评估索赔，即使冒着只有部分索赔成功的风险。相反，如果索赔过程延迟（特别是在类似的索赔不断发生但却得不到评估的情况下），项目公司可能会被陷于困境。这突出了尽快处理索赔和直接对话的重要性。项目公司的现金流风险详见第6章（破产），其中就破产前项目公司的财务状况提出了详细指南。

快速处理和批准索赔的有效的治理结构是关键。有关治理的指南详见第 2.1 节（合同管理团队的组建）和第 3.2 节（履约监督）（采购当局之外的其他政府利益相关者，如财政部或同等政府机构）。

### 3.5.2.6　与其他政府机构合作，以降低索赔风险并协助处理索赔

采购当局应与其他政府机构合作，以减轻 MAGA 事件的发生，详见第 3.5.1 小节（背景）。这要求管理好与其他政府机构的关系。

可以设定一个范围变更的价值限额，在这一价值限额内，采购当局可以自行决定范围变更而无须寻求相关政府当局的批准。例如，在菲律宾，这个限额是资本总价值的10%。对于限额内的任何范围变更，采购当局需要向财政当局报告，但不需要资助财政的批准。任何超出限额的范围变更都需要批准。其他法域可能会定义需要得到相关财政部或同等机构批准的重大范围变更。

管理与其他政府机构的关系是第 3.3 节（利益相关者管理）中详述的主题之一。

特定法域的采购法规和其他适用法律，也可能影响采购当局向项目公司额外支付索赔补偿金的行为。例如，欧盟的"国家援助"概念限制了公共部门机构可以向私人组织（如项目公司）提供资金的行为。因此这一点必须予以审慎评估。

如果索赔的解决或范围变更的批准需要额外的资金，则应尽早考虑进行范围变

更的预算。无法快速解决索赔问题可能意味着索赔在无意之中发展成了争议。应通过与其他相关政府机构（包括财政部或同等机构）进行适当沟通和合作来降低这种风险。

### 3.5.2.7 制定政策以限制早期和频繁的范围变更

采购当局应该致力于限制在融资交割之后不久就引入太多的范围变化，因为这可能会影响融资交割时所预测的物有所值，并改变PPP合同中约定的风险分配。例如，这些行为可能反映了设计中的缺陷，例如设计的不完整性。

与重大范围变更相关的关键问题是，在没有竞争的情况下，项目公司显然已经不能为范围变更提供最具成本效益的解决方案。这是因为范围变更可能是通过双方谈判达成的协议来处理的。没有竞争，项目的物有所值就变得不那么明确。一些法域要求在融资交割之后的一定期间内冻结设计变更。

运营过程中的微小变更被认为是正常的，因为它们可能没有增加（或增加很少）成本，却可能适应合同生命周期中的情势变化。

### 3.5.2.8 了解项目公司的贷款人在处理索赔时的利益和要求

重大索赔和范围变更是项目贷款人关注的重点，项目公司的贷款文件可能对所允许的范围变更进行限制，也包含何时需要贷款人同意的规定。需要同意的门槛通常很低。如果项目的范围和风险状况发生重大变化，贷款人希望能够参与进来，无论是否需要贷款人为范围变更提供资金。融资交割时商定的风险状况的任何变化都可能对可用于清偿贷款人贷款的现金产生影响，并可能导致对融资合同的根本违约。采购当局应该意识到这一点，以确保它在考虑潜在的范围变更时考虑贷款人的利益，给予贷款人完成尽职调查和相关评估，及其批准所需的时间。

**案例　贷款人批准要求**

英国的城际快车项目需要进行一系列的变更，相关的商业谈判既复杂又耗时。需要获得贷款人的批准，这导致大量使用外部顾问。尽管如此，各方能够通力合作并克服了这些挑战。

更多有关信息，请参阅城际快车案例研究。

如果贷款人最终决定不同意变更，因为新的风险状况超出了他们能够接受的范围，并且他们认为项目公司有合法的权利拒绝所建议的范围变更。在这种情况下，可能很难评估采购当局将如何继续向前推进范围变更。采购当局的选择可能有限。一种选择是采购当局事先与项目公司商定范围变更的限度，并且如果采购当局将范围变更限定在该限度内，项目公司同意放弃拒绝范围变更的权利。另一种可能性是在现有合同之外单独启动一个合同授予程序。一个更极端和更不常见的途径是采购当局买断债务，其理由是，在变更实施之后，一旦项目达到新的均衡，采购当局将转让这一债务。

## 3.6 所有权变更

项目公司的股权投资者寻求变更其股权利益（包括将该权益出售给新的股权投资者）的情况并不少见，因为项目的风险随时间而变化。然而，在许多情况下，PPP合同包含对股权投资者进行此类交易的能力的限制。无论如何，采购当局应该关注这类活动，并确保项目公司保持财务稳健和维持其在整个项目期间履行PPP合同义务的能力。

参与PPP的项目公司通常是特殊项目公司，其唯一目的是拥有项目中的资产并履行PPP合同的义务。项目公司将由为项目的权益部分提供资金的股权投资者拥有。如果股权投资者改变其在项目公司的股权利益（包括通过转让），这通常被称为"所有权变更"。所有权变更通常也被称为二级市场交易。

"所有权变更"的定义和与其相关的"控制权变更"通常在PPP合同中进行定义，并且通常会受到限制——包括要求此类变更只能在采购当局批准的情况下进行。这些限制旨在保护采购当局（特别是在项目的早期阶段）免受项目公司所有权变更的潜在不利后果。

根据我们的研究，所分析的项目中约有18%经历了需要采购当局批准的所有权变更。其中1/3发生在欧洲，在印度和拉丁美洲也有相当数量。在所有权变更的可能性方面，各行业之间没有明显差异。数据样本的时间跨度（2005～2015年达到融资交割阶段的项目）会对所有权变更的总体比例产生影响，因为一些项目仍处于早期阶段。也存在另一种可能性，有一些所有权变更可能已经发生，但不需要征得采购当局同意。

**本节结构**

本节提供了项目公司所有权变更的背景，第3.6.1小节（背景），并提供了管理所有权变更的指南。成功管理所有权变更的关键要素被概述如下，并在第3.6.2小节（指南）中详述。

- 在评估所有权变更时，考虑采购当局的利益和更广泛的政府的考虑因素。
- 投入合适的资源来评估所有权变更，包括在需要时使用外部顾问。
- 在评估所有权变更时考虑贷款人的利益。

### 3.6.1 背景

由于项目的风险随时间而变化，股权投资者可能会寻求改变其在项目公司的股权。例如，一旦施工完成，项目风险将大大降低，项目缺陷得以纠正，运营期间基于项目资产的收入会不断增加并常态化。这些变化对项目需要的股权投资者的类型会产生影响。

融资交割时项目的风险可能非常适合具有施工专业知识的股权投资者（如建设承包商）。但是，一旦建设完工并且项目运营数年后，它可能是不太合适的股权投资者。同样，一个运营数年的项目可能更适合避险倾向更强烈的股权投资者，而这样的投资者可能没有兴趣在项目的早期阶段进行投资。

以下三个案例说明了所有权变更可能适当的情况（虽然会有其他情况，不会对采购当局的利益产生不利影响）：

- 建设承包商（除了作为建设承包商对项目感兴趣外）也可能是项目公司的股权投资者。施工完成后在最初的运营期间，建设承包商投资者可能希望退出该项目，因为这一阶段它的参与是有限的；项目不再需要它的经验；并且它的利益不再与其他股权投资者的利益一致。允许施工公司出售其股权可以使其投资于具有施工要素的新项目。由于项目公司通常是特殊目的公司，其拥有很少或没有资产（项目资产除外），并且全职员工有限，采购当局需要确保，控制项目公司的投资者在建设阶段，并在开始运营后一定阶段，维持有关专长，特别是如果担心施工工程的质量或遗留的缺陷，情况更是如此。建设承包商股权投资者可以变更其股权的等待期，通常可能是施工结束后的 18 个月或更长。

- 股权投资者的利益可能会随着时间而变化。例如，股权投资者可能希望通过扩大其他地区的业务经营来减少其在某个地区的整体风险。当纯粹的财务股权投资者希望出售其股权（如果财务股权投资者没有为项目带来任何特殊技能），其替代另一个同等的股权投资者可能不会引入任何新的项目风险或减少公共利益。此外，许多基础设施基金都有一个"关闭时点"，这意味着基金经理必须在特定时间出售资产并将投资返还给原始投资者，这可能与 PPP 合同的终止时点不一致。

- 股权投资者可能希望回收其资本进入新的投资。这可能对政府有利，因为更多的资本将被用于招标的新项目。

建议采购当局在采购时了解潜在股权投资者的不同动机和目标，并同意在 PPP 合同中对其进行适当的限制。

可以通过多种方式解决 PPP 合同项下的所有权变更问题。一种方式是合同条款要求项目公司就所有权变更和/或其限制的时间事先征得采购当局书面同意。例如，PPP 合同可以规定一段时间，过了这段时间，所有权变更就无须采购当局批准。采购当局的批准也可能包含了采购当局的一项积极义务，即它不会不合理地拒绝或延迟其批准。这种积极的批准义务可以包含一个采购当局必须响应的具体时间表。必须遵守任何时间表，以确保采购当局不违反 PPP 合同规定的义务。所有权变更还可能需要采购当局根据所适用的法律进行审批。

### 3.6.2 指南

以下指南概述了项目公司变更所有权需要采购当局同意时应考虑的关键问题。

#### 3.6.2.1 在评估所有权变更时，考虑采购当局的利益和更广泛的政府的考虑因素

如果此类变更不会增加政府风险或减少公共利益，则采购当局应允许变更所有权。如第 3.6.2 小节（背景）所述，采购当局、项目公司和政府可以更普遍地允许变更所有权，但这些利益必须与此类变更相关的风险相平衡。

以下是所有权变更可能对采购当局产生不利影响的一些示例，应与 PPP 合同或所适用法律中的任何特定条款一起考虑：

- 基于具有特定专长的相关股权投资者退出而进行的所有权变更，是否会对项目公司履行 PPP 合同义务的能力产生不利影响？
- 所提议的新股权投资者是否具有偿付能力并且声誉良好？它是否履行了所有股权承诺的义务（即它是否已向项目公司提供了所有必需的股权资本）？
- 根据 PPP 合同或其他适用法律，所有权变更是否会影响采购当局或其他政府部门的责任（包括或有负债）？
- 采购当局与所提议的新股权投资者或其他相关利益相关者之间是否存在利益冲突？可以有效管理吗？
- 批准所有权变更和引入新的股权投资者是否符合公共利益？（例如，公共利益可能与国家安全的任何不利影响有关，或与新投资者的诚信有关）

任何与采购当局拒绝同意所有权变更的决定相关的敏感性问题（例如基于公共利益）都可以在机密的附函中处理。

在许多情况下，管理项目资产的专业知识是由第三方（如特定管理公司）而非股权投资者自己提供的。重要的是要仔细审查这些安排，并通过任何所有权变更保持所需的资源和专业知识，以便继续有效地管理项目的资产。

**案例 所有权变更的考虑因素**

某个巴西匿名水电站项目的项目公司经历了各种所有权变更。这些变更必须经过采购当局审核和批准。在批准项目公司的所有权变更时，采购当局的主要关注点是确保新的股权投资者具有稳健的财务和技术能力继续项目的运营。

更多有关信息，请参阅水电站案例研究。

### 3.6.2.2　投入合适的资源来评估所有权变更，包括在需要时使用外部顾问

采购当局应确保其具备必要的财务、法律和技术能力，以评估所有权变更的请求。从评估所有权变更请求时需要考虑的上述各种因素中可以清楚地看出，为实现这一目标，可能需要做出实质性的努力。同样，审批流程的某些方面可能需要法律意见，例如"不合理地拒绝"批准所有权变更的含义。需要对项目公司是否仍能履行与新股权投资者签订的PPP合同义务进行一个技术评估。如果采购当局内部缺乏相关的财务、技术或法律专业知识，应聘任外部顾问协助。第2.1节（合同管理团队的组建）详细介绍了外部顾问的使用。

### 3.6.2.3　在评估所有权变更时考虑贷款人的利益

贷款人也与变更项目公司控制权有利益关系，它们可能也需要股权投资者承诺至少在一段时间内维持其在项目中的财务利益。贷款人同意所有权的变更通常与采购当局的同意有关。采购当局应考虑这些利益，而不是以影响贷款人保护其利益的能力的方式使用其批准权（例如，造成不必要的延误）。在这种情况下，贷款人和采购当局的利益通常是一致的，因为双方都需要一个财务稳定且技术能力强的项目公司来交付项目。

## 3.7　再融资

再融资是指变更或替换现有贷款人，或项目公司与其贷款人之间已达成的债务协议的条款。项目公司通常会为项目筹集债务资本。既然它承担了债务融资的风险，它通常有权进行重新安排（虽然经常受到限制）。项目公司的财务结构也是采购当局的利益所在，因为它可能影响项目公司和项目的财务完整性。例如，再融资有可能增加额外的债务，这可能会过度增加项目的资本与负债比率和/或增加政府的或有负债。

此外，缺乏可用的融资可能意味着项目无法继续运营。第6章（破产）详细说明了项目公司的财务困境和破产情况。第3.7节的重点是讨论在存在可以筹集新的

债务资本的金融市场的情况下,如何管理再融资问题。

如果PPP合同包含一项规定,因再融资所产生的任何财务收益将与采购当局分享,再融资便对采购当局带来利益。例如,请参阅2017版世界银行的《合同条款指南》中对于再融资的规定①。

本研究中约有15%的项目需要得到采购当局批准的债务再融资。这些数据主要来自欧洲,其中3/4的再融资也发生在欧洲。几乎所有再融资都发生在运输部门,但是很难知道这是否是所研究的特定项目特征的结果,或者它是否反映了数据收集过程。数据样本的时间跨度(2005~2015年达到融资交割阶段的项目)将对再融资的总体比例产生影响,因为一些项目仅处于早期阶段。

**本节结构**

本节在第3.7.1小节(背景)中提供了项目公司再融资的背景信息,并提供有关管理再融资的指南。成功管理再融资的关键要素概述如下,并在第3.7.2小节(指南)中详述。

- 在评估拟议的再融资时,考虑采购当局的利益和更广泛的政府的考量因素。
- 投入合适的资源来评估潜在的再融资,包括在需要时使用外部顾问。
- 注意通过再融资可能获得的机会。

### 3.7.1 背景

市场条件的变化和项目的发展可能会导致出现更有利的融资条件(例如利率变低)。这可能是由于市场本身的改善(例如金融危机消退),或PPP项目的变化(例如,建设已经完成,项目已经组建了成功的运营模式)。在这些情况下,更有利的融资条款可能会导致项目公司的偿债付款减少和利润增加。项目公司通常会寻求利用这一点。如果同意与采购当局分享再融资收益,采购当局可能有权获得"财务收益"的一部分。

可能会出现其他类型的再融资,并非所有这些都会带来财务收益:

- 救助性再融资:项目公司如果财务出现困难,可能需要再融资以避免破产。这通常由私人部门管理,而采购当局的参与仅限于对所做变更的批准。它还可能涉及新股权融资的捐款。
- "迷你过桥贷款"再融资或过桥贷款再融资('Mini-perm' refinancing or

---

① 可登录 http://ppp.worldbank.org/public-private-partnership/library/guidance-on-ppp-contractual-provisions-2017-edition 查看。

bridge loan refinancing）：在某些市场或者在金融危机期间，不太可能获得长期融资，因而贷款期限要比合同期限短得多（例如 5 年或 7 年）。这样，再融资既是必要的，也是融资交割时所预期的，并且再融资也可能带来财务收益。在某些市场，融资交割时提供的过桥贷款再融资只需几年时间就可以使项目公司进入建设期。至此，项目公司可能通过再融资来寻求长期融资，从而为整个项目提供融资。

一些 PPP 合同允许采购当局请求再融资，但本研究表明，这在实践中并不经常发生。但是，英国城际快车项目的采购当局确实要求再融资，并且双方分享所获得的财务收益。

**案例 再融资的收益**

英国城际快车项目的二期项目在 2014 年达到融资交割阶段，其融资条件优于 2012 年一期项目的融资条件。英国财政部认识到再融资的机会，并且采购当局发出了再融资通知，要求项目公司利用现有的融资机会。再融资在相对较短的时间内完成，并且与采购当局分享财务收益。

更多有关信息，请参阅城际快车项目案例研究。

以下指南概述了项目公司再融资需要采购当局同意时应考虑的关键问题。

### 3.7.2 指南

#### 3.7.2.1 在评估拟议的再融资时，考虑采购当局的利益和更广泛的政府的考量因素

当采购当局收到批准再融资的请求，或者采购当局正在考虑指示项目公司进行再融资时，采购当局的主要目标是确保任何再融资不会影响项目公司或项目的财务完整性，并确保采购当局不会受到其他方面的不利影响。

再融资可能涉及以下内容的任何一个或其组合：债务定价的变更；债务到期日的变更（债务期限）；债务数额的变更；债权融资相对于股权融资的数量的变化（即杠杆比率或资产负债率）；变更储备账户要求（例如还本付息储备账户）；由项目公司的股权投资者或第三方提供担保的解除；担保安排的变更（例如股份收费、项目资产担保等）；还款条款的变更（包括要求偿还资本金的时间）；贷款人或债务提供者的变化；或其他融资条款的变更（例如贷款契约）。

在评估再融资及其将如何影响项目时，采购当局应考虑几个问题，包括下面详述的问题。应对拟议的再融资进行审查，以确保物有所值不会受到不利影响，并考虑到再融资的效益及其对采购当局和项目的潜在损害。

- 如果存在套期保值或掉期安排，额外费用就可能产生。例如，利率对冲或货

币汇率对冲安排需要作为再融资的一部分而结束。这些类型的成本通常被称为套期保值成本或掉期成本，并可能影响再融资是否值得的思考。可能还有应付给项目公司的对冲收益。

- 如果对冲要求发生变化，这可能会增加项目的风险。例如，如果项目公司已经使用外币债务进行再融资，则该债务在没有适当对冲的情况下可能会增加项目公司的还款风险。
- 如果再融资会导致项目公司承担额外债务和/或提前偿还股权，则可能会变得高度杠杆化（即项目公司的债务比例与权益比例相比较高）。结果，将有一个较小的"股权缓冲"，使项目公司和项目风险更大，财务上更不稳健。
- 再融资债务的期限也可能影响项目公司的财务完整性，特别是在新债务期限短于项目要求的情况下。
- 现金流量的任何保护。例如，可以修改债务偿还准备金账户或应急还款期（债务尾额），使项目公司处于财务状况不佳的地位。
- 提供债务融资的贷款人的质量和诚信也可能对采购当局的利益产生不利影响。
- 在合同终止的情况下，融资安排的变更可能会增加采购当局的或有负债。在分析拟议的再融资时，需要计算并考虑这一点。

虽然上面的清单描述了采购当局应考虑问题的一些方面，但项目公司的项目融资安排可能非常复杂。在考虑再融资时，采购当局应该确保对再融资进行完全评估，并获得足够的法律和金融专业知识。

**案例　顾问的使用**

在比利时的布拉伯一号轻轨项目中，由于全球金融危机，项目公司未能在融资交割时筹集长期债务融资。再融资于2016年完成，其中一个采购当局率先进行了安排。成立了一个工作组，聘用了外部财务顾问，并在8个月内完成了再融资。

更多有关信息，请参阅布拉伯一号轻轨案例研究。

### 3.7.2.2　投入合适的资源来评估潜在的再融资，包括在需要时使用外部顾问

采购当局需要对再融资提案的影响进行全面评估。这将包括确保它具有评估再融资风险和任何潜在利益的必要专业知识。这适用于项目公司要求的再融资，以及采购当局本身要求的再融资。

采购当局通常需要外部顾问评估再融资，因为它可能没有内部技能。第2.1节（合同管理团队的组建）详细介绍了外部顾问的使用。这也取决于采购当局。例如，一个大型政府部门可能拥有其他部门提供的专业知识，或者可能有一个具有再融资经验的团队可用于多个项目。

本研究表明，公共部门当局内部往往缺乏再融资专业知识，通常需要专门从事再融资的外部财务顾问。已经出现的另一个问题是，采购当局对项目公司发起的再融资请求的审批时间多长。如果项目公司希望从有利的市场条件中受益，那么采购当局批准的任何延迟都可能导致再融资机会的丧失。

### 3.7.2.3 注意通过再融资可能获得的机会

如果PPP合同规定了再融资收益的分享机制，那么采购当局还应考虑基于这种再融资分享机制可获得的潜在利益。在发达市场中，采购当局通常要求各方分享任何此类融资收益。

虽然再融资有可能对采购当局产生不利影响，但如果管理得当，它也可以带来好处。例如，需要额外的资金来完成融资交割阶段未考虑的工程。

**案例 再融资机会**

在约旦的阿利亚皇后机场扩建项目中，因交通流量高于预测而需要加速扩建机场。项目公司增加的债务融资和采购当局的自愿捐款为此机场扩建工程提供了再融资。议会批准了这样的捐款，因为捐款将计划的扩建工程提前了3~4年，从而被认为是物有所值的。

**更多有关信息，请参阅阿利亚皇后机场扩建案例研究。**

基于项目风险状况的变化或市场条件的变化，也可以使再融资激发出财务收益。

采购当局与项目公司之间如何分享收益，需要经过计算和达成一致，而且最好约定在PPP合同中。如果PPP合同明确规定如何获得收益，那么这个过程将更加直截了当。但是，如果PPP合同没有明确说明这种计算方法，那么双方可能必须达成谈判结果。

财务收益可以通过多种方式分配给采购当局，包括作为一次性付款，减少单一费用，或者两者的组合，或通过其他一些机制。在少数情况下，财务收益是采购当局的"实物"出资，作为由政府再融资收益分成资助的范围变更的预付资金。这可能很难做到，因为难以估计范围变化的价值。

如果在PPP合同中同意再融资收益，则通常会将某些再融资收益排除在外。例如，这可能发生在融资交割时预期再融资的情况下，因为项目公司知道它可以在融资交割之后获得更好的融资条款。在这些情况下，项目公司将争辩说，这些再融资收益作为其投标项目的一部分被考虑在内，因此不应被分享。在这种情况下，重要的是在PPP合同中具体确定哪些情况将赋予采购当局权利分享再融资收益，何时无权获得。合同管理者应该了解何时可以分享再融资收益，以确保他们能够充分利用采购当局的权利。

# 第4章 再谈判

因为PPP合同具有长期性，其在合同期内会经历政治、社会和经济因素所引起的各种各样的外部变化。由此，再谈判很可能会在合同期内的某个阶段出现。

再谈判在PPP项目中十分重要，因为合同变更会对项目的成败产生极大的影响，会占用采购当局大量的资源和时间来加以应对，并可能导致合同争议。

再谈判的核心在于风险分配。风险的合理分配和管理是财政可持续性的一个重要方面，并且PPP合同的任何变更都可能改变风险的分配。

再谈判会产生不利于公共利益的风险。比如，由于改变了竞争性的环境，再谈判可能会提供一个提高项目公司利润收益或者获得其他收益的机会。

本研究发现，在146个项目中有48个项目涉及再谈判，大致相当于每3个项目就出现一个再谈判的情况。在对数据进行地区和部门筛选后，有趣的是，在拉丁美洲（58%）和运输部门（42%），合同的再谈判比较普遍。此外，再谈判最普遍的原因是建设或运营成本增加，而再谈判的结果一般是收费调整。需要注意的是本研究（2005~2015年，包括2005年和2015年，达到融资交割的项目）的时间跨度显示，几乎所有的项目都仍在进行中，因此将来或许会有新的再谈判出现。这表明实际上再谈判的普遍程度，可能远超过本项研究的发现。

**本章结构**

第4.1节（背景）介绍了PPP合同再谈判的背景，并为成功控制再谈判提供了指南。成功的再谈判的关键要素总结如下，在第4.2节（指南）部分有详细说明。

- 介绍限制频繁再谈判的政策。
- 在限制频繁再谈判的同时，关注再谈判提供的机会。
- 全面评估再谈判是否适合。
- 视合同终止为再谈判的另一选择。
- 保证再谈判中使用的资源充足。
- 考虑再谈判程序的透明化，确保良好的记录归档行为。
- 确保遵守再谈判的监管框架。

- 考虑再谈判中私人合作伙伴的作用（包括贷款人的作用）。
- 注意再谈判的广泛的影响，包括评估采购更好的PPP项目的机会。

第4.3节（总结性数据分析）提供了一份关于PPP合同的再谈判的总结性数据分析。

## 4.1 背 景

### 4.1.1 再谈判的定义

一份PPP合同的再谈判涉及原始合同条款和条件的变更。这与在PPP合同中预想过的调整完全不同（比如小的范围变更）。

变更的幅度决定了是否需要合同再谈判。对成本有重大影响，以及有可能改变既定的风险状况的大的变更，通常需要一次再谈判。比如，涉及项目范围的重大变更可能要求进行再谈判。

PPP合同通常涉及几种机制，比如为防范在融资交割时未完全了解或可预见的风险因素，通常在合同中设立小范围的变更条款和索赔程序，在针对这一类问题时就不需要启动再谈判程序。小的变更通常归入PPP合同的范围变更条款或偏离条款，再平衡条款或者其他相似条款。索赔和范围变更在第3.5节（索赔）中有详细说明。

简单的错误更正和对合同条款的澄清，通常也可以用现有的PPP合同条款来处理，并且不需要再谈判。

一些法域有经济再平衡的概念。它允许根据这一概念进行合同变更，而在别的法域，此种情况则需要进行再谈判。这一概念在"经济再平衡"的标题下有更详细的描述。

### 4.1.2 典型流程

再谈判的方法取决于每一法域的监管框架。这一监管框架规定了再谈判可以或者应该如何进行。它也会取决于PPP合同所约定的流程。

PPP合同可以包含一个再谈判条款，通常明确规定在何种条件下可以发起再谈判及其程序。对于项目公司发起的再谈判，该程序可能要求项目公司提交一个请求，同时附上一个解释性备忘录，说明其发起再谈判的理由。解释性备忘录需要说明再谈判请求的详细背景，以及说明需要发起再谈判的所有相关法律的和/或合同的正当性理由。这一程序可以包括再谈判的时间限制,以减缓有效实施再谈判中的延误风险。

然而,需要注意,各方也可以在没有明确的流程的情况下,在任何阶段进行再谈判,只要对PPP合同的修正经过了所有相关缔约方的同意。

在大陆法系法域,通常采购当局有权对PPP合同进行单方面变更。这一单方面的权利通常有附加条件,也即采购当局在进行单方面变更时,会公正地补偿项目公司。基于此,这些法域的再谈判方式通常区别不大,因为缔约方仍要就合同修订和应支付的补偿额进行谈判。

### 4.1.3 经济再平衡

经济再平衡是指修订原始合同中商定的财务条件的行为(也就是"经济均衡"),其目的在于保持或者恢复PPP合同原始的经济均衡。在任何一方所承担的风险发生,并且被认为对一方产生经济影响之后,就会出现经济再平衡。比如,不可抗力事件、范围变更、宏观经济条件变化、法律的变更,或者需求的巨大变更。

再平衡原则和条款针对特定的大陆法系地区(比如拉丁美洲的一些国家),并且与常见的普通法系地区的PPP合同的条款不同。在普通法系地区,像范围变更和法律变更这样的事件,通常按照特定范围变更条款和索赔程序来处理,在第3.5节(索赔)有详细的说明。当与普通法系的类似条款相比时,经济再平衡制度是解决各种问题的更灵活的机制。

在一个有利于采购当局的情况(机会)发生,经济再平衡也可能随之出现。比如,在一个PPP公路项目毗连建设辅路,公路使用需求上升,公路收费收入亦因此增加,PPP合同可能根据此情况,以有利于采购当局的方式,如降低收费或缩短合同期进行经济再平衡。

合同的再谈判也可能会要求再经济均衡。比如,如果采购当局请求项目范围的显著扩大,并且与项目公司通过再谈判达成一致,此时可能就需要经济再平衡来恢复PPP合同的经济均衡。

**德国的视角**

在德国,采购当局成功地要求经济再平衡的情况并不普遍,除非合同中已经规定了经济再平衡,并且规定了实现再平衡的流程。

通常,经济再平衡可以通过一系列机制实施。比如,项目公司补偿、收费的改变、合同期变更,或者将来项目公司应付投资的改变。这些机制与其他经济/财政措施的组合也是可用的。

经济再平衡的通常流程涉及采购当局计算其认为需要的经济和财政再平衡，并且把该再平衡方案连同它所提议的实施方法提交给项目公司。如果项目公司对提议的经济再平衡不满意，它有权基于其行政权对采购当局进行申诉，或者它可以要求仲裁或诉讼程序以获得最终裁决。

基于本章目的所进行的数据分析没有发现研究结果在再谈判与再平衡之间存在差别。

## 4.2 指　　南

下面的指南列出了处理一个PPP合同的再谈判时，需要考虑的关键问题。

### 4.2.1 介绍限制频繁再谈判的政策

如果私人合作伙伴预期采购当局过度采用再谈判，这可能会促使投机性的私人部门投标人提出更加激进（并且可能不切实际）的投标以确保获得项目，期待在融资交割之后不久就在没有竞争的情况下，就对PPP合同进行再谈判。因此，私人合作伙伴可能试图把采购当局按照合同分配给私人合作伙伴的风险，转移回到采购当局身上。这可能令一些工作效率欠佳但会进行投机性谈判的私人合作伙伴从中得益。

研究表明，各方有时通过再谈判寻求投机性收益（财政的或者政治的），尽管这通常是一个主观解读，并且通常不会有典型的强有力的证据表明再谈判的动机是投机性的。因此分享详细的经验比较困难，但是采购当局应该警惕投机性再谈判的可能性。同样，采购当局发起的投机性再谈判也将损害与项目公司的关系，以及私人部门在一个国家或部门的长期利益。

与PPP合同中的再谈判相关的关键问题是，它有反过来扭曲竞争投标程序的效果。

如果在首选的投标人选定之后，合同被再谈判，而且既定的风险分配被改变，那么中标的项目公司能够提供最成本有效的方案，就不再是显而易见的。这是因为最初投标的项目和经过再谈判的项目本质上是两个不同的项目。

最重要的是，缺少竞争下，一个项目的物有所值变得不太清晰。合同管理团队应该考虑的再谈判的其他影响包括：

- 再谈判可能降低竞争性投标中存在的透明度，在公众的看法方面也是有争议的。
- PPP模式的效率可能会被再谈判损害：再谈判可能改变投标竞争及之后约定

在合同中的风险分配,从而降低了 PPP 模式的整体经济效益。

- 一个国家或地区的再谈判过于频繁,会损害其使用 PPP 交易的程序的可信认度。
- 从法律的角度看,竞争者也可能基于竞争法或采购法质疑再谈判所作出的改变,这对将来投标过程也会产生影响。
- 一次再谈判会显现出更宽泛的问题,并且为其他相似的项目开创先例(比如,如果一个需求风险分配被变更为对一个项目公司的有利条件,在相似项目中的项目公司可能要求同样的变更)。

如果项目公司由于在 PPP 合同下分配给项目公司的风险发生而面临财政困难,采购当局会面临两难选择。一方面,采购当局需要维持其在融资交割时的物有所值预测。另一方面,采购当局需要保证公共服务能够继续提供。有关这一两难选择的可能的解决方案在下文的指南"4.2.3 全面评估再谈判是否适合"中有详细说明。

### 4.2.2 在限制频繁再谈判的同时,关注再谈判提供的机会

如在欧洲专家中心的《在合同期内管理 PPP》[①] 中所描述,采购当局应该定期对 PPP 合同进行审查。这些审查应该旨在识别就环境变化所需作出的任何合同变更(比如采购当局所要求的变更),并且评估项目公司对合同的整体履约情况。比如,采购当局每五年进行一次全面的技术、财政和法律审查。这一审查可能使采购当局发起再谈判。

几个案例研究突出了可能在合同期内出现的机会,包括需求增长、新科技和更好的融资利率的出现。

#### 案例 要评估的机会

约旦的阿利亚皇后机场扩建项目的原始计划,是分两个阶段执行项目。一旦第一阶段扩建工程明显不能满足乘客增长,双方同意变更设计,让扩建的航站楼能够容纳比原始估计更多的容量。双方的激励是一致的,并且变更对项目有正面影响。

更多信息,见阿利亚皇后机场扩建案例研究。

### 4.2.3 全面评估再谈判是否适合

对于任何再谈判,出发点应该是采购当局进行再谈判的成本影响要小于什么都

---

① http://www.eib.org/en/infocentre/publications/all/epec-managing-ppps-during-their-contract-life.htm。

不做所导致的财政影响。

然而,对所提议的再谈判的评估应该尽可能是全面的,不能仅限于变更的直接影响。对于复杂的再谈判,前瞻性审计以及相关合同审查对采购当局是有益的。这能避免对其他合同条款的任何未预见到的影响、对采购当局的利益产生不利影响。

采购当局应该对分配给项目公司的风险的发生,和在商业融资交割之时未预见到的真实的情势变更进行区分。理想情况是,前者不应该引发再谈判的需要。作为一般原则,再谈判不应该被用于处理以下情况:

- 融资交割时可预见到的任何事件。
- 在项目公司正常经营中所发生的、可能对其产生影响的任何事件(比如法律的一般变更)。
- 分配给项目公司的风险的出现,或者,对与那些风险有关的定价或工作范围的无效的假定。
- 任何直接或间接由项目公司的履约、作为或不作为导致的困境。
- 项目公司不能为项目获得融资。

**案例 欧盟的环境要求**

在欧盟法院裁决西班牙的塞加拉加里格斯灌溉系统(Segarra Garrigues Irrigation System)没有满足保护鸟类的义务之后,项目缔约方不得不被迫变更项目范围和设计,并于2013年和2015年进行再谈判。这些变更也意味着,一旦项目进入全面运行,灌溉用水将会减少,所以将来很可能还会进行再谈判。

更多信息,见塞加拉加里格斯灌溉系统案例研究。

在实践中,由以上描述的情况导致的再谈判并非罕见,如在第4.3节(总结性数据分析)详细说明的,建设成本增加所导致的再谈判是普遍的。但是,这并不能改变这一事实,即如果这些在最初的投标中有相应定价的风险不由项目公司承担,那么物有所值就有可能被减少。

这种情势可能会使采购当局在评估再谈判的妥当性时处于一个困难境地。一方面,采购当局需要确保公共部门利益,而且采购当局需要维持融资交割时所预测的物有所值。但另一方面,它要保护一个相互抵触的利益,即确保合同下的公共服务继续提供。

采购当局不仅需要衡量其同意一个使自己处于不利地位的协议的风险,而且还要衡量其同意一个以项目公司为代价使自己处于有利地位的协议的风险。采购当局获得的可能只是一个短期胜利——如果采购当局"赢得"了再谈判,但却发现项目公司破产了,而且项目重新回到了采购当局的账户上去管理。

这一决策也要求对各种备选方案的成本进行慎重考虑，并由公共部门基准的比较以及对市场条件的评估予以支持。关于范围变更的基准在第 3.5 节（索赔）里有详细说明。

项目的成功可能是采购当局的主要目标，并且也因此，如果项目公司证明项目的可行性取决于合同修改，再谈判就更有可能被认为是合适的。在一些案例中，采购当局已经接受变更以保持项目可行性。但是，如果接受变更是为了保证项目可行性，就有可能向市场发出错误的信号，尤其是，在变更改变了风险分配的时候。

在所收集的案例数据中，再谈判的结果表明，一些项目面临财政上的挑战，而且再谈判的最终结果保护了项目中的公共利益。

### 4.2.4　视合同终止为再谈判的另一选择

可能一个太容易被忽略的选择是终止合同。这要么是因为，如果不进行再谈判，项目会因破产而自动失败，要么是因为采购当局有权终止合同。

合同终止可能被认为是一个禁忌课题。尤其是，合同终止会产生政治后果，而且项目终止会让人认为采购当局未能兑现承诺的交付成果——即使事实可能是，合同已经完全按照预期履行。在大多数违约终止的案例中，可以设想的情况是，私人部门已经受到了极大的财务打击——损失掉了股权或者可能损失掉大部分优先债。

相较要承担更不利的后果，采购当局应直接选择终止 PPP 合同并支付终止费。PPP 合同终止在第 7 章（根本违约和终止）中有详细说明。

**案例　项目公司融资困难**

巴西的案例研究中的一家项目公司面临财政困境——其收费收入低于预期，而且在募集所需的债务融资时遇到挑战。采购当局考虑延长完成投资所要求的期限，并同时考虑其他可选择的方法：

- 终止 PPP 合同，进行项目再次招标。
- 引入能够募集所需债务融资的新股权投资者，来替换原来的股权投资者。
- 要求现有的股权投资者承诺增加其股权融资。

更多信息，见巴西收费道路案例分析。

### 4.2.5　保证再谈判中使用的资源充足

当面对再谈判时，采购当局要保证其有足够的能力和信息来进行谈判。这需要对合同条款安排的深入理解、充足的报告以及跟踪项目进程的监督系统。

PPP 合同涉及复杂的安排，通常需要外聘顾问来制定正确决策。聘用外部顾问在第 2 章（合同管理团队的组建与培训）中有详细说明。资源的安排和再谈判的准备需要与起初招标谈判中所投入的水平相当。为此，项目公司会经常聘请专家，以获得广泛的项目经验。采购当局也应致力于投入与这些经验水平相匹配的资源。

采购当局的分析应该涉及到所有咨询建议的审慎组合：商业的、财政的、法律的和技术的。每个利益相关者或顾问会从不同角度对所提议的再谈判提出咨询建议。当将所有这些建议结合起来进行综合分析时，采购部门的谈判地位（以及谈判信心）会显著改善。

一个关键的考虑因素是，再谈判对各方在融资交割时所约定的风险分配可能产生的潜在影响。各方之间的项目风险分配通常是经过审慎谈判确定，并最终约定在 PPP 合同中。再谈判的目标应该是在任何再谈判中都要维持这种风险分配，尽管如果有重大变更，这种风险分配可能需要相应调整。关于采购当局和项目公司之间的通常的风险分配的指南，见 GI Hub 的《PPP 合同风险分配工具》。①

这一决策也需要对所提议的再谈判方案进行细致的成本评估，并由公共部门基准比较和对市场条件的评估给予支持。关于范围变更的基准在第 3.5 节（索赔）里有详细说明。终止付款也可以在再谈判中作为参考价格使用。

不成功的 PPP 合同再谈判，对于采购当局（对纳税人有负面影响）、服务的最终用户、其他政府机构，或者上述所有利益相关者来说成本都是巨大的，因为它们可能极大地改变了融资交割时所约定的条件。

在一些法域，顾问可以在招标阶段协助谈判（比如，通过项目准备机构）。然而，当需要再谈判的因素出现时，这样为顾问提供的资金通常不再存在。这会导致产生资源不足的问题，尤其是如果项目公司的再谈判资源非常充裕的话。在特定市场中，这是一个开发性银行可以发挥作用的领域。

### 4.2.6 考虑再谈判程序的透明化，确保良好的记录归档行为

再谈判会增加争议或质疑的可能性。在制度框架薄弱的发展中市场尤其如此，它们缺乏下列特征：
- 再谈判的过程和框架是定义清晰和透明的。
- 再谈判实施过程的透明性。

---

① http：//ppp-risk.gihub.org。

- 对补偿的水平有确立的准则。
- 有解决再谈判过程中的冲突的透明框架。

有关再谈判的最终决策应该基于全面披露其长期成本、风险和潜在收益。适用再谈判的情势应该是明确的，并且记录在案，以便使决策的制定是理性和合理的。用于决策的证据应该表明，项目困境是实质性的，并且如果这种困境继续发展的话，可能导致 PPP 合同下的违约或者其他严重的不利影响。证据应该表明，困境可能给公共部门和/或服务使用者带来不利的后果。信息管理在第 3.4 节（信息管理）中有详细说明。

### 4.2.7 确保遵守再谈判的监管框架

由于再谈判对采购当局有重要的财政（直接的和或有的）影响，因此通常会要求一些财政监管，其形式类似于 PPP 原始合同的审批机制。监管框架通常将合同变更审批的职责与采购当局管理合同再谈判的人员分离开来。

监管措施包括采购法（以处理下列情势下发生的问题：风险分配有重大变更以及其他投标人在新的结构下可能会更加成功）和国家补助法（以处理下列情势下发生的问题：赋予了项目公司不正当的利益）。

一些监管的具体案例包括设置项目资本价值的门槛，比如智利的有关法规，为再谈判规定了一个所批准的资本价值的 20% 的限制；在南非也有相似的门槛，要求任何"重大"的修订都要经过国家财政部批准。所适用的法律也会区分再谈判和范围变更，并且提供不同的门槛。

设立独立技术专家组来对再谈判的理据进行评估，也是有好处的。设立独立专家组显示了政府对结构化程序的承诺，由此可能会提高市场的确定性并降低投机性再谈判需要。比如在菲律宾，一个投资协调委员会评估大型项目的财政安排。

### 4.2.8 考虑再谈判中私人合作伙伴的作用（包括贷款人的作用）

尽管项目公司通常是与采购当局进行再谈判的关键一方当事人，其他私人合作伙伴对 PPP 合同的实质性修订也有相关利益，并且甚至可能有否决权。这些利益相关者包括贷款人和某些情况下的关键的承包商。基于再谈判评估的合同审查，因此应该包括对采购当局已经与贷款人和/或关键承包商（比如建设承包商）所签订的任何相关的契约的审查。比如，如果项目公司被要求承担额外的资本支出，那么该部分支出就需要去融资。

### 4.2.9 注意再谈判的广泛的影响，包括评估采购更好的 PPP 项目的机会

要审慎地评估，任何一个特定项目的再谈判所揭示的，会不会是整个部门或者行业性的问题。如果可以认定任何系统性的因素，那么就应该为未来 PPP 考虑一个更健全的（政策）改革。

通常情况是，更复杂的条款，尤其是有关报酬和补偿的条款，更有可能成为再谈判的主题。因此，重要的是，应该在结构相似的项目中分享这些条款的细节，并且将其应用在新项目的准备中。

同样，如果在融资交割时各方之间商定的风险分配作为再谈判的一部分而被调整，就需要评估，该调整是否应该被包含在新项目的准备中。对于采购当局和项目公司之间的通常的风险分配安排的指南，参看 GI Hub 的《PPP 合同风险分配工具》。①

**案例　印度和巴西的审查**

印度的 PPP 受到一些系统性的挑战，包括土地收购延迟、公共事业设施改道困难和穿越用地权问题，并且通常导致争议。在私人部门方面，不充分的尽职调查和激进的投标导致项目失败。结果，印度财政部聘用了一个委员会来审查 PPP，重点是评估与合同再谈判、风险分配的妥当性、合同拟定和机构能力有关的挑战。该委员会就 PPP 项目的完善提出了一些建议。

在巴西，电力部门的新合同汲取了以往 PPP 合同的经验教训。采购当局（国家电力能源局，ANEEL）注意到获得环境许可证的困难常常导致长时间的延误和个别项目的终止。结果，ANEEL 改变了招标程序，引入了一个从环境角度评估一个提议的项目的可行性的步骤，因此减少了环境许可导致延误的风险。

## 4.3　总结性数据分析

本部分提供了一个再谈判的数据分析总结。完整的数据分析见附录 1（数据分析）。

研究发现，在有可用数据的 146 个项目中，有 48 例发生了再谈判，发生率是 33%。需要注意的是，再谈判的结果的普遍程度受到研究样本时间框架（也就是 2005～2015 年，包括 2005 年和 2015 年，达到融资交割的项目）的极大影响。虽然样本中的所有项目已经运营了至少两年，但只有 50 个项目的运营期超过八年。这带

---

① http://ppp-risk.gihub.org。

来的影响是，在整个样本中，尽管只有33%的项目经历过再谈判，但数据表明45%的PPP在融资交割之后的第四年经历过再谈判。这表明，由于所涉及的时间框架，在实践中再谈判的发生程度比研究中发现得更高。

有关再谈判的数据分析还有几个其他的有趣发现，与再谈判在特定地区、部门、融资交割之后的特定时间的发生程度相关。

如附录1（数据分析）所揭示，整体上运输部门有最高的再谈判的发生率。与整体项目的33%相比，运输项目再谈判的发生率是42%。

也如附录1（数据分析）所揭示，在融资交割之后再谈判发生的平均时间是3.6年。就建设阶段所发生的再谈判而言，它在融资交割之后发生的平均时间是2.5年。就运营阶段发生的再谈判而言，它在融资交割之后发生的平均时间是5年。因为前述所涉及的时间框架的原因，当它们达到完整合同期时，这些平均时间可能会发生改变。大量再谈判在融资交割之后2~4年发生，其中146个项目中有7%的项目在融资交割之后的第3年发生再谈判。

表4.1列明了再谈判在不同地区的普遍程度，所依赖的数据包括所有项目在融资交割之后的所有阶段。应该注意的是，对于数据较少的地区，只研究了小部分项目。因此，基于该地区的信息所得出的普遍程度比例，不具有统计上的重要意义。

表4.1 不同地区再谈判的普遍程度

| 地区 | 数据可用的项目（个） | 再谈判事件（个） | 比例（%） |
| --- | --- | --- | --- |
| 澳大利亚和新西兰 | 4 | 0 | 0 |
| 东亚 | 17 | 2 | 12 |
| 欧洲 | 43 | 12 | 28 |
| 拉丁美洲和加勒比地区* | 43 | 25 | 58 |
| 中东和北非 | 8 | 1 | 13 |
| 北美 | 5 | 2 | 40 |
| 南亚 | 14 | 5 | 36 |
| 东南亚 | 8 | 1 | 13 |
| 撒哈拉沙漠以南非洲 | 4 | 0 | 0 |
| 总计 | 146 | 48 | 33 |

注：*拉丁美洲地区再谈判的普遍程度部分是由于巴西政府在2012年单边地改变电力收费，导致在能源项目上的大量再谈判，并且因此扭曲了这些结果。受影响的巴西能源项目构成了拉丁美洲项目的11%和总样本数据的3%。

再谈判的典型起因和结果，包括其中一些原因和结果的详细分析在下面有详细说明。

### 4.3.1 再谈判的起因

图 4.1 描绘了全球范围内发生的 48 个 PPP 再谈判案例发生再谈判的起因。本节分析再谈判的原因，包括对哪一方最可能为就特定问题发起再谈判的评论。

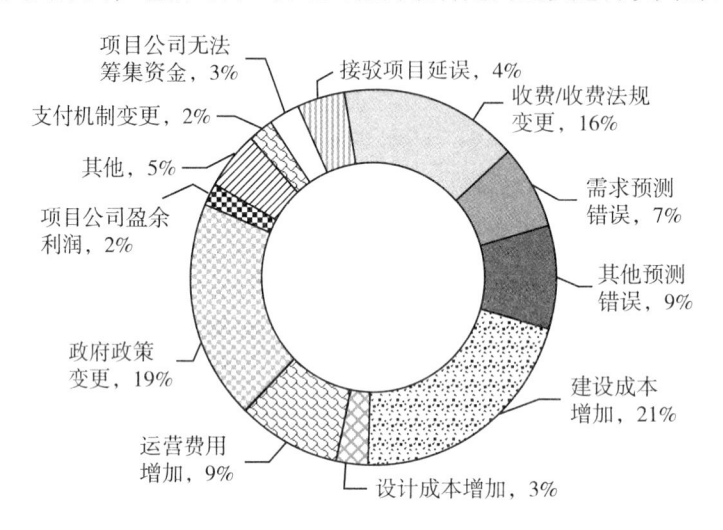

**图 4.1　再谈判原因，基于经历再谈判的 48 个项目**

饼图数据：
- 项目公司无法筹集资金，3%
- 支付机制变更，2%
- 其他，5%
- 项目公司盈余利润，2%
- 政府政策变更，19%
- 运营费用增加，9%
- 设计成本增加，3%
- 建设成本增加，21%
- 其他预测错误，9%
- 需求预测错误，7%
- 收费/收费法规变更，16%
- 接驳项目延误，4%

本研究所揭示的再谈判的原因有多种，其中最常见的原因是成本增加。有 17 个项目再谈判是由成本增加引起的（12 个在设计和建设阶段，5 个在运营阶段），而另外 9 个是由于法规或政策变更造成的。还有另外 9 个是由于支付机制修改和/或者收费变更造成的。5 个是由于错误的需求预测造成的，包括阿利亚皇后机场扩建案例中的情形，也即实际容量比预计更高。另外一个常见原因是接驳项目的延误，比如一个高速铁路连接项目依赖于一个邻接的高速铁路项目的建设，而后者却被延误。

能源部门的再谈判大多数是由收费变更所导致，而运输部门则涵盖了前述所有原因。

发起再谈判的合同方在项目公司和采购当局之间各占一半。这一点无论从整体上看还是从欧洲和拉丁美洲区域上看（两个发生大量再谈判的地区）都是如此。

研究证实，项目公司在面临财政困难或者潜在的破产时常常发起再谈判。财政压力的主要原因是建设成本增长（尽管设计或者运营成本也起了作用）和错误的需求预测。

可能影响成本和收入并导致再谈判发生的因素包括激进的投标，以及缺少准备性研究（这会增加建设风险）。这些因素也可能与不完善的合同监督有关。另一些因素可能是，项目公司认为有手段影响采购当局，使采购当局通过再谈判向其赋予额外的收益。

本研究表明，采购当局发起再谈判的主要原因是收费或者支付机制的变更，以及政府政策变更和范围变更。政府内部的动机包括选举——新政府改变了有关 PPP 的政策，或者服务用户需求或服务价格（因公众反对）的改变。拉丁美洲的一个道路项目（在研究中没有被详细地探讨）经历了后一情形，公众对收费费率的反对意味着，采购当局不得不再谈判 PPP 合同，以基于较低的收费费率对合同进行调整。

再谈判也可能由外部因素引起，比如经济环境的重大改变，包括各方无法控制的宏观经济条件，或者没有预见到的自然事件或灾难。韩国的采购当局针对几个高速公路 PPP 项目发起了再谈判（也没有在本研究中详细地探讨），以分享再融资的收益。

如果合同起草得不完备，风险分配责任不清，各方都有可能诉诸再谈判。

尽管双方都可以基于任何以上原因，有合理和合法的理由发起再谈判，但他们有时也通过再谈判寻求投机性收益。这个问题在第 4.2 节（指南）有详细的说明。

**案例　印度高速公路**

本研究表明，印度高速公路 PPP 有再谈判的高风险。没能及时获得穿越用地权和土地收购，或者临时接入公用事业、公用事业设施（移位及其管线）改道，导致了建设成本的增加，并行成争议。再谈判就经常被用作解决这种争议的一种方案。

### 4.3.2　再谈判的结果

本研究中再谈判最常见的结果是收费变更。有 13 例收费费率增长的案例，主要存在于欧洲和拉丁美洲的项目。有另外 7 个收费费率降低的案例。葡萄牙的一次再谈判的结果导致支付机制被完全改变。

另一再谈判的常见结果是建设范围或合同期限的变更。由于再谈判而发生的范围变更，在相关数据可用的全球 146 个 PPP 案例中，在建设阶段发生 12 次，但是在运营阶段只有一例。这一模式在拉丁美洲尤其常见，这些结果在总共 43 个相关数据可用的 PPP 中出现了 13 次。

建设范围变更的案例有以下几种：葡萄牙的拜舒高速公路项目（Baixo Highway project）的范围减少，分别位于巴西和荷兰的两个项目因地面条件导致了隧道工程的变更，以及约旦阿利亚皇后机场扩建案例中投资的巨大增加。

巴西圣保罗地铁 4 号线项目（Sao Paulo Metro Line 4 project）发生了几次再谈判，以解决建设延误的问题。项目的建设阶段因此被延长；然而，问题持续存在，项目最终被终止并且重新招标。

# 第5章 争 议

鉴于PPP项目的长期性和复杂性，合同管理阶段的分歧或争议并非罕见。争议有可能破坏项目公司和采购当局之间的关系。此外，在解决争议期间，项目的服务水平可能受影响。对参与争议解决的任何一方而言，最重要的目标是其做出的决策能够保证项目朝着可行和可持续的方向发展，并同时保持物有所值。

采购当局和项目公司可能在一系列问题上存在利益冲突和不同意见。本章所指的分歧是指不诉诸正式争议解决机制处理的分歧。所指的争议是指由正式争议解决机制处理的分歧。常见的争议解决机制在第5.1节（背景）有详细说明。

采购当局应该尽可能避免分歧转化成争议。然而，争议的产生有各种各样的原因，而且总是不可避免的。一旦争议确实发生了，各方的中心工作需要转向合理管理争议，以便能够迅速地和以成本有效的方式找到解决方案，并且同时维持各方之间的牢固关系。

**本章结构**

第5.1节（背景）为PPP合同中的分歧和争议产生的背景，并且为管理分歧和争议提供了指南。成功管理分歧和争议的关键因素总结如下，并且在第5.2节（指南）有详细说明。

• 理解采购当局的权利和义务，并且使用合同条款保护采购当局的权利而不是将其作为惩罚性措施使用。

• 监督项目公司的履约情况，以了解潜在的问题，并降低争议的风险。

• 接受索赔并及早处理，如果这样做是合适的。

• 客观对待分歧和争议。与项目公司的不良关系不应影响处理争议解决的方式，而且不让争议的存在影响一个本来存在的积极的关系。

• 在导致争议之前，澄清模糊或者不清晰的合同条文。

• 确保在准备争议处理协议时，有合适的法律专家介入，以保证争议或分歧的解决不存在模糊空间。

• 考虑争议升级以及所选择的争议解决机制的全部成本。

### 谈判

- 积极寻求以谈判的方式解决分歧和争议，因为这样可能更有效率。
- 在开始谈判之前，适当地准备和动员足够的资源。
- 考虑有关的私人合作伙伴（包括建设承包商），如果分歧和争议的解决与他们有关。

### 调解

- 如果需要一个更加结构性的谈判方法，考虑调解。
- 聘任对双方都合适的调解人。

### 争议解决委员会

- 使用争议解决委员会。
- 在争议产生前设立争议解决委员会，也要考虑到项目对争议解决委员会需求的变化。
- 聘任对双方都合适的争议解决委员会。

### 专家裁定

- 针对技术性争议，在可行时，考虑专家裁定。
- 聘任合适的专家做出专家裁定。

### 正式的法庭程序或者仲裁

- 考虑把争议诉诸法庭或仲裁的所有影响。
- 选择合适的仲裁员。
- 准备提供详细的证据，如果将争议诉诸法庭或仲裁。

第5.3节（总结性数据分析）就争议问题提供了总结性数据分析。

## 5.1 背 景

PPP项目产生争议的原因有很多。首先需要提出的问题是，为什么会产生分歧，并且这种分歧为什么会升级为争议。其中有一些原因与PPP相关的内在复杂性有关：

- PPP合同是长期的并且未预见到的情势可能随时出现。
- PPP项目的范围复杂，涉及多个利益相关者。
- 合同文件复杂并且需要解释（尤其是考虑到不同合同方相互交织在一起，而且大量不同但却相互关联的项目文件之间可能存在相互矛盾的地方）。

PPP产生分歧的其他潜在原因在本章都有详细说明。这些包括对PPP合同和/或PPP的履约监督要求缺乏理解，不良的关系管理，模糊的合同条款，以及项目潜在的经济性差。

## 争议解决机制

许多 PPP 合同都包含有事先约定好的争议解决机制，以解决 PPP 合同可能出现的任何争议。这些机制旨在鼓励，在相对较早的阶段以不太正式的方式解决争议，避免之后关系出现恶化，并且避免将大量时间和成本消耗在正式法庭程序或者仲裁上。

典型的争议解决机制包括非正式的高级管理人员会、调解、使用高级代表专家组、外部争议解决委员会和最终的法庭程序或者仲裁。一般而言，各方应该以最不正式的机制开始寻求争议解决，然后逐级寻求解决方案，直到最后和最正式的阶段。比如高级管理层会议未解决的分歧，可以在之后诉诸调解，最后可以进入法庭或仲裁程序。

典型的争议解决机制也包括时间限制。如果争议久拖不决的话，时间限制会激励各方及时推进争议解决，并且有助于降低耗时长和成本高的风险。比如，如果要求当事方对一个争议升级的通知进行答复，那么时间限制就可能是所要求答复的截止日期。

时间限制也包括一个期间。在争议可以被升级到下一个层级之前，某些争议解决机制必须首先在这一期间内得到适用。采购当局遵守这些时间框架，或者与项目公司约定具体的时间框架至关重要，尤其 PPP 合同使用了诸如"在合理时间内"这样的较为主观的语言。

各方应该同意，如果各方对争议解决机制的结果不满意，他们可以通过法庭程序或者仲裁自由寻求紧急救济（包括禁制令），而不必通过完整的解决机制。

可以使用的争议解决机制也依赖于所适用的法律。比如，当地法律可能要求所有 PPP 合同争议要诉至当地法庭，而不允许仲裁。

本研究所调查的大多数项目都定义了争议解决机制（数据可用的 115 个项目中的 78 个，占比 68%）。2017 年版本的《世界银行 PPP 合同条款指南》[①] 为典型争议解决机制提供了更深一步的评论和示例条款。

---

① http：//ppp.worldbank.org/public-private-partnership/library/guidance-on-PPP-contractual-provisions-2017-edition。

## 5.2 指 南

下面的指南列出了在使用一些常见的争议解决机制处理PPP合同相关争议时，应该考虑的关键问题。

### 5.2.1 理解采购当局的权利和义务，并且使用合同条款保护采购当局的权利而不是将其作为惩罚性措施使用

争议可能产生于与复杂合同条款有关的问题。这包括各方之间约定的风险分配、索赔、付款扣减的适用、采购当局的义务及其他程序和确定的时间要求。如果各方对PPP和相关PPP合同的特定条款没有一个根本性理解，这些问题会被夸大。各方对合同有一个根本性理解是必要的。

采购当局应该了解支配它与项目公司关系的法律框架。大陆法和普通法法域都可能存在一些法律原则，适用于PPP合同的当事人在合同中有不同约定的情况。一个特定案例是，监管者是采购当局的义务之一。这在能源部门曾经是个难题，因为授予监管者设定收费费率的裁量权已经对项目公司产生问题。采购当局应该注意到它在PPP合同和可适用的法律下的所有义务。

强制实施严苛而又不公正的合同条款也会导致争议。比如，对PPP合同的索赔和付款扣减条款进行严苛的解释。索赔可以指补偿索赔或者增加额外时间的索赔。索赔管理在第3.5节（索赔）有详细说明。采购当局在PPP合同下会承担一些风险。如果采购当局拖延时间，并且不能适当地管理与那些风险有关的任何索赔，则会给项目制造更大的问题。

支付机制和扣款通常与绩效联系在一起，并且在采购阶段达成一致。付款扣减应该按照PPP合同中的约定进行。履约监督和付款扣减在第3.2节（履约监督）有详细说明。

采购当局应该使用支付机制和付款扣减来激励项目公司以合适的方式履行合同。如果以一种不一致的、不公平的方式过分严格地实施付款扣减，问题就会产生。比如，采购当局可能试图针对项目公司实施严格的付款扣减，但它考虑的可能是一个不相关的目标，也许是为解决更大争议制造一个杠杆。

采购当局的行为也可能对项目产生消极影响。采购当局在管理其预算赤字时可能以非常严格的方式来实施付款扣减。比如，本研究在英国进行访谈时，就出现了

这一问题。地方当局的预算已经被削减,并且私人部门认为地方当局在其预算压力下,非常严格地解释所有义务和履约标准。

在一些法域,这一行为可能已经违反了诚实信用的一般法律义务。此外,这种行为会带来损害各方之间关系和增加争议成本的风险,并且从长远看,会对项目产生有害的影响。

采购当局可能会决定,某些程序是难以实行的,并且它会正式地免除或者修改行不通的合同要求,并同意不太正式但更可行的流程。在放弃合同下的权利之前,应该先就此寻求法律建议,以保证所放弃的权利是适当的(比如采购当局只放弃它意图放弃的权利,而不是放弃PPP合同下的任何其他权利)。

## 5.2.2 监督项目公司的履约情况,以了解潜在的问题,并降低争议的风险

采购当局进行充分的履约监督是管理争议的必要方面。尽管在PPP合同下重要风险和管理责任通常被分配给项目公司,采购当局必须建立适当的履约监督系统,以追踪项目公司的履约进度及其遵守PPP合同的情况。如果没有这些系统,采购当局就会因为信息不对称而很难处理以下问题:及早识别/了解索赔、对风险的潜在缓和和管理、降低项目延误和服务质量的可见性。

如在第3.2节(履约监督)中的详细提及,采购当局建立的这些系统,对任何潜在问题提供足够的预警是必要的。

如果采购当局能够认真监督项目进展、对履约活动保持良好记录,并且运营一个高效率的文件管理系统,那么在争议出现的时候他就能够从容应对。反之,如果采购当局没能实施并管理这种控制措施,它将很难在争议产生时,准确评估任何争议的全部细节。这会增加发生争议的可能性,或者增加管理争议的时间和成本。信息管理在第3.4节(信息管理)有详细说明。

如果项目的潜在经济性存在问题,或者项目公司投入的资源不足,发生争议的风险通常会增加。比如,如果项目公司很难实现盈利,它会有更多压力从采购当局寻求补偿。其后果可能是,项目公司在没有合法索赔权利的情况下,寻求投机性的补偿。这会增加争议产生的可能性——项目公司期待一个有利于自己的协议或者决定能够帮助自己走出财政困境。这也意味着争议不太可能在早期以友好的方式得到解决。

采购当局应该确保,项目公司始终是一个正常运营的实体。如果需要的话,采购当局应该对股权融资的投资者施加压力,给项目公司分配更多的资源。采购当局

在融资交割后积极地避免所有类型的争议是很困难的。在这种情况下，采购当局应该考虑别的选择，比如合同终止，在第 7 章（根本违约和终止）里有详细说明。

### 5.2.3 接受索赔并及早处理，如果这样做是合适的

对 PPP 合同有一种误解，也即 PPP 合同涉及将"全部风险转移"给项目公司。在较不发达的 PPP 市场里，尤其存在这种误解。这会导致对合同索赔进程的误解。

虽然 PPP 的目的是把重要的风险分配给项目公司，但采购当局也总是承担一些风险。风险分配是各方认真谈判的主题。在全球基础设施中心的《PPP 风险分配工具》中有详细说明。[①]

PPP 交易索赔管理指南在第 3.5 节（索赔）部分中有详细讨论。其中的关键之处在于，项目公司在 PPP 合同期内的任何阶段都有可能提出索赔，而且如果采购当局没有对索赔的理据（而项目公司对此可能有权进行索赔并接受补偿）或者索赔程序有全面的理解，索赔就更容易发生。

采购当局还需要认识到，项目公司提出的索赔常常源自项目公司的承包商，并且项目公司可能必须把该索赔转移给采购当局。在这样的情况下，担心项目公司没有坚持伙伴精神不一定有正当性。

### 5.2.4 客观对待分歧和争议。与项目公司的不良关系不应影响处理争议解决的方式，而且不让争议的存在影响一个本来存在的良好关系

PPP 项目中有效的关系管理有利于在分歧升级为争议之前及时化解分歧。引发正式争议解决机制有时意味着双方沟通的破裂和关系的损害，并且甚至争议（具有正当性与否）本身也有可能影响一个本来存在的良好关系。PPP 的设计就是为了激励合作，鼓励各方在持续的基础上一起工作，并找到互相都受益的方案。在所研究的一个案例中，受访者把争议完全归咎于关系破裂。双方对合同条款中的一个模糊之处存在分歧本来是合理的，但是这一分歧却导致双方关系恶化，使分歧的解决更加困难。在另一个项目中，一个受访者描述了一个不同的情况：在成功达成一个争议解决协议之后，双方之间的关系得到极大改善。

公共部门和私人部门一个典型的不匹配是，项目公司主要对争议中的金钱利益感兴趣，而采购当局总是需要证明，基于它对公众的责任，它与项目公司达成的任

---

[①] https://ppp-risk.gihub.org/。

何妥协协议都具有正当性。双方谨记这些不同的观点很重要，以避免进一步的误解。

双方都应该维持一种专业的关系，并且就不受争议影响的方面继续开展正常业务往来，以避免对整个关系和项目造成损害。

**案例　在争议中集中于维护双方的关系**

印度的一个收费道路 PPP 的实践提供了一个在争议中仍然维持良好关系的范例。在该案中，双方之间存在几个争议，比如涉及是否将一座现存的铁路桥包含在项目公司义务中的有关范围变更的争议，但是采购当局和项目公司保持着良好的关系，并且双方之间定期会面。

保持良好关系的特定方法包括采购当局和项目公司保持定期交流，以便能够解决日常运营中发生的问题。在争议出现时也需要召开针对性的会议来管理争议。更多的关系管理的案例在第 3.3 节（利益相关者管理）有详细说明。

**案例　为解决分歧和争议的频繁会议**

美国的迈阿密港口隧道项目展示了缔约方每周召开例会来处理潜在分歧的好处。如果问题在运营层面得不到解决，它们就应该被提高到战略层面来处理（包括来自各方的相关代表和合适的情况下的顾问）。

另一个在发达市场的案例分析发现了主席会议的使用。在一个持续争议期间召开的这些会议，包括了来自采购当局、项目公司和建设承包商以及运营承包商的代表。在六个月的时间内，各方代表每两周召开一次会议，并且成功地解决了许多问题。

更多有关信息，请参阅迈阿密港口隧道项目案例研究。

鉴于 PPP 合同的持续性，有关人员对某些问题固执己见和产生分歧是很常见的。因此，引入新人以便更有策略地处理分歧可能是合适的。拥有经验丰富的合同管理团队是避免分歧和争议的关键步骤。此外，具有关系建设和谈判技能的相关团队成员能帮助解决早期出现的分歧。在考虑合同管理团队的结构时，双方都要在组织结构中留有余地，以使更高层级的新成员能够加入争议处理中来。这一点对双方来说都是很重要的。详见第 2 章（合同管理团队的组建与培训）的讨论。

采购当局合同管理团队也应该考虑，在较早的阶段将有关问题提升到高级管理层面是否是有益的。与运营层面的职员相比，各方的高级代表可能采取一个更加超然的方法，从而可能使分歧或争议得到快速解决。但同样重要的是，不能常规性地或者过于轻易地将有关问题提升到高级管理层面，否则高级成员就有纠缠于某些特定问题的风险，并且有关机制会停止运行，导致引入更加正式的争议解决机制。

**案例　良好的关系技能和独立性的重要性**

从英国中伯克郡垃圾项目的项目公司的视角来看，项目公司引入了有良好关系建设技能的人员，从而打破了各方之间的僵局。这些人员集中于改善与采购当局的关系。因为是新成员，他们对于先前发生的问题有独立的视角，并且能够采取更务实的方法予以解决。

更多有关信息，请参阅中伯克郡垃圾处理项目案例研究。

### 5.2.5　在导致争议之前，澄清模糊或者不清晰的合同条文

合同管理者应该主动地保证，PPP 合同中起草不当或者模棱两可的任何条款都要予以澄清，而且最好在 PPP 合同签署之前予以澄清。尽管项目的谈判阶段不是本参考工具的中心，但应对这一挑战的一种方法是，合同管理者与律师，顾问和曾经参与 PPP 合同构建和谈判的其他人员一起在签署前从运营角度澄清任何不清晰的条款。

如果 PPP 合同在签署时出现了明显的模糊之处，必须寻求其他方案。模棱两可的条文可能导致双方的投机性索赔，尤其当项目的经济条件发生改变时。一种方法是双方召开研讨会来帮助协商和确定双方认为不清楚的条款的真实意图。如果在融资交割之后，双方对某条款的真实意图存在争议，那么在争议出现之前，在运营层面就相关条款如何适用进行协商，可能更具有建设性。如果有必要，利益相关者也可以采用一个更加正式的处理方式，修订 PPP 合同，在第 4 章（再谈判）中有详细说明。任何澄清都有可能改变双方的风险分配和双方的财政地位，因此在这一过程中投入必要的时间和努力是值得的，包括在必要时使用外部顾问。

模糊的合同条文是产生争议的常见领域。在融资交割前起草高质量和清晰的合同条款，会极大地降低争议发生的可能性。对于已经约定清楚的条文，双方不太可能产生分歧。

### 5.2.6　确保在准备争议处理协议时，有合适的法律专家介入，以保证争议或分歧的解决不存在模糊空间

争议处理协议是争议解决机制的重要部分。争议处理协议是当事方之间达成的、通常以一定的财务支出换取对方结束有关争议程序的协议。

在起草和签订处理协议时需要格外小心，因为签订协议的目的是以书面形式就之前曾经发生争议的许多事项达成适当的协议。所起草的协议应该是全面而又经过深思熟虑的，以避免在本以为已经达成协议的事项上再次产生争议。

处理协议容易出现混乱的一个地方是列出非法律性质的技术性事项的附表。在

准备这些表格时要特别注意它们与主体文件的关系。这些表格是由技术和商业团队成员制定的，而律师通常不愿意为这些表格负责。律师与团队中的商业或者技术成员之间必须保持良好的沟通，以确保协议的主体文件与附表是一致的。

争议处理协议适用于双方经过谈判达成解决方案的情形，包括调解，而并不适用于由法庭、仲裁员、专家或者争议审查委员会已经做出决定或最终裁决的情况。在做出最终裁决之前或者在做出最终裁决之前的最后阶段，双方仍然可能达成处理协议，但是两者之间有重要的区别：处理协议是各方之间议定的方案，而裁决是由第三方做出的。

从治理的角度看，重要的争议处理协议应该受到严格的监管。

## 5.2.7 考虑争议升级以及所选择的争议解决机制的全部成本

本章所列签署指南详细说明了争议可以被积极化解的可能性和方式。然而，鉴于 PPP 的复杂性和长期性，争议并非罕见。本章以下的指南部分详细说明了管理争议及选择特定争议解决机制的问题。本章中余下部分针对几个争议解决机制如何进行争议管理提供了详细指南。

评估采购当局的目标以及如何实现这些目标。考虑的因素包括：

• 哪一争议解决机制提供最大的物有所值，包括考虑哪一个机制可以避免服务中断？

• 可能的争议解决机制的全部成本影响是什么？

• 如何友好地达成双赢的方案？

• 争议解决机制如何最好地维持 PPP 合同条款，以便使项目能够按照融资交割时所议定的条件持续进行？

• 时间和成本影响，以及对长期运营和维护义务的影响是什么？

• 通过选定的争议解决机制所做出的决定是否具有法律约束力并可强制执行？

• 争议对政府的或有负债是否有影响？

为了维持良好的关系，重要的是，双方应通过完善的内部治理来控制可能触发争议解决机制的情势。处理争议解决的具体流程可能依赖于合同中或者所适用的法律框架所定义的机制。所需要的相关工作流程、人员和策略取决于采用哪一种争议解决方法。下面所述的一些程序是冗长而又昂贵的，尤其在使用法律从业者时。最好的方法将取决于特定情况，并且，在选择特定方法之前，应该谨慎考虑每一种方法的主要利弊。

争议解决的具体方式选择也是一个产生分歧的潜在领域。由于选定的流程对结果有影响，双方在争议解决方式选择决策上都很讲策略。如果 PPP 合同在争议解决方式选择上没有清晰的规定，那么在选择何种机制方面就可能产生争议，并可能导致项目延迟的风险。

表 5.1 简要说明了不同的争议解决机制可能存在的时间和成本影响。

**表 5.1  不同的争议解决机制可能存在的时间和成本影响**

| 争议解决机制 | 法律成本 | 可能收回的法律成本 | 潜在管理时间影响 |
| --- | --- | --- | --- |
| 谈判 | 1～1.5X | 不 | 1 |
| 调解 | 2～2.5X | 不 | 2 |
| 专家裁定（技术问题） | 2.5～3.5X | 不 | 3 |
| 快速争议解决小组（DRP）（多个议题） | 8～10X | 不 | 5 |
| 仲裁/诉讼 | 25～40X | 60%～70% | 10 |

注：前述表格的倍数是根据欧洲的一位争议处理从业者的估计所做出的，并且它只是就不同方法的选择提供了一个指示性的比较。最终的情况是，每个争议是不同的，而且市场定价也有很大差别，所以实际数字可能差别很大。

**谈判**

**关键优势**

- 可以避免争议解决机制升级的时间和成本影响。
- 可以更快解决争议，对各方之间的关系造成较小的影响。
- 各方自身有同意合适的解决方案的自由。

**关键劣势**

- 如果采购当局没有充分准备，谈判会导致降低物有所值的结果。
- 会浪费时间，如果各方因为观点相差太大而不太可能达成都能接受的结果。
- 可能损害本可以拥有的良好关系，如果谈判没有进展的话。

## 5.2.8 积极寻求以谈判的方式解决分歧和争议，因为这样可能更有效率

当事态发展表明，如果没有各方积极介入，分歧就不会得到解决。此时所应采取的第一步措施就是谈判。PPP 合同可能已经包含了一个结构化的过程，以便使谈判更加有效；然而，一个结构化的过程不是必要的。谈判仅仅涉及有关各方的沟通，目的在于解决一个特定的分歧或争议。所开展的谈判应该有清晰的目标，也即理解

有关问题，并尝试解决分歧。

相对于将分歧诉诸下一个层级的争议解决流程，谈判的成本有可能非常低，尽管它仍有可能昂贵而且花费时间。如果浪费大量时间讨论一个各方分歧过大的问题，就有可能出现这种情况。此时，寻求对各方有约束力的第三方裁决（通过法庭、仲裁或其他争议解决机制）可能是更有效率的。其他方法通常都更加昂贵并且可能花费更多时间。应该做出所有合适的努力来在较早阶段解决争议。

除公开会议外，还应考虑使用受保护的（通常称为"无妨碍"）会议机制来辅助解决争议。在这一机制下，各方有更多空间偏离自认为根据其合同权利而坚持的固有的立场，而又没有损害其正式诉讼程序下的立场的风险。并非所有法域都承认"无妨碍"特权。即使这种方法没有得到认可，双方也可以通过合同达成一致，如果启动了正式程序，则任何一方都不会提及某些会议和书面交流的内容。"无妨碍"特权虽然容易引用，但它常常被误解，因此在尝试引用这一机制前，明智的做法是寻求法律意见。重要的是要在会议开始时（如果不能更早的话）就理解会议的性质，以避免无意妥协的风险，也要避免各方出于不适当的目的参加会议。

在通过谈判解决争议时，应考虑对其他（类似）项目的影响，因为其他项目的当事方可能会参考这些解决方案。由此，这些方案具有设立先例的效果。

### 5.2.9 在开始谈判之前，适当地准备和动员足够的资源

在开始谈判之前，参与者必须清楚知道谈判的优势、劣势和目标，包括全面了解任何决策可能对所有利益相关者和任何有关的第三方可能产生的影响。争议各方的谈判人员需要获得合理的授权来解决发生争议的问题。如果争议任何一方的谈判人员没有获得充分的授权，那么可能由于缺乏必要的授权，争议解决协议可能不会达成，或者不会生效。争议的商业方面的解决方案通常是由采购当局合同管理团队中最高级成员最终决定的。然而，在一些情况中，也需要相关行业和/或财政部门的批准。

采购当局需要确保有合适的技能，并且它需要聘用外部的法律、财政、技术、保险和/或其他顾问。一个目标是就发生争议的潜在原因形成共识，包括任何相关的技术问题。只有在技术问题已经得到澄清而且产生争议的原因已经被确定的情况下，才可能对争议的商业方面进行全面评估。然而有时，由于缺乏足够可用的信息或者全面了解潜在问题的成本影响太大，以至于最成本有效的选择是，各方在现有可用信息的基础上做出商业决策并且达成协议。尽管在全面了解信息的基础上做出商业

决策最好，但更成本有效的方法可能是在现有可用信息的基础上做出商业决策，以避免浪费时间，并维持各方之间的良好关系。

为了帮助采购当局通过谈判解决分歧或者争议，本部分的附件（争议谈判清单）列举了一个清单，可以作为一个谈判准备指南来使用。

## 5.2.10 考虑有关的私人合作伙伴（包括建设承包商），如果分歧和争议的解决与他们有关

一些分歧和争议发生源自项目公司的建设或运营承包商或其他第三方的作为或不作为，以及转移给这些利益相关者的风险。这可能使谈判复杂化。采购当局应该做出评估，以确定哪一方要参与解决争议的谈判，因为除了项目公司外，建设或运营承包商的参与可能也是有利的。在相关承包商或者其他第三方向项目公司索赔的情况下，情况尤其如此。在这种情况下，项目公司能够同意的条件可能依赖于相关承包商的同意。此外，项目公司的承包商可能有更多专长和更详细的信息，来协助达成一个对各方都有利的合理方案。

然而，在没有合理理由并对各方在谈判过程中角色进行清楚定位的情况下，采购当局应该暂缓向各种各样的参与方敞开谈判大门。否则，谈判过程的成本和时间会迅速扩大和延长。应该注意避免私人部门实体"联合起来"对付采购当局的风险。

**案例　召开高级管理会议以避免问题升级为争议**

在一个发达市场的运输项目中，采购当局发起一个"主席会议"，包括项目咨询委员会、项目公司及建设和运营承包商的代表。这些会议被证明非常有助于问题的解决，而且还帮助加强了双方之间的关系。

**调解**

**关键优势**

- 比法庭程序或仲裁更低的成本，降低损害关系的可能性。
- 保密。
- 比双边谈判更加结构化。
- 第三方的引入能够帮助为分歧带来新想法和客观性。

**关键劣势**

- 可能不会形成最终决策，如果一开始各方分歧过大，由此可能是浪费时间。
- 比谈判更昂贵而且耗时。

## 5.2.11 如果需要一个更加结构性的谈判方法，考虑调解

调解与谈判相似，但有一个调解人的参与。这个独立第三方的任务是协助各方解决问题。调解是有效的争议解决机制，因为调解人是独立的而且通常在争议解决方面很有经验。调解人充当中立的引导者角色，帮助引导各方解决争议。鉴于他们的中立性和独立性，调解人可以为讨论注入理性，从而更有可能达成为双方接受的方案。

调解应该以公开而包容性的方式进行，因为它是为帮助各方友好地解决争议而设计的。它是一个灵活的保密的争议解决方式，可以容纳所有各方和问题，允许各方控制过程并且迅速处理问题。更进一步的激励是，虽然调解比没有协助的谈判更加昂贵而费时，但问题的解决仍然由项目各方控制。任何其他更高层级的争议解决过程，比如正式法庭程序或者仲裁，都存在一个风险——虽然最终裁决有约束力，但可能对任何一方都不合适。在受到访谈的全球PPP合同中，有32%允许调解。这是排在仲裁之后使用率第二位高的机制。

在开始调解之前，参与者必须清楚知道调解的优势、劣势和目标。在前述"I. 在开始谈判之前，适当地准备和动员足够的资源"为准备谈判所提供的详细指南，同样与调解准备相关，该部分的附件（争议谈判清单）也是如此。

在调解中，各方做出清晰的陈述很重要，因为调解人不一定是技术专家。比如，调解人可能具有法律背景但不是技术或者财政专家。常见的情况是，各方通过提供立场陈述和商定的卷宗阅读列表，先向调解人全面地介绍情况。

调解不需要最终协议，并且如果各方没能达成处理协议，也不会产生什么后果。各方可以随时放弃调解，因为它本身是一个自愿过程。然而，为使调解能够成功，应给予争议各方代表适当的激励并且授予其结束争议事项的权利。

如果各方能够达成一个解决方案，应使用一个调解协议来对这一方案进行妥善记录。这一点很重要。这一话题在前述指南中有详细说明。见"5.2.6 确保在准备争议处理协议时，有合适的法律专家介入，以保证争议或分歧的解决不存在模糊空间"。

**案例 "一带一路"倡议的调解人**

新加坡国际调解中心、中国国际贸易促进委员会调解中心和中国国际贸易商会，同意一起工作帮助解决在中国"一带一路"倡议下跨境交易中可能出现的争议。他们同意在国际贸易调解促进中合作，而且将服务于中国和新加坡公司。

## 5.2.12 聘任对双方都合适的调解人

聘任一个好的独立调解人十分重要。调解可能需要几个月的参与，并可能需要几次调解会议。除了各方代表之外，调解人是调解过程和可能的调解结果的不可或缺的一部分。调解人充当中立的第三方，并且只有在他们受到信任的情况下他们的建议才可能被采纳。各方必须保证，调解人享有良好的声誉，富有经验而且受到各方尊重。

应该考虑调解人的专业背景，因为争议是更加技术性的或者是更加合同性的，会影响谁最适合充当调解人。然而，调解人的核心技能是把各方聚到一起。过分关注行业或者技术专业可能会毫无价值地缩小可选择的调解人的范围。如果争议涉及更多的技术细节，可以聘请这方面的专家提供专业知识，并协助调解人。

**案例 使用独立验收机构作为调解人**

在菲律宾的党哈利－斯莱克斯连接线道路项目（Daang Hari-SLEX Link Road project）中，双方委任了一个独立顾问来认证工程进度。值得注意的是，这个顾问可以充当调解人角色，帮助防止发生争议，因为它就所有问题提供了一个公正的评估，之后这一评估可以被提交给各方供其同意。

更多有关信息，请参阅党哈利－斯莱克斯连接线道路项目案例研究。

**争议解决委员会**

**关键优势**

- 多用途的。裁决可以是约束性的或非约束性的。可以提出建议或进行裁定。
- 可以在分歧开始时就为各方提供指南。

**关键劣势**

- 成本可谓不菲，而且通常是固定的，不考虑争议是否在项目期内出现。

## 5.2.13 使用争议解决委员会

争议解决委员会（DRBs），又称争议避免委员会或争议委员会，可以成为避免和解决争议的有效机制。这一机制的设计目的是使其组建于项目开始之时，并对项目进行持续监督，包括召开定期会议以评估项目进程。

**案例 争议解决委员会的关键作用**

在美国迈阿密港口隧道项目中，受访者认为争议解决委员会帮助避免争议升级。

争议解决委员会在一个有关隧道成本增加的争议中被采用，并且其裁定某些成本增加应该由采购当局支付。一旦做出这一裁定，各方就能够谈判具体数额，由此避免了法庭程序。

更多有关信息，请参阅迈阿密港口隧道项目案例研究。

因为在项目开始时就要组建争议解决委员会，而且 PPP 合同具有长期性，因此争议解决委员会的成本很高，而且无论是否出现争议成本都是固定的。

在使用争议解决委员会解决争议的过程时，通常各方先提供一个恰当详细的立场文件，供争议解决委员会考虑。然后组织一次会议，给各方陈述其主张的机会，供争议解决委员会裁决。一旦正式流程开始，时间框架通常是紧凑的。这强调了采购当局进行持续的良好文件归档工作的重要性。信息管理和文件归档控制在第 3.4 节（信息管理）有详细说明。争议解决委员会不被传统的证据规则所约束，而且委员会成员在他们如何了解所涉及议题的信息方面有更广泛的裁量权。

争议解决委员会可以提供临时的解决方案，并且使各方建设性地合作。因此，使用争议解决委员会应该有助于避免问题扩大以及项目公司和采购当局之间关系的恶化。然而，它的任何裁决通常都会受到法庭程序或仲裁的审查，如果一方决定将其诉诸法庭或者仲裁的话。

争议解决委员会可能有更广泛的功能，有助于避免使分歧转化成争议。在当事方议定一个合适的争议解决机制的时候，这一点会有助于各方进行思考。

**案例　争议解决委员会额外的好处**

一个发达市场的案例中的一个争议解决过程使用了争议解决委员会。该委员会可以给各方提出建议。在一种情况下，它建议使用一个专家裁决程序。专家裁决程序在之后成功解决了有关争议。

争议解决委员会通常被用于建设合同。PPP 安排更加复杂，因为有更多相关方参与。比如，PPP 合同是采购当局和项目公司之间商定的合同，但在建设合同中施工风险被传递给单独的建设承包商。这增加了争议解决委员会安排的复杂性。解决这种复杂性的一个方法是给建设承包商"一席之地"，除项目公司之外，要求建设承包商预先同意争议解决委员会的裁定。

争议解决委员会通常有一个争议解决功能，各方可以借此正式地向争议解决委员会提交争议，以获得一个书面建议或裁定。这些建议或裁定可以是约束性的或非约束性的，取决于各方在 PPP 合同中的约定。另一个选择是委员会可以同时履行两个职能（比如做出约束性和非约束性的裁决）。各方需要逐案决定，他们是寻求约束性的裁决或是非约束性的裁决。

所研究的全球案例中有22%的PPP合同允许争议解决委员会。有几个争议的案例是通过使用争议解决委员会解决的，包括在德国、美国和澳大利亚的案例。在数据样本中，有9%的争议通过使用争议解决委员会成功解决。

在一些法域，比如智利，组建了一个常设的技术专家组来审查某些争议，并且专家组需要在任何正式仲裁之前提出解决协议（尽管专家组可能不一定被称为争议解决委员会）。其他法域（比如欧洲）也考虑逐案聘任一个单独专家或者专家组，就争议案提出意见，协助各方在争议被移交仲裁之前达成一致。一个技术性专家组与争议解决委员会的成本影响相似。

### 5.2.14　在争议产生前设立争议解决委员会，也要考虑到项目对争议解决委员会需求的变化

应该就是否需要组建永久性的争议解决委员会做出决定。组建永久性争议解决委员会有其优势，因为它可以使委员会保持对项目的熟悉度，而且避免在争议解决委员会安排上的分歧，包括委员会的聘用。

组建永久性争议解决委员会的成本影响已经导致在许多法域出现了新的实践，也即直到争议产生之后才组建争议解决委员会，以节省一直聘任委员会成员的成本。随机组建争议解决委员会可能被视为开支较少，因为委员会仅仅在争议产生时才受聘。尽管在大型PPP的背景下，委员会成本只占项目总成本中很小的比例。但是这种做法也可能导致一些困难，因为如果各方不得不联合聘任意委员会成员，一旦争议已经出现，这一联合聘任过程就不那么简单，而且这种做法还会进一步延误争议解决。

可能没有必要为PPP合同整个期间设立争议解决委员会，考虑到在整个合同期间保留争议解决委员会的成本。在建设阶段结束之后，产生复杂争议的可能性会降低，而且在运行阶段争议解决委员会的职能和工作量可能会减少。比如，它开会的次数会减少，或者委员会的成员会减少，可能从3名减少到1名。委员会成员也可能需要更换，因为运营阶段的相关项目活动要求有不同的经验。也可以每3~5年对争议解决委员会的聘用进行审查，给各方决定不重新聘用争议解决委员会的机会，如果他们认为已经没有必要再聘任。

### 5.2.15　聘用对双方都合适的争议解决委员会

一个争议解决委员会的构成可以在PPP合同中列出，而且通常包括3名成员，

含有技术和法律专家。一个常见的聘任流程是，双方各自聘任一名成员，然后，这两个受聘任的成员共同选择最后这名成员。如果采购当局有权选择一名成员或多名成员，它需要从技术、法律和合同管理角度考虑候选人的经验。聘任委员会的过程不应该仓促。通常没有替换委员会的机制。

委员会成员通常要有审查或决定争议的技术性问题所需要的技术资格或者技能（比如工程、成本或项目资质）。聘任一个有法律资格的委员会成员也是常见的。需要考虑的有关受聘人的潜在问题包括缺乏经验、缺乏独立性以及不能随时履职。专业顾问可能能够协助提供有关聘任人选的建议。

关于如何组建争议解决委员会的进一步信息可见争议解决委员会基金会（Dispute Resolution Board Foundation）[1] 或者国际商会（International Chamber of Commerce）[2] 的有关网址。

**专家裁定**

**关键优势**

- 能够快速解决争议而且成本有效。
- 裁定通常具有合同上的约束力，但有一些例外。

**关键劣势**

- 只适合于某些技术性问题，但不适合于需要提供证据的问题。
- 裁定没有法庭裁判或者仲裁裁决那样的强制执行力。

## 5.2.16 针对技术性争议，在可行时，考虑专家裁定

专家裁定通常指一些 PPP 合同中常见的这样的一种机制：一些技术性的争议被提交给具有相关技术专长的一个个人专家或者专家组，并由其做出裁定。一个 PPP 合同通常会列出可以适用的"技术性"问题。这些通常包括诸如工程进度预测、特定评估和会计问题等事项。

专家会考虑事实性的证据（不管是证人或是文件记录证据），但是专家裁定不需要交叉询问证人。此外，各方提交由各方聘任的专家形成的报告来支持他们自己的立场。这种情况也很常见。

专家裁定不同于其他争议解决机制——它涵盖的范围小。这使它有自己的优势，因为专家裁定通常具有约束力，并且相对迅速和成本有效。只聘任一名专家就非常

---

[1] http://www.drb.org/。

[2] https://iccwbo.org/dispute-resolution-services/dispute-boards/。

技术性的问题做出裁定的情况并非不常见。在所研究的 PPP 合同中，有 25% 的合同允许专家裁定。也有合同对专家裁定的时间表做出限制，但也经常需要合理地延长合同约定的时间表，以便专家能够做出裁定。然而，过了时间限制的专家裁定，有失去效力的风险。

纯粹技术性的争议比较少见。金钱通常是大多数争议的潜在基础。虽然可以将一个技术性问题单独拿出来交由专家裁定，在实践中，争议方常常将所有或者大部分问题放在一起交由专家裁定。这可能意味着，争议的要素已经超出了严格意义上的受聘专家的专长的范围。然而，争议中的非技术性问题的解决，有助于各方就更广泛争议中的基本事实达成共识，从而有助于达成商业性的解决方案。

2017 版《世界银行 PPP 合同条款指南》[①] 就典型的专家裁决争议解决机制提供了更多有参考价值的说明。

### 5.2.17 聘用正确的专家做出专家裁定

与其他形式的第三方建议（比如调解）一样，专家选择是至关重要的。专家必须富有经验而且为争议各方所信任，否则他们的裁定有不被采用的风险。比如，在该裁定被法庭程序或者仲裁确认之前，对裁定不满的一方可能不会遵守该裁定。

采购当局需要注意，PPP 合同是复杂的，而且通常都是量身定做。如果专家固执于预设的方法（比如与传统建设合同中的专家裁定方法相似的方法），他们可能会有将这些传统概念应用到 PPP 合同中的倾向。这将不会产生一个积极的或正确的结果。

**法庭程序**
**关键优势**
- 提供一个最终裁判。

**关键劣势**
- 是对抗性的过程，可能导致关系恶化。
- 通常是所有争议解决机制中最昂贵和耗时的。

**仲裁**
**关键优势**
- 提供最终裁决。

---

① http://ppp.worldbank.org/public-private-partnership/library/guidance-on-ppp-contractual-provisions-2017-editionmay。

- 满足各方的偏好。
- 在时间和成本方面比法庭程序更有效率。

**关键劣势**
- 是对抗性的过程，而且可能导致关系恶化。
- 会被公众视为缺乏透明度（如果私下进行而且结果保密）。

### 5.2.18　考虑把争议诉诸法庭或仲裁的所有影响

把争议诉诸法庭或者仲裁是一个对抗性的过程，并被视为是最后手段。由于这些程序是对抗性的，所以可能会影响各方声誉。一个优势是这些程序可以提供由第三方做出的、有约束力的决定，并且如果各方不可能在其他情况下达成共同接受的解决方案，这一机制可能更加有效率。这些程序的结果具有约束力，并可以通过法庭强制执行。

合同当事人可以在PPP合同中约定仲裁，将其作为法庭程序的替代选择，尽管各方仍然可以就特定问题采用法庭系统（比如需要法庭直接介入的问题）。在特定法域，各方不一定总是能够约定仲裁，将其作为当地法庭程序的替代选择。此外，单一法域的适用法律可能不允许将争议提交到当地法庭之外的场所去裁决。

仲裁常常受到私人合作伙伴的青睐，因为它被认为比当地法院更加中立，尤其是涉及政府实体的合同。它也可能是贷款人不可谈判的要求，因为贷款人不太愿意接受与当地法庭相关的风险。

与法庭程序相比，仲裁更加可定制化，可以使其更快和更便宜。比如，与更严苛的法庭要求相比，仲裁允许文件披露过程的简化。有关仲裁存在着一个持续的争论，也即典型的仲裁程序事实上已经变得更加耗时。

相对于法庭程序而言，仲裁有一些不利的方面。各方必须为仲裁支付费用。对于多方争议而言，仲裁也不如法庭程序更灵活。PPP中的争议通常是多方争议，因为重要的风险通常会经由项目公司传递给承包商。

与法庭程序不同，仲裁是非公开的，并且通常是保密的。这通常有利于项目公司，但对采购当局而言，它具有积极或消极的两面特征。就积极方面而言，采购当局可以看到这样的益处：它可以将那些有关项目的似是而非的分歧排除在公众和媒体的视野之外。然而，仲裁对采购当局也会带来消极影响：公众认为仲裁的保密性损害了政府的透明度，一些法域倾向于使用法庭程序，因为法庭程序有更高的透明度。

数据表明，39%的争议在法庭解决，而22%通过仲裁解决。然而需要注意的是，这一结论是建立在相对较小的样本规模基础上的。只有42个项目被发现有法庭程序的数据，而且由于仲裁是私下进行的并且通常是保密的，结果可能不准确。在PPP合同中，仲裁是一个常见而且被广泛使用的争议解决机制。在所研究的全球PPP合同中，有56%的PPP合同包含有仲裁条款，其中54%的PPP合同采用国内仲裁，而17%采用国际仲裁。

### 5.2.19 选择合适的仲裁员

仲裁员的选择必须谨慎进行。PPP是独特的合同，并且大多数仲裁员没有直接接触PPP项目的相关经验。寻找一个没有潜在利益冲突的仲裁员也是重要的，尤其如果某一法域相对较小，或者市场正处于发展中。可以提供国际仲裁机构和国内仲裁平台。有关两者区别的全面讨论不在本参考工具范围之内。

双方需要对相关仲裁员的聘任满意，以便仲裁裁决被各方认为是合法的，避免出现后续问题。

**案例 仲裁员选择的困境**

在一个发达市场的跨境铁路项目中，项目公司不满意PPP合同中的仲裁条款。仲裁条款允许每一方都选择一名仲裁员组成仲裁专家组。这个项目有两个采购当局，并且每个都有权聘任一名代表到仲裁专家组。因此采购当局有两名代表，而项目公司则仅有一名代表。这种仲裁员的选择产生了仲裁过程对项目公司不公正的印象。对采用的争议解决机制缺乏信任可能会损害各方之间的关系，并且有可能使争议久拖不决，或者导致进一步的争议。

### 5.2.20 准备提供详细的证据，如果将争议诉诸法庭或仲裁

提交证据是法庭程序和仲裁为做出裁决所采用的关键流程。采购当局需要了解其需要遵守的证据规则，比如提供证人。此外，为仲裁做准备需要耗费大量时间，因为每一方都需要提交详细的证据，以支持他们的主张。这样的准备要求对PPP合同进行审慎的解释，准确的记录，对采购当局的义务和风险进行仔细评估，对争议的成本和时间影响进行客观评估。这强调了采购当局进行持续的良好文件管理的重要性。信息管理和文件管理在第3.4节（信息管理）有详细说明。

法律特权的概念也需要被考虑。这个概念在许多法域被用于保护某些文件免于披露。然而，必须满足特定的条件才能获得这种保护。重要的是，采购当局在获得

法律咨询后，设立利用这些保护的程序。

**附件： 争议谈判清单**

- 采购当局的谈判目标是什么？
- 清楚你对分歧或争议的潜在原因的理解。
- 考虑项目公司对潜在分歧或争议的理解。
- 分歧或争议的不同方面各有什么优劣势？
- 采购当局的一个主要目标应该是就导致产生分歧或争议的潜在原因形成一个共识，包括任何相关的法律或技术问题。
- 评估潜在问题和进行谈判（法律的、财政的、技术的、保险、税、其他）需要哪些技能？
- 采购当局可能需要聘任外部顾问。
- 考虑任何决定对所有利益相关者的影响。
- 评估哪些人员应该参与谈判，建设或运营承包商参与可能是有益的。
- 取决于争议的重要性或者争议解决机制的选择，采购当局可能需要从另一个相关的政府部门寻求批准。
- 各方的谈判者是否被充分授权来解决问题？
- 谈判参与者的优劣势是什么？
- 只有在技术和法律方面得到澄清之后，商业方面才能够被适当地评估。商业方面的评估应该同时考虑短期和长期影响。
- 评估采购当局的"最坏情况"选项，优先选项和折中选项。
- 如果可用的信息是有限的（或者全面理解潜在问题的成本影响巨大）各方应该尝试在可用信息的基础上达成协议。

## 5.3 总结性数据分析

这一部分提供与争议相关的总结性数据分析。完整的数据分析可见附录1（数据分析）。

合同的争议在PPP的建设和运营阶段是常见的。研究发现，在（争议数据可得的）165个所研究的项目中有42个项目存在着缔约方的一方当事人发出正式争议通知的情况，发生率为25%。在融资交割后的首个四年内，争议事件发生率为17%。建设和运营阶段发生争议的概率大致相同。建设阶段发生争议的平均时间是在融资交割后的第3.2年。运营阶段发生争议的平均时间是在融资交割后的第4.3年。

项目建设阶段的平均时间是 3.9 年。这表明，几乎在运营阶段开始之初，争议就开始出现。

运营阶段发生争议的概率可能比建设阶段要高更多，假定研究时间框架更长，并且包含已经履行完毕的项目。本研究局限于在 2005 年和 2015 年（含）之间完成融资交割的项目。只有一个项目在此期间完成运营。考虑到时间框架，本研究中最早的项目（也即在 2005 年完成融资交割的项目）在融资交割之后运营的最长年限是 13 年。

发生争议最普遍的部门是运输部门，有可用数据的 77 个项目中有 27 个案例都出现了争议（占比 35%）。能源部门占比为 16%，有可用数据的 68 个项目中有 11 个出现争议。在水和垃圾部门发现了 4 个发生争议的项目。这些数字太小，难以得出关于这些部门的争议的普遍性的任何确切结论。

本研究也表明，项目移交的资产状况通常是一个被低估的风险，而且在所研究的项目中，未来可能会出现几个与移交有关的争议。

### 5.3.1　争议主题

样本中，争议主题有很大的差异性。本研究表明，争议发生的原因通常有以下几种：模棱两可的合同条文，对所转移的风险的误解以及与特定和/或复杂术语的不同解释相关的风险。

项目公司发出争议通知的常见原因是成本增加，项目公司为此寻求补偿。本研究发现导致成本增加的一些常见原因包括意外的地面条件、未预计到的现有基础设施的维护费用、范围变更和收入预测不准。产生这些分歧的原因是如何计算对项目公司的补偿，或者项目公司认为采购当局的行为导致需求减少。

采购当局发出争议通知最常见的原因是项目公司一直不能达到运营要求。研究中发现的一些常见原因包括不良的道路质量或者不能满足关键绩效指标。

其他类型的争议是由第三方行为造成的。这包括环保监管者的决定或者当地民众的不断抗议。值得提醒注意的是，无论在项目签署前或者项目交付期间，外部事件如果没有得到妥善处理，就可能导致问题。

总之，与许可、环境和社会影响或者土地征收和安置相关的问题所导致的争议，占到有数据可用 165 个项目中所发现的所有争议的 43%。如果因地面条件和各种其他建设延误和相关成本超支所导致的争议也算到这一类争议中，那么因场地条件、许可或审批，社会问题和土地征收所导致的整个争议的发生率达到 57%。

基于 30 个可获得争议原因的项目汇总如图 5.1 所示。

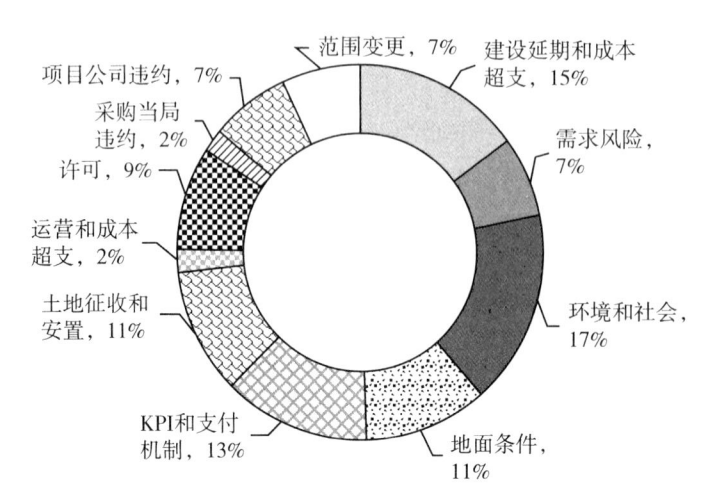

图 5.1　争议原因，基于 30 个可获得争议原因的项目

### 5.3.2　争议解决机制

研究中考察的大部分项目已经定义了争议解决机制（115 个数据可得的项目中 78 个，也就是 68%）。每种机制的普及率在表 5.2 中展示。

表 5.2　明确在 PPP 合同中定义争议解决机制的普及率，基于 115 个项目

| 机制 | 被发现的案例*（个） | 百分比*（%） |
| --- | --- | --- |
| 升级到高级管理 | 31 | 27 |
| 专家裁定 | 29 | 25 |
| 争议解决委员会 | 25 | 22 |
| 调解 | 37 | 32 |
| 国内仲裁 | 62 | 54 |
| 国际仲裁 | 19 | 17 |

注：* 因为每个 PPP 合同可能使用一个以上的机制，总案例数/百分比超过数据可得的项目数量。

许多项目能够使用 PPP 合同中规定的早期升级机制来解决问题。中伯克郡垃圾处理案例研究说明这样的例子。然而，作为数据收集过程一部分所调查的多个项目在 PPP 合同中没有提供争议解决机制（在一些大陆法法域中较为普遍）并且因此导致争议被诉至相关法庭。

项目各方首选的方法是寻求通过有效的讨论和调解来解决。这样做是为了避免走到诉讼或者仲裁那种地步。一种私人的合作式的方法使各方可以通过友好协商达

成一个解决方案,其中双方都需要妥协,并因此避免昂贵而又有潜在对抗性的、可能损害各方合作关系的正式争议解决机制。这一过程也允许讨论和探索不同的财政补偿方法和通过各种支付模式可以获得的资助。数据表明只有9%的争议通过调解解决。然而,这个比例可能是不真实的,因为调解程序通常是保密的,所以数据不易获得。

尽管PPP交易中的许多争议在被诉诸于法庭或者仲裁之前被解决,但数据表明,高达65%的争议仍然是通过法庭程序或者仲裁解决的。数据也可能不准确,因为在通常情况下,可以从引人关注的仲裁和法庭程序中获得更多的数据。

# 第6章 破 产

破产是指公司无法在债务到期时履行其财务义务。PPP合同通常将项目公司破产定义为导致终止的默认事件。采购当局将需要应对这些挑战,包括考虑终止PPP合同的可能性。参见在第7章(根本违约和终止)中的详细介绍。

由于PPP合同具有长期性,因此项目公司在合同期内可能会遇到某种形式的财务困境,尽管破产情况很少。在建设阶段,由于建设成本增加或融资困难可能引发财务困难,而在运营阶段,财务困难可能是由于收入低于预期,并因此难以偿还贷方借款所致。在这些困难继续存在的情况下,项目公司就有破产的风险,从而损害项目公司提供的服务。

由于各种原因,包括项目之外的因素,承包商也面临破产的风险。虽然预计承包商的破产不会导致项目公司破产,但确实会使服务交付面临风险,尤其是在短期内。

项目公司破产将不符合任何一方的利益。一旦出现这种情况,采购当局将需要继续完成项目,寻找项目公司的替代者。但采购当局几乎没有能力与替代者谈判达成有利的优惠条件。

在本研究覆盖的204个项目中,有3%的项目公司破产,7%的主要承包商(包括供应商)破产。研究项目的时间框架(即那些在2005~2015年之间完成融资交割的项目)意味着大多数项目仍在进行中,因此这些数字可能会增加。

对于遇到财务困境的项目公司,没有一种万能的解决方案。PPP项目是独一无二的,具有定制的合同安排,并且根据当地法域有不同的适用法律。因此,本书列出了应遵循的原则和一些常见情况。但是,在项目公司或承包商破产的情况下,每个采购当局都必须分析其具体情况并权衡所有可用的选择。

**本章结构**

本章为第6.1节(背景)中有关项目公司和主要承包商的破产问题提供了背景知识,并提供了管理破产和财务困境的指南。下面总结了成功管理破产的关键要素,并在第6.2节(指南)中进行了详细说明。

# 第6章 破 产

- 监督项目公司的财务表现，提前做好预案。
- 监控可能影响项目的关键承包商的财务表现，确保项目公司履行其支付义务。
- 评估项目公司财务困境的原因，因为它可能影响如何最好地解决困难。
- 即使财务困难是由项目公司造成的，采购当局也应考虑使项目公司陷入破产的全部财务和非财务影响。
- 如果财务困难不是由项目公司造成的，与项目公司合作。
- 在项目公司破产或濒临破产的情况下，寻求法律咨询。
- 考虑项目公司董事的潜在利益冲突。

第6.3节（总结性数据分析）提供了有关项目公司和承包商破产的数据分析的摘要。

## 6.1 背　　景

如果PPP是项目融资，那么就会设立一个"特殊目的工具"（SPV）的项目公司来交付该项目。该项目公司拥有专属于该项目的资产和负债。在这样的情况下，贷款人通常没有对项目公司的股权投资人或其母公司的追索权，所以它们需要依赖项目公司的收入来偿还贷款。这是大型PPP项目所使用的典型的项目融资的一个主要特点，能够保护项目免受股权投资人破产的影响。因此，项目融资的重点是将项目产生的现金流与项目公司的长期偿债义务相匹配，并为股权投资者提供适当的投资回报。

这一安排的一个后果就是，对项目履约和收入流的任何干扰（例如，收费公路的交通量明显低于预期）都有可能威胁到项目公司偿还贷款和保持偿付的能力。

一个典型的以项目融资为基础的项目公司，也拥有高杠杆的债务模型和绷紧的现金流模型，因此贷款人需要保持对项目的高度控制性，包括在PPP合同谈判中的风险分配。贷款人通常要求对PPP合同和项目公司的现金流进行担保；要求限制性契约、项目监控和介入权以干预和防止PPP合同的终止；同时还需要其他保障措施，以减少项目公司的困境及破产风险。承包商的担保包，保险、套期保值和项目储备账户等都属于此类保障措施。

除了暴露于项目风险外，建设承包商和运营承包商也通常暴露于项目之外的额外风险。建设承包商和运营承包商比项目公司本身更容易在有关阶段破产。

### 6.1.1 贷款人的介入

如果一个 PPP 是项目融资,并且如果其项目公司未能履行 PPP 合同中约定的义务,那么贷款人可能要求行使一些权利来接管项目公司。其中包括破产以及其他严重违反 PPP 合同的情况。在这一语境下,"介入"指的是贷款人或贷款人指定的第三方,介入到项目公司的角色,以使其有机会纠正这些问题。

这些干预措施的目的是使贷款人有机会在终止合同之前纠正有关 PPP 合同的违约。在这种情况下,采购当局会根据与贷款方达成的直接协议,同意在贷款人有机会纠正违约之前,不会终止 PPP 合同。

因此,贷款人介入权通常是指贷款人根据采购当局、贷款人和项目公司之间的直接协议行使其权利。

贷款人可以行使类似权利的另一种方式是嵌入到某些普通法法域的破产法中的介入权制度。它允许借款人指定一个破产管理人接管项目。它具有根据直接协议执行介入权的类似的效果。

贷款人的介入在实践中并不常见,本研究也没有在全球 250 个项目的样本中发现任何取代项目公司的案例。然而,贷款人在澳大利亚的一些运输项目中发挥了重要作用,其中大多数项目在样本期之前就已完成融资。

**案例　澳大利亚运输项目破产案例**

澳大利亚悉尼跨城隧道(Sydney Cross City Tunnel)项目的项目公司在 2006 年破产,贷款人行使了介入权。贷款人指定的管理人,能够将项目资产出售给新的股权投资者,这使得贷款得以偿还,并允许返还给原始股权投资者部分股权投资。从采购当局的角度来看,这是成功的,因为政府不支付需要额外的资金,而且收费也没有增加。在澳大利亚,很多经历了财务困境的其他 PPP 项目也取得了类似的结果,如莱恩湾隧道(Lane Cove Tunnel)项目、澳亚(阿德莱德-达尔文)铁路(AustralAsia(Adelaide-Darwin)Railway)项目和布里斯班机场连接隧道(Brisbane Airport Link Tunnel)项目(尽管并非所有项目的贷款都已全部偿还)。

贷款人通常不从事项目运营业务,因为贷款人更担心的是由于过多控制所可能对项目问题(例如环境责任)承担的直接责任。

尽管在全球背景下,PPP 项目中贷款人介入权是很常见的,但在一些法域中,贷款人介入权并不常见,或者在支配项目的法律制度(尤其在大陆法系国家)中,不允许贷款人实施介入权。

实行大陆法的国家所面临的挑战是不同于普通法法域的。例如，如果大陆法法域的法律制度存在着"经济均衡"的概念，并且某一事件实质性地改变了一方的财政地位，那么即便合同没有规定贷款方介入权，法院也可能会介入处理和解决这种不平衡。这种情况会影响贷款人决定，是否在破产可能发生时介入，并给予额外的支持。

### 6.1.2 关键承包商破产

在 PPP 项目各阶段，施工或运营承包商破产比项目公司本身破产更常见。虽然一个关键承包商的破产主要是项目公司的风险，但采购当局仍然需要监督其破产前后的情况，因为它的破产会导致项目风险的增加。在第 7 章（根本违约和终止）中有关于关键承包商终止的详细说明。

项目公司通常通过设法从破产承包商的担保包（如履约保证金和母公司保证）中收回更换承包商的成本来管理承包商破产的风险。担保包的设计是为了支付更换破产承包商的费用，包括由新承包商接管部分完成的工程所收取的任何额外费用。

## 6.2 指　　南

以下指南阐述在管理与项目公司或承包商有关的破产和财务困境时应考虑的关键问题。

### 6.2.1 监督项目公司的财务表现，提前做好预案

采购当局必须不间断地监管项目公司的财务状况，因为不是所有财务困难都容易被察觉到。有效的监管增加了采购当局及时得到预警以解决问题和确保公共服务不受影响的可能性。采购当局还应与项目公司保持沟通（或建立清晰的沟通渠道），以监控主要风险。

采购当局可要求项目公司每季度提交财务报表，并每年提交经审计的财务报表。这些财务报告将被要求在 PPP 合同中列出，采购当局应仔细审查这些财务报表。

采购当局也可能有权向项目公司发出通知，检查项目公司的财务记录。如果采购当局对项目公司的财政状况有疑虑，它应该利用这一权利去确认，项目公司不存

在重大的财务问题。

除了财务报表之外，采购当局还可以利用其他方法来获得有关财务困境的早期预警。财务困难最明显迹象是延迟向承包商付款的情况增加。这表明项目公司可能存在现金流问题。以下事件也值得注意：

- 承包商、分包商和/或供应商的财务困境。如果出现这些情况，项目公司必须与这些相关方谈判达成不同条款，以避免这些相关方无法履约，或者找到替换者。
- 与承包商发生纠纷，或工地上缺少劳动力和机器。这可能表明项目公司难以支付承包商的薪酬。
- 莫名地保持施工进度的困难。
- 试图延迟或减少维护活动。
- 贷款人就贷款项目的技术违约问题与项目公司谈判更严格的条款。
- 虚假索赔或就财务问题的分歧采取过分激进态度。

有关履约监督的更广泛的讨论见第3.2节（履约监督）。

## 6.2.2 监控可能影响项目的关键承包商的财务表现，确保项目公司履行其支付义务

如果关键承包商面临财务困境，它有可能对项目公司的存续产生严重影响。这种情况在建设阶段尤其如此，因为关键承包商或相关公司同时也是主要的股权投资者，并且它们仍然有股权出资的义务。

在建设阶段或运营阶段，由双方指定的独立验收机构将经常报告建设项目的进度，以及遵守产出要求（型技术规格）的情况。采购当局应利用这些报告来留意破产的早期预警迹象。除上述事件外，下列事件可能也是即将破产的征兆：

- 为最大化现金流进行莫名的、不切实际的工作再排序。
- 如果是上市公司，股票市场上发布的盈利预警。
- 未能提前预订交货期较长的物料。
- 该项目的建设承包商未能完成其参与的其他工程。

有时承包商的财务困境可能是由于项目公司未能向承包商支付所需款项而造成的。在这种情况下，采购当局有权介入并救济付款违约的情况。采购当局应监控此类行为，以确保项目公司不再增加项目风险。采购当局的介入权在第7章（根本违约和终止）中有详述。

### 6.2.3 评估项目公司财务困境的原因，因为它可能影响如何最好地解决困难

本章根据项目公司的财务困境是由其自身或第三方造成的，还是由采购部门造成的进行分类，并提供具体指南。

项目公司的财务困境可能是由一系列问题引起的。这些问题可能直接与项目有关，也可能与外部事件有关。

例如：

- 低于预期需求而引起的收入问题（例如项目公司承担需求风险的收费公路项目）。
- 收费困难引起的收入问题（例如逃票）。
- 建造过程中的成本增加（例如原材料价格上涨）。
- 运营过程中的成本增加（例如管理不善或高于预期的维护成本）。
- 偿还贷款的问题，如果获得收入的货币不同于贷款的货币，但没有进行套期保值。
- 经济危机形势下的融资问题。
- 采购当局不公平地执行 PPP 合同（例如使用合同条文压榨项目公司，不如期支付应付款项）。
- 政府和/或政策的变化。

如果项目公司面临财务困境，采购当局首先需要评估问题发生的原因和严重程度。然后确定与这些原因有关的风险在 PPP 合同中是如何分配的，以便采购当局在此基础上采取相应的解决办法。

风险分配可能并不清晰，因而应该使用适当的法律、财务和技术专家参与进来，以便做出正确决策。例如，这种情况就出现在双方共同分担与隧道工程中隐蔽性的施工条件有关的风险的时候。

### 6.2.4 即使财务困难是由项目公司造成的，采购当局也应考虑使项目公司陷入破产的全部财务和非财务影响

导致项目公司财务困境的原因可能是 PPP 合同分配给项目公司的风险实际发生了（例如，项目公司已经承担了需求风险，但项目收入低于预期），或者是由于项目公司不完全履行合同或管理不善而发生的。

如果项目公司遭遇重大财务困境，服务提供就会面临较高的风险。因此，采购当局需要考虑到最坏情况下的严重延迟、破产和/或项目终止所产生的影响。即使风险被分配给了项目公司，采购当局也应该考虑到上述情况。

如果可以救助，采购当局应与项目公司合作，制定一项救助计划。采购当局应审查项目救助的可行性及是否需要进一步追加融资。

采购当局还应考虑对PPP合同进行重新谈判（或进行风险再分配）以缓解财务困境。这可能包括减少项目公司的建设和运营义务或延长其建设和运营阶段的时长。再谈判的方法详见第4章（再谈判）。

采购当局需要计算项目公司破产的成本，包括金钱和声誉上——其中包括必要时终止和重新招标项目的成本——然后确定最佳的行动方针。项目公司破产会引发负面宣传，并可能影响市场对接管失败项目的兴趣。

在一些法域中，如果破产根本无法避免，而第三方是基于采购当局所采取的措施，受到"误导"而与项目公司继续合作，则采购当局可能需要对第三方承担责任。

采购当局应该慎重考虑合同终止并支付终止补偿金的问题。只有在穷尽所有其他途径，并且股权投资方和贷款人不再准备提供更多额外资本后，采购当局才应考虑终止项目。有时，股权投资者和/或贷款人可能愿意继续投资以挽救项目。合同终止在第7章（根本违约和终止）中有详细说明。

> **案例　项目公司融资难**
>
> 巴西的一个项目面临着财政困难，低于预期的收费收入和筹备融资等的挑战使得采购当局考虑延长融资时间或采取其他方法进行救济。例如：
> - 终止PPP合同并重新进行项目招标。
> - 以能够筹集所需债务融资的新股权投资者取代旧股权投资者。
> - 要求现有股权投资者承诺额外的股权投资。
>
> 更多有关信息，请参见巴西收费公路案例研究。
>
> **案例　跨境破产**
>
> 一个跨境铁路项目的项目公司因收入大大低于预期而濒临破产。在这种情况下，采购当局开始介入，并将所有权转移给邻国的一个实体。本案中大多数员工继续受雇于新的运营商，以确保服务的连续性。

### 6.2.5　如果财务困难不是由项目公司造成的，与项目公司合作

如果导致财务困难的原因是采购当局保留的风险，或项目公司与采购当局共同

分担的风险造成的,那么正是由于采购当局或与其有关的一方的作为或不作为,才导致了财务困难。

例如,在建设阶段,采购当局应该意识到,项目公司可能会遇到额外的现金流问题,其中存在"现金流失配"。例如项目公司已经向采购当局提出了严重成本超支的索赔,但它却仍然被要求向其承包商付款。在这些情况下,采购当局应当与项目公司合作,尽快处理任何索赔请求,并支付应付给项目公司的任何款项。如果对有关问题的全面评估需要很长时间,那么采购当局可以协助找到一个临时的短期解决办法。

如果项目公司的现金流动困难是由第三方或其他外部事件造成的,那么协助项目公司采取短期解决方法也可能符合采购当局的利益。比如"9·11"事件、冰岛的伊亚菲亚德拉火山爆发事件,世界某些地区因局势紧张或空中禁运都可能对全球空中交通产生重大影响。

在一些法域中,有关提供国家援助的适用法律可能会限制政府向私人实体提供援助。如果采购当局决定为该项目提供某种融资、补贴或其他帮助,那么它就必须了解该国家所适用的法律和采购规则,或寻求适当的法律咨询。

**案例　保险赔付金延迟**

收到保险赔付金方面的延误可能导致项目公司发生短期现金流动性不足的问题。这笔保险赔付金是由于影响到项目的自然灾害而产生,并应支付给项目公司的。项目公司的准备金账户和/或流动性融通账户是用来解决短期流动资金的问题的。然而,它们可能仍然存在不足。在这种情况下,采购当局可以提供支持,通过向项目公司提供贷款,以解决其短期现金流动问题。

## 6.2.6　在项目公司破产或濒临破产的情况下,寻求法律咨询

在破产的情况下,项目公司可能会受到破产程序以及旨在保护债权人整体的适用规则和法律的影响。

在面临这种情况或项目公司可能破产的情况下,需要寻求详细的法律咨询意见,以理解所涉各方的权利和义务:采购当局、项目公司及其董事和工作人员、贷款人,以及破产清算人员、法院、承包商和其他相关债权人。

一旦项目公司资不抵债,采购当局的选择就变得很有限。在项目公司进入破产程序之后,法律因素就是理解采购当局选项的关键。各国破产法有很大的不同,例如在普通法法域(如英国和澳大利亚),董事的权力立即被削减,破产清算人员接管公司。破产清算人员有权出售或重组公司,很少或不受法院干预。在其他大陆法法

域，破产程序高度依赖法院，销售和重组需要法庭批准并公开拍卖。在任何情况下，采购当局都将受破产清算人员和法院的支配。在这种情况下，贷款人还可能拥有额外的介入权，并由此增加了破产的复杂性。

### 6.2.7　考虑项目公司董事的潜在利益冲突

当项目公司处于财务困难时，采购当局要充分理解董事的职责，这将需要专门的法律专业知识。在大多数法域，董事的职责是完全独立于建设公司或任何其他股权投资者的——他们必须为项目公司的最大利益行事，不得与任何其他利益发生冲突（如股权投资者、项目业主或承包商的利益）。

这本身就是一个挑战，因为董事通常是由股权投资者或项目业主选择的，他们会对自己的雇主忠诚，而这可能与项目的其他利益相关者不一致。一些法域还存在其他挑战。董事可能要对某些公司债务承担个人责任，而且在某些情况下，在有证据表明公司已经无力偿债时，董事有一个固定期间提出破产申请。

这些情况是项目融资安排所特有的并影响到项目公司。它们增加了采购当局在与项目公司董事合作时需要理解的问题的复杂性。如果采购当局在项目公司的董事会中有代表，还会出现更多的挑战。

## 6.3　总结性数据分析

本节提供与破产有关的数据分析的摘要。完整的数据分析可在附录 1（数据分析）中获得。

本研究证实，项目公司破产是比较少见的。这项研究包括全球 204 个项目的样本量发现了 6 个项目公司破产的案例，其中发现了 6 个项目公司破产的案例包括全球 204 个项目的样本量，包括巴西的发电厂和法国和西班牙之间的跨国界铁路。澳大利亚、英国和其他地区的以往经验表明，当项目产生的收入远远低于收入预测，项目公司破产在基于使用者付费安排的 PPP 中更为常见（与政府付费、基于可用性安排形成对比），如果项目产生的收入远远低于收入预测。需要注意的是，该研究仅限于在 2005～2015 年（含 2005 年）融资交割的项目，到研究进行时，只有一个项目完成了其全部运营期。目前，最早的项目在融资交割后最长已达 13 年。随着项目的继续进行，未来可能还会出现更多的破产。这意味着，如果项目都已经完成，出现破产案例的数据将会更高。

# 第 6 章 破　产

研究发现，建设承包商的破产比项目公司更为频繁，尽管破产不是一个常见事件。在英国、荷兰、德国、乌克兰、南非和巴西的 204 个项目中，有 10 个承包商破产的案例。墨西哥的一个项目，承包商计划申请破产，但仍有责任对已完成的施工工程进行维修。还有一个案例是项目公司的股权投资者破产，还有两个案例是项目的关键供应商破产。

承包商的破产一般将由项目公司管理，而不会导致项目公司本身的破产，尽管研究发现了巴西的一个案例，承包商的破产与项目公司的最终破产同时发生。

一些市场经历了其他挑战。股权投资者的破产与腐败有关（例如巴西和西班牙），这导致所有权变更和/或项目终止的风险增加。

在收集的数据中，破产事件的发生率如图 6.1 所示。应当指出的是，个别区域的结果所依据的样本量太小，无法对趋势或任何区域的具体问题作出任何结论。

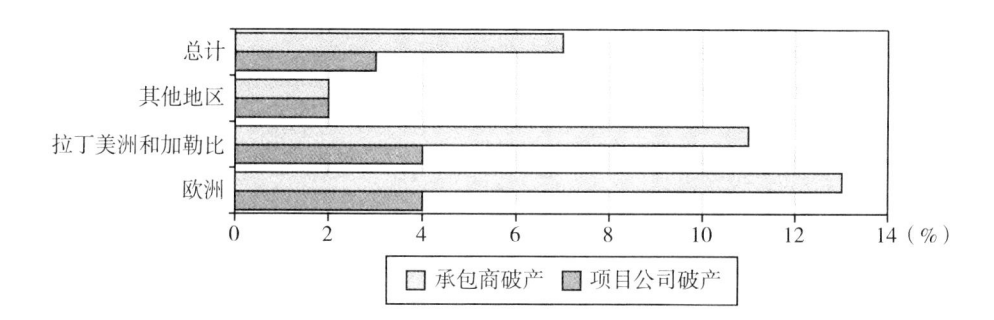

图 6.1　破产事件，基于可获取数据的 204 个项目

# 第 7 章　根本违约和终止

提前终止是指在合同期满之前终止 PPP 合同。PPP 合同和所适用的法律会规定可能引发终止的情况。提前终止事件通常可由项目公司或采购当局严重违反 PPP 合同条款触发。

提前终止事件有可能触发采购当局向项目公司支付大量的补偿金。这类事件可能使政府拥有"半拉子"资产、没有运营者的资产或向最终用户提供的较低水平的服务。违约还表明合同管理制度的失败。

出现不归因于任何一方错误的事件也可以触发终止，例如不可抗力事件使得当事人无法遵守 PPP 合同，从而导致的终止。采购当局有权自行裁量终止的情形也很常见。

重要的是，PPP 合同的管理方式应当使采购当局能够确定潜在违约的早期迹象，并积极主动地减少终止的风险，虽然应当指出，并非总是能够防止违约。最终，项目公司负责遵守 PPP 合同，并且总会出现这样的一刻，尽管很少见，采购当局能够做出的最好决策就是终止 PPP 合同并收回资产，或重新进行项目招标。

与 PPP 合同终止有关的问题在多大程度上可以在一法域的法律框架内得到处理（以及通常采用的处理这些问题的办法的性质）取决于该法域所采用的法律制度，存在的专门法律（包括 PPP 法律）和 PPP 市场的成熟度。本章的目的是从实际合同管理的角度而不是从法律的角度来厘清其中的一些细微差别，而且不是试图探讨具体的法律问题。

本章着重讨论严重违约和根本违约。其他不太严重的违约行为详见本书的其他章节。例如，索赔在第 3.4 节（索赔）中详述，项目公司的履约详见第 3.2 节（履约监督）。根本违约和终止的管理可能导致的争议，这在第 5 章（争议）中详述。

**本章结构**

在第 7.1 节（背景）中介绍 PPP 合同的根本违约和终止背景，并提供管理根本违约和终止的指南。下文阐述了成功处理根本违约和终止的关键要素，第 7.2 节（指南）对此作了详细介绍。

- 了解双方在PPP合同中和根据所适用的法律所享有的权利以及任何约定的提前终止程序。
- 监控潜在的项目公司根本违约以便及早管理终止的风险。
- 考虑终止以及终止的全部财务和非财务影响。
- 在发出终止通知前寻求法律咨询。
- 在终止PPP合同时，尽早制订计划，确保服务提供不间断。
- 在需要更换项目公司的情况下，考虑更换的所有潜在影响。
- 考虑项目公司的贷款人，包括其潜在的介入权利。
- 考虑采购当局的介入权。
- 监督和确保采购当局在PPP合同和适用法律下的义务。
- 监督关键承包商的履约情况，它们的终止可能对项目产生重大风险。

第7.3节（总结性数据分析）提供了关于PPP合同的根本违约和终止的数据分析内容。

## 7.1 背 景

### 7.1.1 提前终止

提前终止的一些常见理由包括项目公司根本违约、采购当局根本违约以及其他具体事件的发生。根本违约和终止的术语在全球范围内并不总是一致的，就本参考工具的目的而言，"根本违约"一词是指未能遵守PPP合同的某些内容，且这种不遵守使合同另一方有权在合同到期之前终止合同。"违反合同"一词是指未能遵守PPP合同的某些方面，但这种不遵守不一定使另一方有权终止合同。

PPP合同可以非常精确地规定构成根本违约的事件。这些事件可以是一个封闭的、逐项列出的事件清单，也可以是一个开放的清单（例如，一宽泛条款包含任何重大违约［行为］）。更一般性的根本违约定义可能更加难以实施，因为它们需要大量的法律解释。除了PPP合同之外，根本违约的构成也可以由适用的法律来规定。

项目公司根本违约可能包括未能履约，违反适用的安全或环境标准，违反保险义务，与项目公司贷款人达成的贷款协议下的交叉违约（违反贷款协议的条款的行为同时触发PPP合同相应的违约行为）或项目公司的破产。破产的讨论见第6章（破产）。

根本违约通常不会导致自动终止，根本违约将给予不违反合同的当事人终止的权利，当事人可以选择行使这一权利。在某些法域，需要法院介入才能使终止生效。

终止程序可包括以下条款：
- 持续的轻微违反合同可能导致根本违约。
- 付款扣减累加超过一个限额可能会引发根本违约。
- 项目公司在某个已延长的最后项目交付日期仍未能完成施工，这将导致项目公司根本违约（尽管施工已经延迟）。

采购当局的根本违约可能包括未在到期时付款，或未履行某些其他义务，例如提供土地使用权。还有其他一些违约和根本违约的案例，取决于项目资产的类型和PPP的结构。

如第7.2节（指南）所述，许多根本违约的规则可能使根本违约的一方有机会在终止前纠正违约行为。

PPP合同通常还提供一个特定事件或事由的列表，即所谓的"免责事件"。如果这些事件超出了一方的控制范围，导致项目公司无法履行合同，则项目公司就会受到这个列表保护。例如，不可抗力事件通常包括在这个免责事件列表中。

然而，如果不可抗力事件（或另一个"免责事件"）持续很久，通常存在终止权。PPP合同可以就这个"持续很久"做出规定。采购当局和项目公司通常都有权在持续很久的不可抗力事件发生后终止PPP合同。

PPP合同通常还包括一项条款，使采购当局自愿终止合同，或者使这种自愿终止合同的权利受到"公共利益"标准的限制。类似的原则可以在一国的基本法律体系中得到解决。在任何一种情况下，终止的实际应用将取决于PPP合同和/或基本法律框架。自愿终止PPP合同所涉及的财务问题与采购当局根本违约所涉及的问题类似，因此采购当局的代价将非常高昂。

### 7.1.2 终止补偿

当PPP合同终止时，即使是由于项目公司违约而终止，采购当局也应向项目公司支付补偿金。

因采购当局违约而导致的终止，或采购当局的自愿终止通常都不利于采购当局，因为它们的财务后果要比因项目公司违约而导致的财务后果要严重得多。补偿将以以下原则为根据：也即采购当局不应不公正地从终止中收益，如果终止是因采购当局不履行其合同义务而导致的（例如不提供所需的土地使用权）。

这具有正当性，因为存在项目资产在终止时已转回采购当局的事实，以及存在着采购当局不应不合理地从提前获得的资产中受益的原则。如果因项目公司违约而终止，项目公司的股权投资者一般不会得到任何补偿。不过，在项目资产移交回政府后，项目公司的贷款人通常可以获得一些补偿。

可以采用几种方法确定补偿额。这些在 EPEC《PPP 终止指南》[①] 和世界银行《2017 版 PPP 合同条款指南》[②] 有详细讨论。

此种补偿可以规定在 PPP 合同中。在某些法域，法院需要进行介入，以决定应付补偿额。

## 7.2 指　　南

以下内容阐述了在管理与 PPP 合同相关的违约和终止时应该考虑的关键问题。

### 7.2.1　了解双方在 PPP 合同中和根据所适用的法律所享有的权利以及任何约定的提前终止程序

采购当局需要充分了解双方当事人终止 PPP 合同的权利。第 7.1 节（背景）详述了一些违约的案例。然而，从根本上讲，采购当局应当了解 PPP 合同或适用法律中规定的具体终止制度，以便能够充分减少项目终止的风险。

终止条款通常包括防止终止的额外保障，如"免责事件"、违约补救程序和其他实用程序（例如定期报告和采购当局在某些情况下加强监管的权利）。应该充分理解和利用这些保障措施。

通常情况下，违约方有机会对 PPP 合同的违约行为进行补救。一些违约可能无法补救，因此将导致立即终止 PPP 合同（例如，项目公司破产）。

对于其他违反行为，双方通常会有机会纠正，并根据 PPP 合同继续履行。例如，在违约情况下，项目公司可能被要求提交一份补救计划，供采购当局审查和批准。

如果要求提交补救计划，重点应当是恢复到项目正常提供服务的情景和融资交割时物有所值的预测。各方应就相关问题进行协商，例如违约可能持续的时间以及为减轻违约影响而应采取的措施。采购当局应当清楚其要求，并通常与第三方专家一起监管补救计划的执行情况。

如果采购当局合理地认为，针对补救计划中所约定的补救违约采取的措施是不

---

① http://www.eib.org/epec/g2g/iv-project-implementation/41/416/index.htm。
② https://ppp.worldbank.org/public-private-partnership/library/guidance-on-ppp-contractual-provisions-2017-edition/。

充分的,则违约通常会导致采购当局的终止权利。因此,这一进程必须慎重进行。应商定分步骤的计划和程序,以便独立而且同时地核查分阶段执行补救措施的情况。补救计划也须由贷款人审查,因为 PPP 合同的终止有可能对贷款人产生重大影响。

采购当局不合理地处罚项目公司,或使其无力补救违约行为并继续履行 PPP 合同,不符合采购当局的长期利益。另外,采购当局的这些行为可能会增加项目公司向采购当局提出索赔的风险。详见第 3.5 节(索赔)。

### 7.2.2 监控潜在的项目公司违约以便及早管理终止的风险

管理项目公司违约风险的第一项措施是,采购当局要充分认识到潜在的违约行为,并对项目公司的潜在违约行为进行监督。采购当局也应监控自己的潜在违约行为。这一问题在下文指南"7.2.9 监督和确保采购当局在 PPP 合同和适用法律下的义务"中有详细讨论。

这种监管可以包括审查履约情况和财务报告、现场检查、潜在违约的通知要求和其他早期指标。采购当局可以从前述监督措施中发现潜在违约的早期预警。对 PPP 合同和基本法律制度的良好理解将有助于采购当局充分认识到任何此类预警的潜在影响。第 3.2 节(履约监督)详细介绍了关于履约监督的指南意见,第 6 章(破产)详细介绍了关于监督财务表现情况的指南意见。

只要采购当局公司适当地监督项目公司的绩效和财务指标,它就不难发现项目公司的违约情况。采购当局应当在整个项目期间对终止的可能性进行持续评估。一般情况下,遵守有关程序会确保采购当局在违约发生之前就能够收到预警。

### 7.2.3 考虑终止以及终止的全部财务和非财务影响

一旦 PPP 合同或法律框架下有关终止程序得到遵守,那么,如果不可能采取补救措施,或者项目公司没有采取补救措施,采购当局就有权终止 PPP 合同,并发出一个终止通知。这一步骤涉及的不是一个小的决策,所以采购当局应确保已经充分考虑了发出终止通知的全部影响。采购当局只有在考虑了其财务和非财务影响之后才可以做出发出终止通知的决定。

应该考虑的几个关键问题:
- PPP 合同可以在到期之前终止的情形。
- 终止时必须支付的补偿金(如果有的话)(由采购当局向项目公司支付,或反之亦然)。

- 终止后项目"移交"时的条件，详见第3.1节（过渡期管理）。
- 如何确保服务交付在终止过程中保持不中断（详见本节下文）。
- 终止PPP合同的声誉影响，包括更广泛的市场影响，特别是股权投资者、贷款人或承包商受到不利的影响。

终止补偿原则在第7.1节（背景）中有详细说明。补偿的计算可能复杂而难以实施，所以采购当局应使法律和财务顾问参与这一过程。因为PPP合同双方在计算终止补偿时存在利益冲突，所以终止补偿的计算有可能导致产生争议。

采购当局需要审慎地确保，如果项目资产已被移交但它尚未付足补偿金，不得对采购当局提出不当得利或其他索赔。

在某些终止的情况下，采购当局可能需要向财政部或中央政府申请资金来支付终止补偿金（特别是在不重启项目招标的情况下）。刚刚竣工的项目的终止补偿金可能很高，因为此时项目公司的债务责任通常是最高的。投标人在签订PPP合同时也可能已经要求政府提供担保。鉴于这些挑战，采购当局应在早期阶段与其他相关政府机构合作，以确保将有资金用于支付任何终止补偿。关于利益相关者参与的讨论，见第3.3节（利益相关者管理）。

从法律的角度看，采购当局应该意识到，在一个项目公司违约发生时，它可能不得不行使终止权，否则它就会失去终止权。例如，在一些普通法法域中，终止权可能必须行使，否则它就会丧失。也就是说，不可能在对项目公司行使终止权上悬而未决。违约发生后持续的时间越久，法院就越可能认为采购当局已选择继续履行合同。

**案例　项目公司融资难**

在巴西的一个案例中，项目公司因收费收入低于预期正面临财政困难，并且在筹集所需债务融资方面也面临着挑战。采购当局正在考虑延长完成投资的期限，以及是否采取其他步骤，例如：
- 终止PPP合同并重新进行项目招标。
- 用能够筹集所需债务融资的新股权投资者取代旧股权投资者。
- 要求现有股权投资者增加股权投资。

更多有关信息，请参阅巴西收费公路案例研究。

### 7.2.4　在发出终止通知前寻求法律咨询

鉴于PPP合同和终止制度的复杂性以及与终止有关的潜在影响，采购当局应当寻求法律咨询意见，确认其确实有权终止PPP合同。向项目公司支付的任何终止补偿也取决于采购当局是否恰当地终止了 PPP 合同。

虽然本节列出了采购当局可能需要从操作角度遵循的一些程序的案例，但详细的要求取决于给定的 PPP 合同及所适用的法律框架，并且需要尽责地予以遵守。

终止通知一旦被采购当局发出，便可能无法被撤销。在这种情况下，即便发现采购当局没有有效的终止权，PPP 合同也不会复活。相反，采购当局可能面临一个不公正终止合同的索赔，而终止补偿金的起点要高得多。

在一些法域，在发出终止通知前必须先进行一个法院程序，从而确保项目公司有权就所涉及的终止提出抗辩。考虑到 PPP 合同和终止制度的复杂性以及错误终止可能产生的潜在影响，仍然建议采购当局首先寻求一个它有终止权的正式声明，即使在有些法域，并不严格要求法院程序。

某些法域还对终止有其他限制。这意味着，在采购当局接管项目之前，或者在新项目公司被授予合同接管项目之前，PPP 合同不能被终止。这源于公共服务连续性和适应性原则。根据这一原则，公共服务必须由采购当局予以保障，并且不得受到有关私人合作伙伴作为或不作为的危害。

**案例　不满足技术规格要求**

如果项目公司未能满足 PPP 合同中商定的技术规格，就可能构成根本违约。这对那些必须使用新技术来提供服务但新技术的性能尚不完全明了的项目非常重要，例如垃圾处理项目的垃圾分类设施。某些垃圾处理项目正面临这一挑战，并且项目公司有可能根本无法提供所要求的服务。

例如，如果中标人"过度销售"其解决方案，并创建了一个目前的技术无法满足的技术规格，那么从法律的角度来看，不可能满足项目技术规格的情况就会造成法律上的困难。现有标准 PPP 合同并未处理这一问题。

## 7.2.5　在终止 PPP 合同时，尽早制订计划，确保服务提供不间断

在发出终止通知前，应该对终止做好妥善的计划。一旦采购当局已经遵循了所要求的程序，并获得了适当的法律咨询意见，采购当局就需要确保，发出终止通知的影响被清楚地理解，而且用户服务的连续性得到保证。终止 PPP 合同有可能导致服务中断，并使采购当局承担大量费用。

采购当局针对终止有两种选择。采购当局在 PPP 合同终止通知发出前就应该及早决定所选择的方案，以便使其能够制定好过渡计划，并避免服务交付发生被干扰或中断的风险。

#### 7.2.5.1 重新招标

采购当局有权重新招标,将项目授予一个新的项目公司,如果市场条件合适。在重新招标中,中标人的报价可用作确定终止补偿金的参考。在重新招标时,采购当局需要遵守所在法域的相关采购法律。

#### 7.2.5.2 不重新招标

如果采购当局决定不重新招标,而是自己接管资产,它通常仍然需要指定承包商来交付原始PPP合同所要求的服务。这一选择对采购当局的短期财务影响很大,因为它不可能从新项目公司获得一笔款项。

项目资产的移交方式,以及是否直接移交给中标人(而不移交给采购当局),也应该及早予以处理,而且有关法律制度也会有具体的程序要求。

**案例 跨境铁路项目终止**

一个跨境高速铁路项目的PPP合同在项目公司破产后被两个国家的采购当局终止。为了继续提供铁路服务,两国政府成立了一个新的合资企业。

### 7.2.6 在需要更换项目公司的情况下,考虑更换的所有潜在影响

当PPP合同终止并重新招标时,新项目公司的选择需要采购当局批准。

采购当局必须确定,新的项目公司是合格的,包括它遵守PPP合同,任何直接协议以及所适用的法律、法规和标准;并且它具有必要的良好记录和声誉、专业技术和财务资源。例如,涵盖融资交割之前的采购过程的相关采购法律,包括采购法律对重新招标的要求,可能再次变得相关。

采购当局通常也会负有一些或有债务,取决于存在的支持和担保机制的不同,例如付款义务的任何政府担保和商定的风险分配。必须考虑这些或有债务,因为它们可能受到新项目公司安排的影响(包括新项目公司的债务融资安排)。

采购当局还可能需要就以下议题进行谈判:在移交过程中暂停任何服务的持续时间、就存在的任何付款扣减在多大程度上赋予新项目公司"临时赦免"或者"一笔勾销"机制,更换任何承包商的标准,以及解决整个问题的详细补救计划。

### 7.2.7 考虑项目公司的贷款人,包括其潜在的介入权利

如果终止不可避免,采购当局应该尽早与贷款人进行沟通,同时谨慎遵守所有

适用的法律。例如，给予特定贷款人或某类债权人优惠待遇可能违反破产法。

鉴于根本违约的严重性和潜在的终止，贷款人会密切监视任何根本违约的事件。这对采购当局来说总体上是正面的，因为贷款人有激励动机进行干预，并帮助项目实现其目标。贷款人和采购当局都有强大的驱动力和动机，希望向最终用户提供的良好的服务。

本研究显示，在项目公司违反合同的早期阶段，采购当局和贷款人之间有时几乎不存在联系。因此，采购当局可能不太清楚贷款人在这些阶段的参与和行动。

此外，正如第6章（破产）所详述的那样，贷款人通常希望有机会介入，以纠正项目公司违反合同的行为。在这种情况下，采购当局、项目公司和贷款人之间通常签订有直接协议。在这种安排下，采购当局需要允许贷款人根据介入权条款控制PPP项目，给予贷款人纠正违反合同行为的机会，并且在贷款人有机会行使介入权之前，不终止PPP合同。直接协议通常规定一个贷款人必须纠正违约行为的时间框架，并且可能要求采购当局与贷款人确定一个额外的补救计划。

贷款人介入在实践中是非常罕见的，因为贷款人不愿意接管项目公司的职责，并且这些介入权条款的执行非常复杂。在巴西，未经采购当局事先授权，贷款人无权介入该项目以取得控制权。在本研究中没有遇到贷款人介入的案例。

### 7.2.8 考虑采购当局的介入权

当项目公司未能履行其在PPP合同下的义务时，采购当局通常有权介入并采取行动，以从事项目公司的某些活动。介入的原因可能有明确定义，并且通常是保护公共利益。采购当局介入的情况并不常见。在本研究中，只遇到过一个采购当局介入的案例：在发生环境事件的情况下，采购当局介入处理这种情况。

在项目公司根本违约前，采购当局可能有权介入处理违反合同的行为。这可能会影响采购当局本可以拥有的任何终止PPP合同的权利。

采购当局应该介入，如果它认为需要采取紧急行动，例如存在一个对人的健康和安全、财产或环境构成严重威胁的风险。采购当局也可能必须介入以履行其法定职责。在项目公司未能履行其义务的情况下，采购当局可以决定介入。即便项目公司没有违约，但有其他正当理由，也可能发生介入。

虽然对某些事件（例如涉及至关重要的公共服务或国家利益问题）为介入权提供了明显的正当性，但有一种观点认为，对于不太严重的问题，采购当局不应当有介入权。如果它对履约情况不满意，它应该运用付款扣减以及根本违约终止。

如果采购当局确实决定介入，它应确保提供了充分的介入通知，并且在其决定不再需要其行动时，提供充分的退出通知。由于介入会接管某些职能，因而采购当局必须注意这些活动所要求的能力和专门知识。

在一些法域，即使是因项目公司违约而采取介入行动，项目公司也应就其付款获得充分的补偿，但因介入和纠正违约行为而产生的费用除外。这样做的逻辑是，如果采购当局对不履行的情况能够介入并同时运用付款扣减，项目公司就不再控制自己的命运，而是仰仗采购当局迅速和合理地行事。

### 7.2.9 监督和确保采购当局在PPP合同和适用法律下的义务

非常重要的是，采购当局必须确保，它谨慎管理任何可能由其自己导致的违约行为，并且不使自己陷入一个可能被认为构成根本违约的境地。因采购当局根本违约而导致的终止，因另一政府机构的行为而导致的终止，或因采购当局在不存在违约的情况下自愿选择而导致的终止，通常对采购当局来说都是成本高昂的。

采购当局一旦发现可能触发项目公司终止权的任何潜在违约行为，它必须立即监控和评估这一情况。采购当局在PPP合同中的义务（未遵守合同可能导致违约）主要是付款义务和批准权。但有些情况下，如果采购当局保留了土地征收或许可的风险，任何不履行这些义务的情况都有可能使项目公司无法履行其义务，并可能导致其违约。采购当局还有可能负有完成接驳基础设施的积极义务。

如果采购当局发生违约，无论项目公司是否已经通知，采购当局的最高层都必须要高度警觉，并立即采取行动避免项目终止的发生。采购当局管理团队需要充分了解约定的违约情况（无论是根据PPP合同、适用的法律或其他协议），以便在项目公司向采购当局发出终止通知之前采取行动。

一旦项目公司发出了根本违约通知，采购当局通常会在合同终止前得到一个补救期（即纠正违约的时间），这是采购当局避免终止及其相关后果的最后机会。

应尽一切努力和资源来采取补救措施，尽管这种补救措施应在项目公司发出通知之前就提早开始。

当采购当局的违约不可避免时，另一种方法是与项目公司合作，通过重新谈判做出向你的安排。关于再谈判的具体指南载于第4章（再谈判）。

**案例　接驳工程**

在签署英国城际快车项目PPP合同时，双方同意，采购当局应保留因铁路网公司（Network Rail）交付接驳工程延误而造成延误的风险。铁路网公司是2014年成立的一个与采购当局保持距离的独立公共机构。由于铁路网公司延迟交付接驳电气化工程所造成的延迟和成本，给项目公司造成了延迟和成本。这表明第三方可以对一个整体工程项目产生影响。

更多有关信息，请参阅城际快车项目案例研究。

**案例　再谈判**

西班牙塞加拉加里格斯灌溉系统项目的贷款人在采购当局的信用评级低于规定的水平时，行使权利停止向项目公司提供贷款。这一违约给项目造成了拖延，迫使该地区政府就项目的融资以及 PPP 合同进行再谈判。

更多有关信息，请参见塞加拉加里格斯灌溉系统案例研究。

### 7.2.10　监管关键承包商的履约情况，它们的终止可能对项目产生重大风险

有关分包合同的关键承包商的违约（例如建设合同下建设承包商的违约）可能会对采购当局构成重大风险。比如，它可能会导致 PPP 合同中的项目公司违约。采购当局监管这些风险显得尤为重要，特别是在施工期间（在施工过程中终止施工合同会显著增加工程的风险）。

采购当局应尽早识别潜在的关键承包商违约的风险，并监控风险如何演变。风险登记册应该可以对项目的终止风险提供一个持续的评估，包括其发生的可能性、严重程度和潜在的补救措施。例如，采购当局可以监管建设承包商的公开财务指标。

项目公司通常会要求关键承包商提供一个担保包（即项目履约担保和/或适当的商定补偿等），以消减一个关键合同终止所产生的影响。

PPP 合同可以规定，在出现关键合同终止时，取而代之的新承包商要具有良好的信誉和稳健的财务，具备完成工程所需的资源和经验，并愿意以同样的条件签订建设合同。这对采购当局来说是重要的，可以尽量减少关键承包商履约不达标的风险。

项目公司会尽快更换关键承包商以降低发生 PPP 合同下违约事件的风险，并将财务影响降至最低。这可能导致选择不符合采购当局要求的新承包商，因此采购当局应密切监管这一过程。与项目公司合作任命新承包商通常符合项目和采购当局的最佳利益。

更换承包商的难易程度取决于一些因素，包括：
- 施工或运营的复杂性——对于大型、复杂的项目来说，很难找到合适的替代方案。
- 关键承包商开展营业的市场以及该市场拥有多少具有同等能力的承包商。

- 破产发生的阶段：在建设阶段的早期阶段，或在运营阶段已经运行了一段时间后，可能更容易找到替代者。

如果相关合同是由承包商的合资企业签订的，并承担连带责任，那么合资企业的其他成员会承担接管破产承包商的义务。这可能会使情况变得更容易，并且有可能在没有采购当局介入的情况下解决这个问题。

### 案例　建设服务开始日

建设承包商未能在施工合同中商定的期限内完成项目，通常构成违约，并使项目公司有权终止该施工合同。服务开始日是建设承包商在违约发生前完成施工的最后日期。项目公司的目标是确保施工合同的违约不会立即触发项目公司在 PPP 合同下的违约，并在 PPP 合同下有相应更长的服务开始日期限，以便项目公司有时间更换原建设承包商，并在项目公司违约发生之前完成施工工程。

虽然更长的服务开始日期限提供了一个缓冲期间，但这一期间也许并不够长，无法使项目公司在这一期间内终止原承包商并任命新的承包商完成工程，以及时避免自己违约的发生。相反，缓冲期为采购当局提供了有用的空间，使其与项目公司展开对话，选择最有利于项目的方式进行补救。值得注意的是，这种讨论必须在法律建议下进行，尤其在放弃终止权的情况下。

### 案例　破产的建设承包商

欧洲一个项目的建设合资企业的一名成员破产，合资企业的其他成员接管了其工程。采购当局对此进行了仔细监管。

## 7.3　总结性数据分析

本节提供与违约和终止相关的数据分析总结。完整的数据分析见附录 1（数据分析）。

早期终止在 PPP 项目中并不常见。在本研究中，有 13 个项目因各种原因被终止。只有一个案例是项目公司单独终止了 PPP 合同（巴西的 Alupar 小型水力发电厂项目）。在两个案例中，双方都声称终止了 PPP 合同：一个是厄瓜多尔的曼塔港（Manta Port）项目，另一个是印度瓜达尔港码头（ABG Kandla）项目。在这两个项目中，采购当局都认为，项目公司未能投资于其需要投资的项目。

如果采购当局终止了 PPP 合同，一般情况是在项目开始运营之前和决定项目不值得继续进行之后。在意大利的 Prato-Signa 连接项目和印度的 Vengalem Kuttipuram

高速公路项目中，终止发生在施工开始之前（在开工延迟之后）。在约旦的 Aqaba 港口项目中，决定扩建现有设施，而不是建造新的设施。在巴西圣保罗地铁线路项目中，由于项目公司未能按时交付工程，合同被终止，并在不久之后与另一家项目公司签订了一份新合同。乌克兰克里米亚的 Active Perovo 太阳能工厂项目，在该地区并入俄罗斯后被终止。

# 术 语

以下定义用于本参考工具,其中大部分是基于 APMG PPP 资格证书体系[①]中的定义,但是根据其使用的语境进行了调整。

**所适用的法律(Applicable laws)**

适用于特定 PPP 合同和项目的法律和法律框架。所适用的法律可能取决于项目所在的国家和法域、PPP 合同的法律或其他一些考虑因素。

**仲裁(Arbitration)**

一种替代性的、非诉讼性的争议解决方式。当事人双方根据书面协议,选择公正的第三方/小组进行裁决。所遵循的确切程序可能受国家仲裁法、国际机构规定的仲裁规则或另一份协议。仲裁详见第 5 章(争议)。

**可用性付费(Availability payment)**

在合同全生命周期支付的款项,作为项目公司提供基础设施并满足商定绩效标准的回报。未能符合绩效标准通常会被扣除付款。

**可融资性(Bankability)**

在项目融资计划下,项目被贷款人认为具有可投资性,或者项目有足够和可靠的未来现金流,得到等级较高的信誉,具备筹集大量长期贷款的能力。

**棕地项目(Brownfield project)**

从技术/工程角度来看,指对以前用于工业目的或曾经是重要建设物的场地的项目进行投资。

从投资者的角度来看,指投资于在采购阶段之前已有基础设施资产的项目,或之前是绿地项目,但该项目在投资者投资时已处于运营阶段。

**案例研究(Case Study)**

案例研究是开发本参考工具的一部分,包括附录 2(案例研究)。

---

① https://ppp-certification.com/。

### 索赔（Claim）

根据 PPP 合同条款，由 PPP 合同的一方要求另一方补偿和/或放宽时间的要求。

### 大陆法系（Civil law）

大陆法系通常是指一种成文法律制度，它一般比普通法系更具规范性。在大陆法系中，法官的角色通常更重要，协议各方的合同自由通常较小。法律体系之所以与本书相关，是因为在大陆法法域中某些事件的处理方式存在共同差异，并需要注意每个法律体系都不同。

### 普通法系（Common law）

普通法是许多法域使用的法律制度，它通常是不成文的。虽然普通法系通常也依赖于几个法规，但它也基于过去的法院判决确定的先例。普通法系下的协议各方通常有更大的合同自由。法律制度之所以与本书相关，是因为普通法法域中某些事件的处理方式存在共同差异，并需要注意每个法律制度都不同。

### 建设合同（Construction contract）

建设工程的委托人和承包商之间达成的协议。在 PPP 语境下，建设合同通常在项目公司和建设承包商之间签订，用于设计和建造 PPP 项目资产。它通常也被称为"设计与建造（D&B）合同""设计与施工（D&C）合同"或"设计–采购–施工（工程总承包或 EPC 合同）"。

### 建设承包商（Construction contractor）

根据建设合同负责施工工程的一方。在 PPP 语境下，通常是指负责 PPP 项目资产的设计和建设的一方。通常也被称为"设计和建设（D&C）承包商"或"工程总承包（EPC）承包商"。

### 建设阶段（Construction phase）

从融资交割到完成测试和试运行的阶段，在此期间建设工程完成。在棕地项目中，这包括诸如对现有资产进行修缮等工作，因此可能与运营阶段同时运行。本参考工具也使用"建设"一词描述此阶段。

### 或有负债（Contingent liabilities）

由非连续和不确定的未来事件引发的义务/债务。本参考工具使用此术语，特指那些在 PPP 合同中影响政府的债务。在 PPP 合同中，当某些事件（如合同终止）发生时，与政府相关的或有负债就是付款义务。

### 合同管理手册（Contract management manual）

保障合同管理团队即使人员变动也能传承知识的一个知识管理工具。这个工具也是一份指南，提示合同管理者在管理合同时应开展最直接和最关键的行动。

**承包商（Contractor）**

同意根据合同为另一方提供服务的一方。在 PPP 语境中的常见例子是建设承包商和运营承包商，但其他承包商也可能与此有关，例如项目资产特定部分的供应商或燃料供应商。

**补救期（Cure period）**

允许一方根据合同补救违约的一段时间。例如，根据 PPP 合同，项目公司可以有补救期，用来根据该合同补救其违约；而建设承包商根据建设合同也可以有补救期，来补救其在该合同中的违约。

**需求风险（Demand risk）**

实际需求（即基础设施项目的使用量或客流量）达不到融资交割时所预测需求的风险。

**争议（Dispute）**

PPP 合同的当事人之间的正式分歧，受该合同的争议解决条款的约束。

**环境影响评价（Environmental Impact Assessment，EIA）**

用于预测项目对环境造成正面或负面结果的正式过程。这通常由除采购当局以外的专门机构或官方部门执行，并可对项目设计和建设提出相关建议和（或）必须满足的条件。

**权益（Equity）**

以股本形式或项目公司贷款人提供的次级债的形式所提供的那部分融资。

**权益投资者（Equity Investors）**

为项目公司提供权益融资的投资者，通常为股本或次级债务。另一个常用的术语是股东。

**融资交割（Financial close）**

在采购阶段结束的一个时间点，此时 PPP 合同已签订，所有融资的先决条件已符合，融资已到位，项目公司可以启动项目建设。

**融资（Financing）**

在项目启动之前，为满足项目成本而预先筹集的资金。对于采用政府传统基础设施采购项目，融资通常来自政府盈余或政府借贷；对于 PPP 项目，由项目公司通过债务和股权融资。这两种模式可以结合使用。

### 不可抗力（Force majeure）

不可抗力这一短语通常指的是超出合同各方控制范围，无法预料到并使一方无法遵守 PPP 合同的事件。不可抗力条款在 PPP 中很常见。不可抗力事件可以在相关的 PPP 合同中或在相关法律（特别是大陆法系）中列出。

### 资金资助（Funding）

履行付款义务所需的资金来源。在 PPP 语境中，它指的是长期向项目公司支付资本投资以及项目运营、融资和维护成本的资金来源。资金通常来自税收（在政府付费 PPP 中），或者来自使用者付费（在使用者付费 PPP 中），或两者兼而有之。

### 政府（Government）

指中央/联邦、省/州和/或地方/市政府及其各自下属的部门。

### 政府付费 PPP（Government-pays PPP）

泛指项目公司收入来自采购当局的预算支出的 PPP 项目，通常与绩效或使用量挂钩，虽然这可能是一个过于简化的定义。

### 绿地项目（Greenfield projects）

从工程的角度来看，指在以前没有工业用途或重要建设物的地方开发的项目。从投资者的角度来看，它们是与最近批准或正在建设的 PPP 项目相关的项目投资，而且这样的项目包括新建主要设施或对现有基础设施进行重大升级。

### 移交（Handback）

在 PPP 合同终止或期满时将项目资产和这些资产的责任转移给政府或新项目公司或新运营商。

### 独立验收机构（Independent certifer）

通常由项目公司和采购当局共同聘任的独立第三方，其职权是对建设工程是否符合 PPP 合同中规定的规范和标准进行验收认证。

### 破产（Insolvency）

破产是指公司无法在债务到期时履行其财务义务。

### 关键绩效指标（Key Performance Indicators，KPIs）

关键绩效指标旨在使采购当局能够衡量项目所提供服务的水平和质量。它们是一系列可衡量的指标，用于反映项目公司是否能够提供原定的服务水平和质量。关键绩效指标详见第 3.2 节（履约监督）。

### 贷款人（Lenders）

为项目提供贷款或债务资本的机构：主要是银行（通过贷款）和机构投资者

（通过项目债券）。

### 服务开始日（Long stop date）

由采购当局设定的最后日期，服务必须在此日期开始提供。在该日期未开始提供服务可能导致 PPP 合同终止。也称为日落日期。

### 净现值（Net present value）

投资现金流入的贴现值减去其现金流出的贴现值。为了获得足够的利润，投资的净现值应大于零。通常也用首字母缩略词 NPV 来表示。

### 运营合同（Operations contract）

委托人和承包商之间就运营和维护（O&M）工作达成的协议。在 PPP 语境中，是指项目公司与运营和维护的承包商之间就 PPP 项目资产的运营和维护（O&M）达成的协议。它还包括"维护合同"和"设施管理合同"。

### 运营承包商（Operations contractor）

指根据运营合同负责运营和维护的一方。在 PPP 的语境中，它通常是指负责 PPP 项目资产的运营和维护，以及提供所有对于维护和运营项目来说必要的材料、劳动力、设备（如工程车辆和工具）和服务的一方。通常也称为"运营和维护承包商"。

### 运营阶段（Operations phase）

指从测试和试运行结束到 PPP 合同期限结束的这段时期，在此期间项目公司负责基础设施的维护，在许多情况下还负责基础设施的运营。它也指代运营和维护阶段，或者，在不涉及运营的情况下，指维护阶段。

### 产出要求（Output specifications）

对 PPP 项目设计、建设和服务的产出的具体要求。在 PPP 项目中，通常围绕产出而不是依据投入或规定性的活动来确定规格要求。

由采购当局雇用的第三方个人或公司，在建设阶段、运营阶段，或建设和运营两个阶段，在项目现场代表其利益。例如，在施工期间，业主代表进行现场检查，方便采购当局和项目公司进行沟通，并验证工程是否符合产出说明和一般标准。

### 业主代表（Owners representative）

采购当局聘用的、在项目现场代表业主利益的第三方个人或公司，无论是在施工阶段、运营阶段，还是两者兼有。例如，在施工阶段，业主代表进行现场检查，促进采购当局与项目公司之间的沟通，并验证符合产出规格和一般标准的情况。

### 履约监督系统（Performance monitoring system）

通常由PPP合同约定的由一组关键绩效指标和程序组成的系统，主要用于确定项目公司是否根据服务规格要求交付合同约定的服务。

### PPP合同（PPP contract）

采购当局（政府或其他公共机构）与项目公司（或私人合作伙伴）之间为开发和/或管理公共资产和服务而签订的长期合同。项目公司承担大量风险和在合同有效期内的管理责任，所得回报与资产和服务的绩效和/或需求、使用情况挂钩。它涵盖绿地项目和棕地项目。这个广泛定义是刻意采用的。它包括将需求风险完全转移给私人合作伙伴的项目（也称为"用户付款"项目或特许经营），以及政府基于可用性付款而不考虑需求的项目（基于可用性的项目），还包括其他类型的项目，例如政府机构作为购买方的电力采购合同。

### PPP中心（PPP unit）

支持采购当局实施PPP项目的政府组织。通常是财政部等中央部委的一个司局或者所属机构。关于PPP中心，详见第2章（合同管理团队的组建与培训）。

### 项目公司（Project Company）

在PPP中充当采购当局相对方的公司。有时也被称为"特殊目的公司"（SPV）。它通常是一个私人部门实体，但就本参考工具而言，项目公司还包括采购当局作为股权投资者的国有企业和项目公司。

### 采购当局（Procuring Authority）

政府内部负责采购和签订项目合同的单位/机构/部门；PPP合同中的公共部门方。它通常就是项目的推进方（公共发起人），例如，交通运输部门等。它还包括"缔约机构""公共方""公共部门伙伴""公共当局""权利授予人"。

### 再平衡（Rebalancing）

许多拉丁美洲PPP合同中规定的机制，允许改变使用者付费价格或可用性付款，以恢复PPP合同的经济均衡。这种调整可以作为应对PPP合同重新谈判的措施，或作为应对诸如通货膨胀率变化等外部事件的措施。再平衡详见第4章（再谈判）。

### 穿越用地权（Right of Way）

线性基础设施项目（如道路或传输管线）需要的穿越用地的权利。

### 风险（Risk）

一个不确定的事件，如果发生，可能会导致实际项目成果与预期成果不同。

### 风险分配（Risk allocation）

将每种风险的后果分配给合同中的一方；或者，合同各方同意通过特定机制处理风险，其中可以包括共担风险。有关采购当局与项目公司之间的典型风险分配安排的指导，请参阅全球基础设施中心编写的 PPP 风险分配工具（GI Hub's PPP Risk Allocation Tool）[①]。财政部政府和社会资本合作中心等已将该工具翻译出版为《政府和社会资本合作合同风险分配》。

### 介入（Step-in）

政府或贷款人在项目公司未履行合同义务情况下，可以通过管理 PPP 合同，代行项目公司的权利和责任。采购当局的介入详见第 6 章（破产）。

### 分包合同（Subcontract）

项目公司与第三方之间约定履行项目公司在 PPP 合同下的部分义务的合同。常见的例子有建设合同和运营合同，以及建设承包商的专业分包合同。

### 实质性竣工（Substantial completion）

指按照 PPP 合同，建设已取得充分进展，项目设施可以用于其预定目的，运营可以开始的阶段。当建设状况能够被认证为符合合同约定时，通常由采购当局和项目公司以及独立验收机构（如果受到聘任）进行验收。

### 终止付款（Termination payment）

PPP 合同终止后，政府方根据 PPP 合同支付的款项。在一些情况下，也可以是项目公司向政府方支付终止付款。

### 测试和试运行（Testing and commissioning）

启动测试程序表示项目建设已完成，测试和试运行的目的是确保项目公司满足对于项目运营来说所有必要的先决条件，并确定基础设施能够按照产出说明提供服务。

### 单一付费（Unitary payment）

在政府付费 PPP 合同中常见的一个付款术语。

### 使用者付费 PPP（User-pays PPP）

泛指项目公司的收入是基于用户付款（例如道路收费）的 PPP 项目，虽然这可能是过于简化的定义。

---

① http：//ppp-risk.gihub.org。

**物有所值（Value for money）**

从广义上讲，物有所值（VfM）意味着所花的钱是值得的，也就是说，所获得的产品或服务的价值等于或超过所支付的金额；花钱（在此处的语境下指投资）的决定是一个明智的决定，因为它为付款人创造了净值。

# 方法论

## 方式和方法论

本书是基于大量的数据收集以及对选用的案例研究中的关键利益相关者进行的访谈，在全球 PPP 合同管理真实经验的基础上开发而来。本书应该与选用的案例研究和全球桌面研究的数据分析结合使用。

为了获取能够代表不同行业和地区 PPP 项目的数据和经验教训，开发本书采用了以下方法：

(1) 确定一个 PPP 项目满足研究标准的数据总体，定义为：
- 量身定制的 PPP 定义，反映在术语表中。
- 全球范围 137 个国家 3736 个项目。
- 包含运输、能源、水和垃圾处理在内的经济基础设施。
- 在 2005~2015 年（含）之间，达到融资交割的项目。

(2) 确定一个对随机抽选的近 250 个 PPP 项目的研究样本，以反映 PPP 整体数据库中采用的 PPP 定义、行业、地区和融资交割日期的分布比例。

(3) 为收集合同管理问题的普遍性数据，根据模板对 250 个 PPP 研究样本进行数据分析。数据收集活动的结果反映在附录 1（数据分析）中。

(4) 对有关 PPP 合同管理的现有文献进行了研究，以了解目前的现有指南，包括还有哪些问题没有被现有指南所涵盖。

(5) 使用数据分析的调查结果，从 250 个 PPP 项目中选出 25 个项目，并且进一步完成利益相关者访谈，以深入了解项目中发生的关键事件，提炼出处理这些关键事件的最佳实践和经验，用以开发"案例研究"。附录 2（案例研究）包含已发布的案例研究。我们对行业专家和 PPP 中心进行进一步的访谈，以对常见的挑战（如 PPP 合同的争议和再谈判）有更广泛的理解。

(6) 一旦完成大量案例研究，并且开发出本书的草案，我们举行了三个地区性的研讨会，以分享初步研究发现并从 PPP 实践者身上获得更深入了解。

以下部分使用了上述总结的步骤，为如何撰写本书提供了更详细的说明。

由于采用的方法、数据收集和利益相关者访谈中面临的挑战，研究存在一些局限性。

## 250 个项目的数据收集

收集 250 个项目数据是为了保证：

- 有效识别项目所面临问题，为采购当局团队设置和利益相关者管理、常规合同管理和非常规合同管理作参考。
- 对全球范围内，特定行业和地区的趋势和 PPP 合同管理中面临的问题的体现。
- 合同管理过程中面临的问题的普遍程度和时间安排。
- 对显著影响项目的关键事件的了解，和这些事件的潜在成因。
- 洞悉项目的整体表现。

为了达到数据收集的目标，250 个项目必须从包含所有相关的 PPP 项目的数据总体中随机抽选。数据收集活动流程如下：

### 从在线数据库中下载 PPP 项目

我们使用的在线资源为世界银行私人参与基础建设数据库[1]，以及 Inframation 新闻[2]、IJ 环球[3]和 InfraPPP[4]的专属数据库。

### 项目筛选并汇编成主数据库

（1）所有 PPP 项目被合成一个单独的数据库（"主数据库"）。

（2）分给每个项目一个唯一的 ID。这是通过去除重复、同一 PPP 项目的额外部分（比如项目延期），以及与项目相关的次级市场融资上的交易来完成的。数据库中

---

[1] https://ppi.worldbank.org。
[2] https://inframationgroup.com。
[3] https://ijglobal.com。
[4] http://www.infrapppworld.com。

不适用我们对 PPP 定义的项目也被去除。以上清理是必要的，以确保在使用主数据库选择随机样本时样本不会出现偏差，因为每个项目都有平等的机会成为研究的一部分。

（3）去除交易额低于 2000 万美元的项目。对研究而言，这样的项目被一致认为规模太小。

（4）按地区、行业和融资交割期限对项目进行分析。分析类型如下：

地区：英国和欧洲、北美、拉丁美洲和加勒比、东亚（包括中国）、南亚及中亚、东南亚及太平洋、澳大利亚和新西兰、中东和北非，以及撒哈拉以南的非洲。

行业：交通运输（包括铁路、道路、机场和港口）、能源（包括可再生和不可再生的生成以及分配）、水（包括供给和分配）和垃圾（包括固体垃圾、转废为能和废水处理）。

融资交割（按照阶段）：第 1 阶段（2005 年 1 月到 2007 年 9 月）、第 2 阶段（2007 年 10 月到 2010 年 6 月）、第 3 阶段（2010 年 7 月到 2013 年 3 月）和第 4 阶段（2013 年 4 月到 2015 年 12 月）。

附录 1（数据分析）中展示了对相关 PPP 总数按照地区、行业和融资交割期限的分析。

## 选择 250 个 PPP 项目中的随机样本作为主数据库的代表

（1）决定抽取一个 275 个项目的样本。这样可以留有一些余地（即 10% 顺差），以避免收集数据时，一些项目的信息难以收集。

（2）记录主数据库中对每一地区、行业和融资交割期限的比例分析。

（3）创建一个电子表格脚本，以执行如下操作：

i. 从主数据库中随机抽取 275 个项目，创建一个"目标数据库"。

ii. 目标数据库的比例分析是以每个地区、行业和融资交割期限计算的。

iii. 计算主数据库各项指标比例与目标数据库各项指标比例的差，并将差值加在一起。如主数据库中在欧洲有 17.2% 的项目合格，在北美洲有 3.4% 的项目合格，则对于一个在这些地区分别有 15% 和 3% 的相应数据的样本，其差值为 2.2 + 0.4 + ⋯ = 2.6 + ⋯。

iv. 流程重复 10000 次，选取与主数据库有最小差值的目标数据库。

一旦完成这一流程（包括去除附加的 25 个项目，如下所述），结果组成"样本数据库"。样本数据库的构成如表 1 和表 2 所示。

表1　　　　　　　　　按地区的样本数据库构成

| 地区 | 项目百分比（%） | 项目数量（个） |
| --- | --- | --- |
| 澳大利亚和新西兰 | 1.6 | 4 |
| 东亚 | 12.7 | 32 |
| 欧洲 | 18.3 | 46 |
| 拉丁美洲和加勒比 | 23.5 | 59 |
| 中东和北非 | 6.0 | 15 |
| 北美 | 4.4 | 11 |
| 东南亚 | 7.6 | 19 |
| 南亚 | 20.7 | 52 |
| 撒哈拉以南非洲 | 5.2 | 13 |
| 总计 |  | 250 |

表2　　　　　　按行业和融资交割期限的样本数据库构成

| 部门 | 项目百分比（%） | 项目数量（个） |
| --- | --- | --- |
| 运输 | 46.0 | 115 |
| 能源 | 42.0 | 105 |
| 水 | 7.6 | 19 |
| 垃圾 | 4.4 | 11 |
| 总计 |  | 250 |

| 融资交割（按阶段） | 项目百分比（%） | 项目数量（个） |
| --- | --- | --- |
| 第1阶段 | 19.6 | 49 |
| 第2阶段 | 21.2 | 53 |
| 第3阶段 | 32.8 | 82 |
| 第4阶段 | 26.4 | 66 |
| 总计 |  | 250 |

## 开发的数据收集模型

选取出样本数据库之后，就建立起来了数据收集模型，以便为数据收集活动获取相关数据。构造模型以收集样本数据库的项目所面临的采购当局团队设置、常规合同管理（如索赔、变更、绩效监测）相关的主要挑战，以及重要的非常规合同管理事件的关键特征。数据收集模板的设计也是为了获取地理位置、投资额、关键合同方、基本融资结构、收入来源等基本项目信息。

数据收集模板的关键部分列举如下：

### 项目 ID
用于识别每个项目，包括地点、关键各方、价值、收入来源等信息。

### 主要事件
这部分研究一些如破产、合同终止和不可抗力等事件。这些事件的普遍性为本书自身的开发提供了信息。

### 再谈判
再谈判的普遍性和影响是本书的关键主题。因此，模板的这一部分更深入细节，而不仅仅是关于再谈判是否发生，并且这部分含有一些问题，包括为什么发生和结果是什么。

### 争议
争议的普遍性、管理和结果也是项目成功的一个重要因素，因此这部分也更深入细节。此外，文献中所指的解决争议的过程是一个项目成功的特定因素。

### 合同管理
如何建立采购当局合同管理团队是本书的另一个关键主题。文献中许多文件涉及合同管理中的最佳实践范例，比如合同管理手册的使用。

### 项目成功
本书的最终目的是提供能帮助改善 PPP 项目交付的指导。因此研究影响项目成功的要素（包括成本和时间的超支）十分重要。

### 所有权和融资
所有权调整和其他二级市场交易能提供额外的信息。

## 桌面研究使用样本数据库中的项目的公开和可获取的信息来进行

桌面研究由特纳唐逊全球不同地区的公司进行，使用可公开获取的信息以及当地的知识。研究目的旨在用尽可能多的信息填充数据收集模板。

## 情况允许的话，进行利益相关者访谈以完成数据收集

因为大部分数据很难通过可公开获取的资源收集，我们联系和采访了项目的利

益相关者，包括采购当局、项目公司或者在某些情况下来自 PPP 中心部门，或者贷款人和采购当局的顾问。

### 通过去除 25 个项目，样本数据库项目数量下降到 250 个

25 个数据收集困难的项目被挑取出来，从样本数据库中去除。这样做是为了确保每个区域和行业的项目比例在这些项目被取消后不会改变。

# 25 个项目案例研究

进行 25 个项目的案例研究旨在展示从 PPP 合同管理以及最佳实践中所学经验的真实案例。因为案例研究是为了更深入了解如何处理项目面临的主要挑战和关键事件，其采用的方法主要是与采购当局和项目公司利益相关者进行面对面或者电话的结构化访谈。在一些案例中，也与 PPP 中心、贷款人和采购当局顾问进行结构化访谈。

25 个案例研究中的大多数被收录在附录 2（案例研究）中。因为进行中的项目的敏感性（比如一些可能存在争议），不是所有的案例研究目前都可以详细发布。因此，一些案例研究被匿名或完全省略。然而，从所有 25 个案例研究中得到的基本经验已经被融入本书当中。

案例研究的详细说明如下：

### 为案例研究选取 25 个项目

选取过程取决于两个因素：样本数据库的数据收集活动中确定的挑战的性质，以及利益相关者参与研究的意愿。

编制利益相关项目的列表，并对会见这些项目的采购当局、项目公司和其他利益相关者相关人员的可能性进行评估。在最初的列表中，项目数量多于 25 个，以减小缺少参与意愿或无法会见相关利益相关者的风险。

全球基础建设中心和特纳唐逊对其全球联络网内的合同进行了识别，并投入到案例研究中，其中一些提议其他项目，或者不愿意参与研究，而案例研究选取因此在研究过程中不断发展和调整。很明显，最大的挑战是保证利益相关者的参与。大多数案例研究是在一两个利益攸关方的帮助下起草和发展的，只有少数案例研究得

## 方法论

到了采购当局、项目公司和放款人的全力支持。

### 制作调查问卷，并请利益相关者回答

在通过样本数据库的数据收集活动中，确定了项目面对的挑战，针对这些挑战，起草调查问卷。调查问卷交予利益相关者，帮助理解数据收集中发现的挑战，了解起初没有发现的其他挑战，并且深入了解如何在实践中处理这些挑战。

为利益相关者比较其在同一项目的经验制定了不同版本的调查问卷。若利益相关者首选用自己的母语交流，则要翻译调查问卷。

调查问卷被用作引导访谈进行和作为利益相关者准备访谈的文件。与一位利益相关者定好访谈日程之后，就会送一份调查问卷给他们，以便让他们在访谈时准备好信息。

### 情况允许的话，与采购当局、项目公司和其他利益相关者进行结构化访谈

对PPP合同的双方都进行采访十分重要，有助于保证案例研究的平衡和视野范围。情况允许的话，也会采访贷款人和其他关键利益相关者。

访谈大多通过会议电话的方式。可能的话，一些访谈的方式为在特纳唐逊的各地区分公司或相关的利益相关者自己的机构里进行面谈。显而易见，在南美洲、印度和中国等地区，面对面交流是必要的。大多数访谈用英语进行，如果合适的话，也有访谈用普通话、阿拉伯语、西班牙语和葡萄牙语进行。

在一些案例中，需要的话，访谈根据利益相关者提供的信息水平或为了适应参与者的可访谈时间，进行了两次或以上访谈。

案例研究的访谈提供了有关PPP项目通常面临的许多挑战的现实经验。然而，一些事件本身罕见，在PPP项目中不经常遇到。所以，不管样本体量有多大，都无法找到某些挑战的真实案例（比如贷款人介入）。

为了帮助解决缺乏实例的问题，并使本书中的指导尽可能广泛适用，我们与该行业的专家进行了一系列访谈。世界上大多数参与其中的行业专家热情地回应了我们的请求。被采访的专家包括律师、项目经理、保险商和贷款人、有经验的争议解决顾问以及财政顾问。对本书的大量法律审查也是为了查出在不同法律辖区内的细微差别。法律审查有欧洲（普通法法域英国和大陆法法域）、亚洲、拉丁美洲、非洲和澳大利亚有经验的法律从业者的参与。

# 咨询研讨会

在完成大量案例研究，以及本书草案的初稿后，即召开三个地区性的研讨会，以分享初步发现并且深入了解PPP从业者在PPP合同管理中遇到的挑战。第一个研讨会在哥伦比亚波哥大，第二个在新加坡，第三个在意大利罗马，与会者来自地方采购当局、私人部门组织和多边发展银行。从研讨会上得到的反馈和额外的经验教训被合并到本书中。

# 局限性

## 数据收集过程的局限性

数据收集过程有一些局限性会影响数据分析结果。我们在最大程度上减轻了这些局限性，然而不能完全避免。数据收集过程的局限性如下：

● 桌面研究——可公开获取的信息。信息的获取在不同地区之间差别很大。在一些地区，采购当局将包括PPP合同自身在内的项目信息会在网上公开，同时开发银行等跨国组织等会发布他们参与的项目信息。然而尤其在发展中市场比如印度，情况并非如此，在前些年情况更甚。在一定程度上，通过联系利益相关者可解决这一问题，但也并非一直有效。因此，每个指标的结果仅基于可获取可靠数据的项目。

● 桌面研究——信息准确性。在一些案例中，收集的信息是准确的，比如那些来自原始PPP合同的信息。在其他案例中，准确性不太明确，即使有新闻文章提到了项目的事件，但是可获取的进一步信息有限。我们通过其他信息来源以及与项目利益攸关方交叉核对数据，尽可能解决这一问题。

● 联系项目利益相关者。有时无法联系到被收集信息的项目的利益相关者，即使在有可能与利益攸关方接触的情况下，并非所有利益攸关方都愿意参与研究。在一些案例中，了解相关情况的关键利益相关者离开了项目，这增加了数据收集的困难。

● 商业敏感性。某些具商业敏感性的信息，尤其与成本超支、成本变化以及合同再谈判和争议相关时。因此，尽管可以联系到项目利益相关者，他们通常也不愿分享一些信息。此外，因为在相关PPP合同上的保密限制，一些利益相关者（尤其是项目公司）不愿参与访谈。通常由于在他们与项目公司的协议上的保密限制，贷款人不愿透露项目的具体信息。

- 数据的透明度和可用性在一些地区构成挑战。在无法收集可靠项目数据，或者无法找到利益相关者与之沟通的地区，收集到的项目数量低于样本数据库中确定的项目数量。

## 统计分析

基于样本数据库中的项目数量，在一定置信度下能够得出结论。置信区间被用于表示一个样本在多大程度上代表了总体，在此情况下，即250个项目的样本数据库能在多大程度上体现总体数据库。置信度用于描述在特定置信区间内的概率。比如，95%的置信度表示针对被调查的指标，20个实例中的19个落入置信区间。具体示例如下：

- 在250个项目的样本数据库中，在95%的置信度（这里没有展示计算）下，置信区间大约是±5%。这意味着在总共3736个项目的总体数据库中，有30%的项目经历过再谈判，95%的确定性可以说经历过再谈判的项目的概率在25%~35%。

- 对于样本数据库较小的二级行业，这一置信区间会增加。在样本中有126个运输项目，区间增加到±8%。比如，如果发现30%的运输项目经历过再谈判，那么有3736个PPP项目中的95%的项目经历过再谈判的概率在22%~38%。这一区间表明从一个小样本数据不可能得出强有力的结论。

# 相关文献

**APMG International**: "*The PPP Guide*". The guide is intended to assist PPP professionals in learning best practices in PPP development and management. It is referred to as the book of knowledge on PPPs. The guide is aimed to help PPP practitioners achieve the title "Certified PPP Professional" under the auspices of the APMG PPP Certification Program.

**APMG International**: "*Glossary*". This is a glossary of terms that are commonly used in PPP projects. Many of the definitions used in this reference tool come originally from the APMG glossary.

**Department of Economic Affairs, Ministry of Finance of India**: "*Guidelines for Post-Award Contract Management for PPP Concessions*". The PPP Cell under the Infrastructure Division drafted this comprehensive post-award contract management toolkit to assist contract manager in regional governments. The guide provides detailed guidance on all contract management issues, challenges, and best practice.

**EPEC: European PPP Expertise Centre**. "*Managing PPPs during their contract life, Guidance for sound management*". This document is useful when considering setting up the team and also when considering how to manage service performance.

**EPEC: European PPP Expertise Centre**. "*Report on Termination and Force Majeure Provisions in PPP Contracts*". This document explains different methods for calculating compensation for Procuring Authority default and voluntary termination.

**EPEC: European PPP Expertise Centre**. "*Termination and Force Majeure Provisions in PPP Contracts*". This document sets out the termination provisions most commonly used across Europe, how they have developed over time and their rationale.

**EPEC: European PPP Expertise Centre**. "*The Guide to Guidance. How to Prepare, Procure and Deliver PPP Projects*". This guide seeks to identify the "best of breed" guidance currently available from PPP guidelines worldwide and selected professional publications. It was also used to show the different forms of refinancings.

**OECD International Transport Forum**: "*The Renegotiation of PPP Contracts: An Overview of its Recent Evolution in Latin America*". This document includes a description of the different causes for initiating the renegotiation by the Procuring Authority or by the Private Company.

**The World Bank**: "*Good Governance in Public-Private Partnerships, A Resource Guide for Practitioners*". This document provides guidance on governance in PPPs, with an emphasis on Latin America, and was particularly useful in understanding approaches to dealing with Project Company financial difficulties.

**The World Bank**: "*Guidance on PPP Contractual Provisions, 2017 Edition*". This manual is an update on the earlier 2015 edition based on user feedback. The objective of this guide is to assist Procuring Authorities with obtaining a better and more comprehensive understanding of PPP contractual provisions, highlighted also in the 2015 edition.

**UK HM Treasury PPP Policy Note**: "*Early Termination of Contracts*". The purpose of this note is to set out the budgeting, accounting and fiscal implications of a voluntary termination of a PPP contract by a Procuring Authority, as well as the review and approval process that should be followed.

**UNECE: United Nations Economic Commission for Europe**. "*Public Project Partnership. Contract Management Manual*". This manual defines international best practice and is intended to provide the foundation for the design, development, and operation of PPP contract management systems by governments. It was mentioned in the transition period from financial close to construction section.

# 附录1　数据分析

## 简　　介

数据是本书研究的重要组成部分。我们对书中PPP项目样本进行了广泛的数据收集和分析，旨在深入了解合同管理中的普适性问题、解读不同行业、区域呈现的特有趋势以及剖析重大事件归因的普遍性问题。

数据收集的主要步骤如下。首先，开发全球主数据库。将所有在2005~2015年（含）完成融资交割的经济基础设施类PPP项目纳入主数据库。随后，从主数据库中随机选取275个项目样本。结合桌面研究和对主要利益相关者开展访谈两种方式广泛收集项目样本数据。数据收集过程中，移除了可获得数据量最少的25个项目样本后，最终形成包含250个项目的样本数据库。上述数据收集步骤在本书方法论部分有详细阐述。需要注意的是，数据收集过程存在自身的局限性，包括：

- **桌面研究——可公开获得的信息**。不同地区信息的可获得性大不相同。一些地区的政府会在网上公开PPP合同等项目信息，开发银行等一些跨国机构也会公布项目相关信息。然而当下，尤其是印度、中国等新兴市场，项目信息的公开获得性较低，并且在前些年，世界各地有更多地区的情况如此，甚至更甚。在某种程度上，联系利益相关者是获得项目信息的一个有效途径，但这个方式却往往不可行。因此，每个样本的结果只来源于已经获取可靠数据的项目。

- **桌面研究——信息的准确性**。有时，通过检索PPP项目的原始合同，收集的信息准确性较高。而有时，有关新闻报道了有关项目活动，但可以获取的信息量有限。为解决信息准确性问题，我们把从第三方获取的信息与项目利益相关者的信息进行多次交叉数据对比。

- **联系项目利益相关者**。收集项目数据信息时，往往无法和利益相关者取得联系。而且即使能够顺利取得联系，也不是每一个利益相关者都愿意参与研究。很多情况下，掌握相关知识的关键利益相关者退出项目，导致我们的数据收集工作面临极大挑战。

- **商业敏感性**。某些特定项目信息，如成本变化、成本超预算、合同再谈判、争议等信息，都属于商业敏感信息。因此，即使能够成功与项目利益相关者进行访谈，他们分享的信息也非常有限。此外，一些利益相关者，尤其是项目公司，在项目保密协议的加持下，从一开始就不愿意参与任何访谈。一般来说，贷款人与项目公司签署保密协议，贷款人也不愿透露项目的具体信息。
- **部分地区数据透明度和可获得性对数据收集构成挑战**。部分地区没有可靠的项目数据，寻找、约谈利益相关者困难重重。这些地区收集的总体数据比该地区项目在 250 个项目样本数据库中的占比更低。

基于以上原因，以下的数据仅限于能获得可靠信息的项目。每个图表和表格展示的都是适用的且已获得数据的项目。

同时需要注意，样本中只有一个项目移交给采购当局。这意味着如果所研究的项目在整个合同期内顺利进行，数据呈现出的事件及其普遍性（如再谈判、争议、重大问题、所有权变更以及再融资）会降低。因为一些项目未来很可能会产生再谈判或争议之类的问题。

## 采购当局团队数据

各地区合同管理手册的使用情况如表 1 所示。

**表 1　　各地区使用合同管理手册的普遍性**

| 地区 | 有数据的项目数量（个） | 有合同管理手册的项目数量（个） | 有合同管理手册的项目百分比（%） |
| --- | --- | --- | --- |
| 非洲 | 3 | 1 | 33 |
| 澳大利亚和新西兰 | 3 | 3 | 100 |
| 东亚 | 6 | 1 | 17 |
| 欧洲 | 35 | 12 | 34 |
| 拉丁美洲和加勒比 | 33 | 0 | 0 |
| 中东和北非 | 7 | 1 | 14 |
| 北美 | 5 | 4 | 80 |
| 东南亚 | 5 | 0 | 0 |
| 南亚 | 16 | 11 | 69 |
| 总计 | 113 | 33 | 29 |

我们的研究表明，采购当局团队的规模和结构并没有统一或固定的方案；根据 PPP 合同的复杂性和采购当局的参与方式，团队规模可以从几人到 50 人不等。通常情况下，团队都由少量长期员工（也就是少于 10 人，而且通常少于 5 人）、外部顾问和承包商构成。一些受访的利益相关者表示他们的团队由短期员工构成，团队规模并未限制或影响有效的合同管理。

## 再谈判数据

### 再谈判的普遍性

图 1 和图 2 展示了整个数据库中再谈判的普遍性。图 1 展示了融资交割之后每年再谈判的普遍性（例如，7% 的项目在融资交割后的第 3 年有再谈判）。图 2 展示了融资交割后截至某时间节点再谈判的普遍性（例如，20% 的项目在融资交割后的前 4 年经历了再谈判）。需要注意的是，作为这些信息来源的项目的数量在统计后期有所下降。这与我们的数据计算方式有关。比如为了计算在某特定年份某种问题的普遍性，用来评估的项目至少需要在相应时段正常运行。

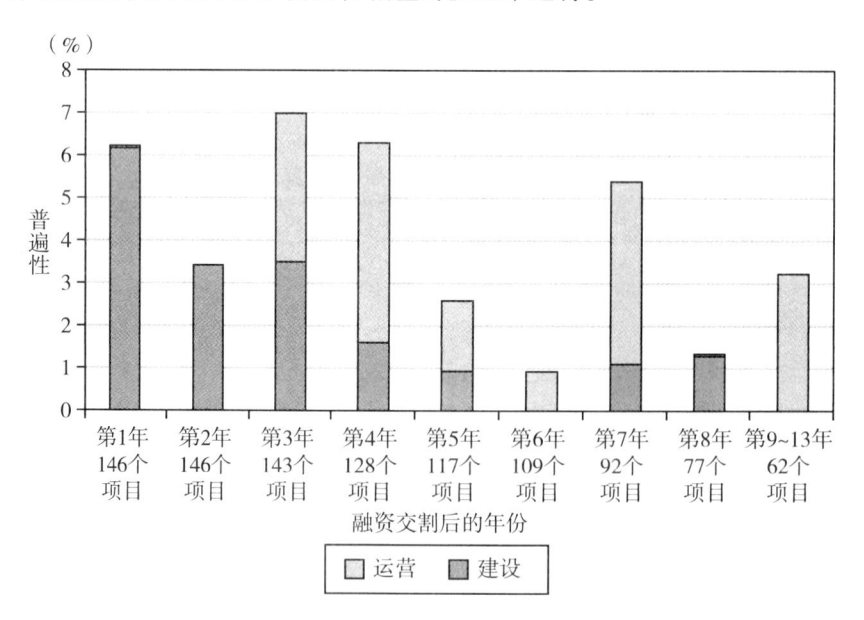

**图 1　融资交割后每年再谈判的普遍性**

同时需要注意的是，本研究中的所有项目都正在进行，并可能在未来出现再谈判。因此，这些数据反映的问题普遍性将低于真实数值。

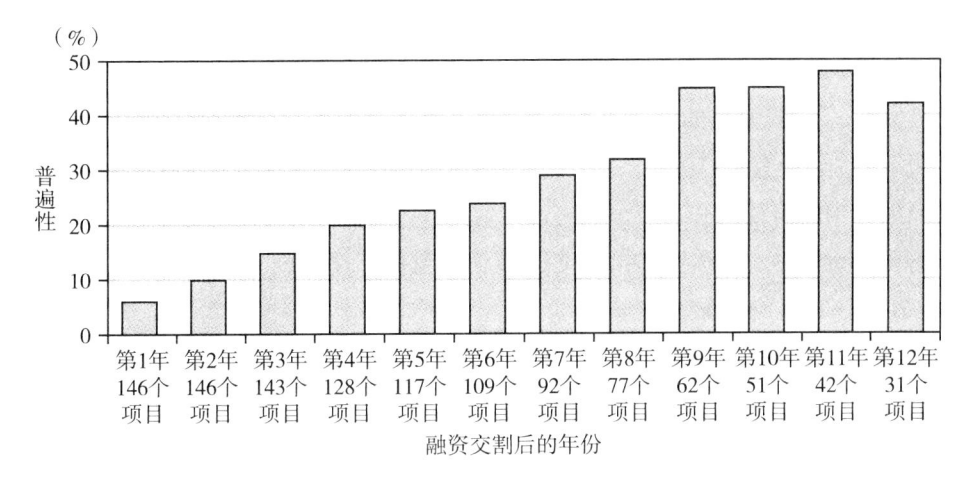

图 2 融资交割后第 N 年再谈判的普遍性

146 个项目中各地区、各行业再谈判情况如图 3 和图 4 所示。

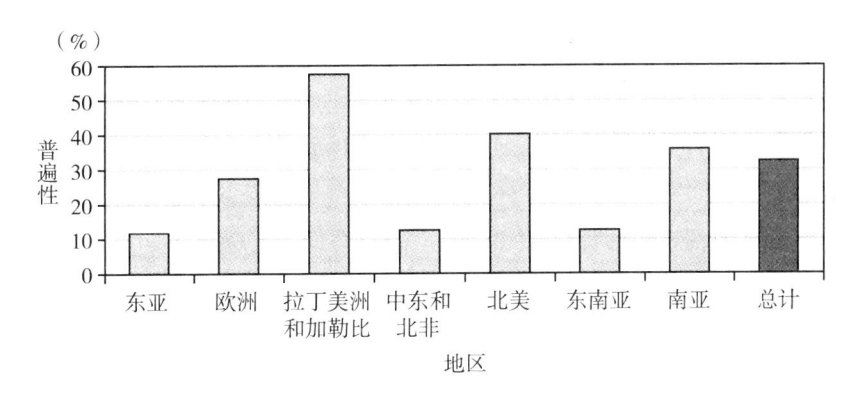

图 3 146 个项目中各地区再谈判的普遍性

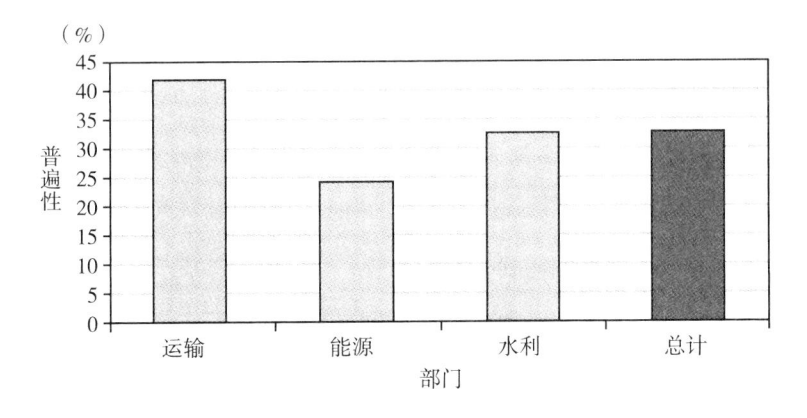

图 4 146 个项目中各行业再谈判的普遍性

我们的研究团队从 146 个项目中选出 48 个可获得数据的再谈判项目案例，占比

33%。其中，12个来自欧洲，25个来自拉丁美洲，5个来自印度以及来自其他地区的单一案例。在拉丁美洲，项目"再平衡"采用的方法往往模糊了再谈判和调整的区别。因此，拉丁美洲的项目案例中，再谈判的普遍性一定程度上和该地区采用"再平衡"的方法有关。因此，为了服务于本书数据分析的目的，研究结果并未将拉丁美洲项目中的再谈判和再平衡数据进行区分。

需要注意的是，再谈判结果的普遍性很大程度上受到研究所选择时间线的影响（即在2005~2015年达成融资交割）。

虽然样本中所有的项目都已经运营了至少2年，但用于数据统计的项目数量在逐年递减，运营时间超过8年的项目数量只有50个。图2展示了融资交割后第N年再谈判的普遍性，图中可以清楚地看出项目递减带来的影响。整个样本库中，只有33%的项目经历再谈判。图中数据说明正在进行中的PPP项目中有近20%在融资交割后的第4年经历了再谈判，45%的PPP项目在融资交割后的第10年经历再谈判。这表明由于涉及的不同时间线，再谈判普遍性的真实数值可能会更高。同时需要注意，再谈判普遍性在第9年以后并没有表现出显著增加。这表明有部分潜在的移交问题并未在数据中显示出来。

假如融资交割后每年统计再谈判普遍性使用的是同一组项目，图2中的数据走向应该是渐增的。而实际情况是，研究完成时，并非所有项目都运行到统计的第N年。因此，融资交割之后统计每年（N年）普遍性使用的项目不同且数量发生变化，进一步导致统计后期普遍性下降。

融资交割后的第2~4年，一大批项目出现了再谈判。我们的研究表明，再谈判发起之前，项目中很多问题或挑战已经存在相当长一段时间。现有文献表明，部分地区出现了签署PPP合同后很快就进行再谈判的倾向。图1表明，再谈判在第1年发生的可能性比第2年高，但由于研究涉及项目中出现再谈判的数量较少，还不太可能得出任何有说服力的结论。

### 再谈判的原因

我们的研究发现，项目再谈判的原因各异。其中，17个案例再谈判是由成本增加造成的（2个在设计期间，10个在建设期间，5个在运营阶段）。虽然再谈判被认为是由建设和运营成本增加所导致，但实际上却是由研究中未能确定的潜在原因所导致。导致建设或运营成本增加的潜在原因有的与采购部门违反或者不遵守合同的义务条款有关（比如，没有完成土地征收、准予进使用现场、引入第三方审批等）。18个案例再谈判则是由制度或政策变化导致。由制度和政策变化这两个原因导致再谈判项目在数量上持平；有 4 个案例再谈判是由于错误的需求预测导致，比如阿利亚皇后机场扩建项目实际容量远高于预测，后期需要进行再谈判。其余案例的再谈判则来自外部因素，如迟延获得工地进入权（见图 5）。

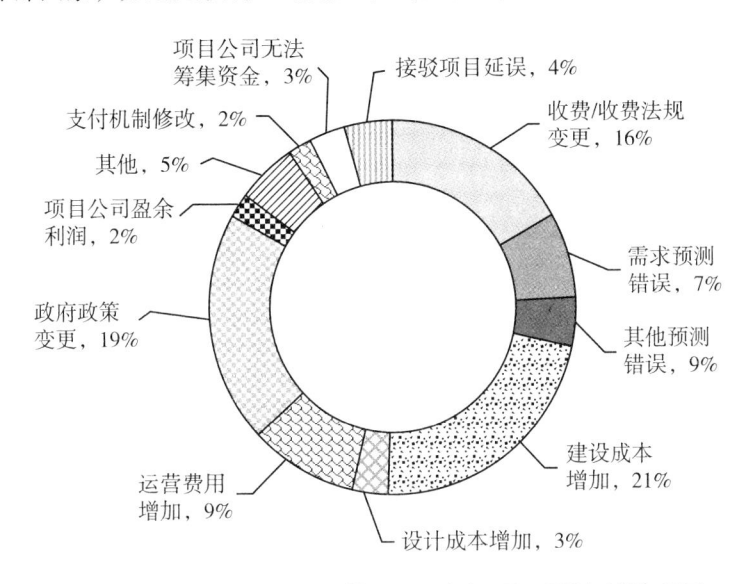

项目公司无法筹集资金，3%
接驳项目延误，4%
支付机制修改，2%
收费/收费法规变更，16%
其他，5%
项目公司盈余利润，2%
需求预测错误，7%
政府政策变更，19%
其他预测错误，9%
建设成本增加，21%
运营费用增加，9%
设计成本增加，3%

**图 5　再谈判的原因——基于 48 个经历了再谈判的项目**

再谈判发起方在项目公司和采购当局之间平均分布。尽管如此，我们也不能从中贸然得出进一步结论。有些项目出现外部条件变化时，再谈判是必须进行的。比如，连接法国和西班牙之间的佩皮尼昂费格拉斯高速铁路联络线项目，与巴塞罗那铁路 PPP 项目连接配套的非 PPP 铁路项目出现延误。有些情况下，只有一方合同当事人想要进行再谈判，如圣保罗地铁线项目，由于建设阶段的延误，采购当局发起了再谈判。

我们的研究表明，项目再谈判最常见的结果就是收费调整。研究结果显示，有 13 个案例提高了收费，它们大多集中于欧洲和拉丁美洲；有 10 个案例降低了收费，其中一个来自罗马尼亚的项目单边降低了电价，一个来自葡萄牙的项目由于支付机制整体改变而引起了降费，其余 8 个项目中有 6 个来自巴西。

范围变更在项目建设阶段出现了 10 次，运营阶段出现了 6 次。建设阶段范围变更类型多样，包括葡萄牙拜舒高速公路的里程缩减、巴西和荷兰隧道项目由于地面条件导致的工程调整，以及阿利亚皇后机场扩建案投资额的增加。

合同展期是补偿项目公司的常见做法。比如，美国 PR-22 高速公路项目合同展期 10 年。一般由于建设延误引起的合同展期时限较短，通常在 1~2 年。

我们的研究发现，有 8 个项目再谈判的结果各异，如巴西项目变更建设日程、希腊政府增加投资和墨西哥选定新项目场地等（见表 2）。

表 2　　按地区划分的再谈判的结果——基于 146 个项目

| 地区 | 收费增加 | 收费减少 | 投资义务变更 | 合同期变更 | 运营范围变更 | 建设范围变更 | 其他 |
|---|---|---|---|---|---|---|---|
| 东亚 |  | 1 |  |  |  |  |  |
| 欧洲 | 5 | 2 |  | 3 | 4 | 3 | 3 |
| 拉丁美洲 | 5 | 7 | 6 | 10 | 2 | 6 | 5 |
| 中东和北非 |  |  |  |  |  | 1 |  |
| 北美 | 2 |  | 1 | 1 |  |  |  |
| 东南亚 | 1 |  |  |  |  |  |  |

# 有关争议的数据

## 争议的普遍性和特征

PPP 实践中，建设和运营阶段项目出现合同争议是很常见的。我们在研究 165 个可获取争议数据的 PPP 项目中发现，有 42 个项目的正式争议通知由合同方之一发出，普遍性为 25%。

样本中的所有项目都运营了至少 2 年时间，统计后期运行项目数量逐年递减，最终只有 50 个项目运行超过 8 年时间。图 6 清楚地展示在融资交割 N 年之后争议普遍性的结果。整个样本库中，只有 25% 的项目发出了正式争议通知。收集的数据显示，约有 15% 运行中的 PPP 项目在融资交割之后第 4 年出现了争议，超过 30% 的

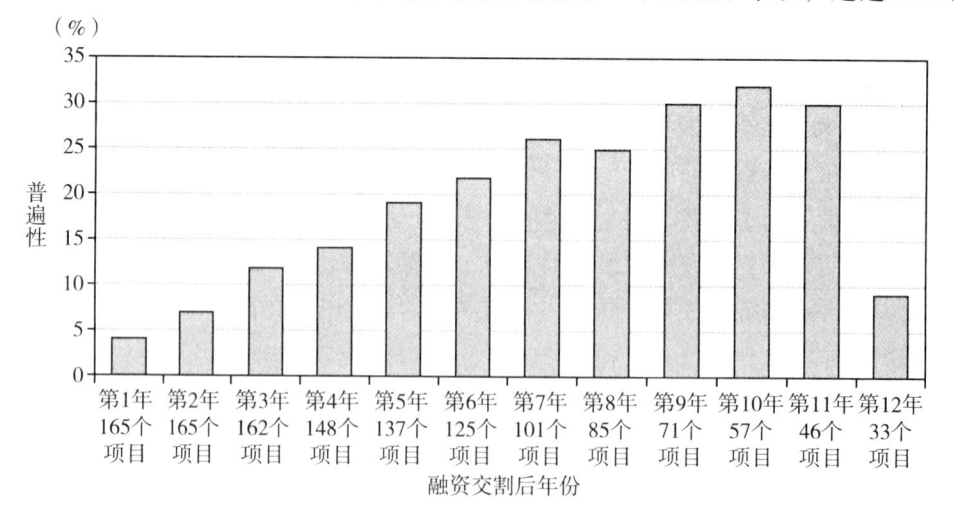

图 6　争议的普遍性，在融资交割 N 年之后

PPP 项目在融资交割之后第 10 年出现了争议。这表明，由于涉及的不同时间段，争议普遍性的真实数值可能会更高。

如果融资交割后每年统计争议普遍性使用的是同一组项目，图 6 中的数据走向应该是渐增。而实际情况是，研究完成时，并非所有项目都运行到统计的第 N 年。因此，融资交割之后统计每年（N 年）普遍性使用的项目不同且数量发生变化，进一步导致统计后期普遍性下降。

合同争议发生时段平均在融资交割之后 4.2 年左右，合同争议数量平均分布在建设和运营阶段。42 个有争议的项目中，有 28 个在本书撰写之前已经得到解决。解决争议花费的时间通常控制在 1 年以内。少数争议需要 3~4 年的时间。

项目样本库中，项目争议产生的原因多种多样。一般来说，当采购当局发出争议通知，争议原因通常为采购当局面临成本上涨问题，进而寻求补偿。导致采购当局面临成本上涨的原因一般有突发用地事件、现行基础设施的维护费用高于预期，以及范围变更引起付费标准变化。此外，由收入预测引起的争议一般有两种形式。一种是采购当局对项目公司的核算方式产生异议，另一种是项目公司将项目需求削减归因于采购当局。

无论是与项目利益相关者的访谈，还是与 PPP 市场核心参与者的广泛讨论，两者都指出争议多来源于模糊、表意不明的合同条文、风险转移目的的不恰当理解以及对复杂的合同条款的不同解释。

采购当局发出争议通知的最常见的原因是项目公司运营不善、长期不达标。项目公司发出争议通知的时间主要集中在项目建设阶段。我们的研究结果显示，采购当局在运营和维护阶段发出争议通知的项目案例有 5 个，其中 2 个涉及道路质量问题，3 个涉及投资不足和项目产出质量问题。建设阶段工程延期也常常引起项目争议，研究中共有 4 个项目由此引起争议。

还有一种类型的争议是由第三方行为引起的，如环保部门干预、当地民众发起持续抗议活动。这恰恰给我们警示，提醒我们要重视外部事件对项目的影响。若外部事件处理不当，项目运行很可能受阻。

项目样本中解决争议的方法各异。其中，13% 的项目通过谈判来解决争议；部分原因是，一些地区通常没有提供多种争议解决方案的途径，因此大量项目争议会诉诸法庭。比如，在西班牙解释合同的权利通常属于采购当局；而一旦项目公司与采购当局无法达成一致，要想解决争议就只能选择诉诸法庭。我们的研究中有一个项目，出现过两次争议均诉诸法庭的情况，法庭作出的两次裁决均有利于采购当局。此外，调解、谈判等争议解决方法私密性强、保密要求高。这些信息获取难度大，难以纳入我们收集的数据集中。

表 3、图 7、图 8、表 4、图 9 和图 10 说明了争议的普遍性和特征。

表3　　　　　　　　　　与 KPIs 和履约监督相关的争议

| 地区 | 争议原因明确的项目数量（个） | 与 KPI 或履约监督相关争议的项目数量（个） | 与 KPI 相关争议的项目百分比（%） |
| --- | --- | --- | --- |
| 非洲 | 1 | 0 | 0 |
| 澳大利亚和新西兰 | 2 | 0 | 0 |
| 东亚 | 0 | 0 | N/A |
| 欧洲 | 10 | 3 | 10 |
| 拉丁美洲和加勒比 | 9 | 1 | 11 |
| 中东和北非 | 0 | 0 | N/A |
| 北美 | 1 | 0 | 0 |
| 东南亚 | 1 | 1 | 100 |
| 南亚 | 6 | 1 | 17 |
| 总计 | 30 | 6 | 20 |

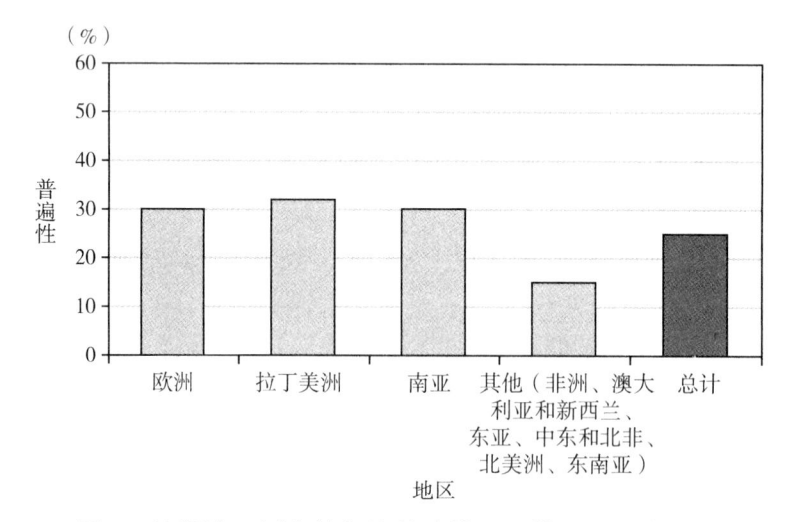

图 7　按照地区划分的争议普遍性——基于 165 个项目

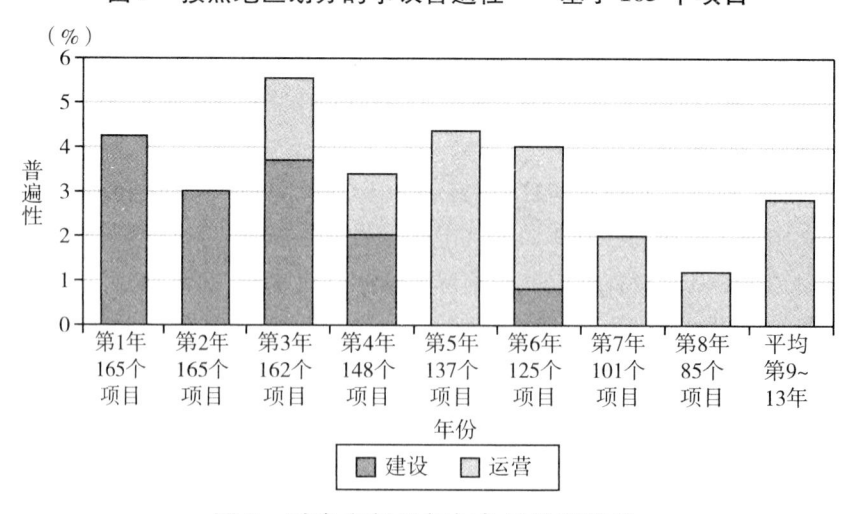

图 8　融资交割后每年争议的普遍性

**表4** 合同方发出争议通知的分类  单位：个

| 地区 | 可获得数据的项目 | 双方共同发出 | 采购当局发出 | 项目公司发出 |
|---|---|---|---|---|
| 非洲 | 1 | 1 | 0 | 0 |
| 澳大利亚和新西兰 | 2 | 0 | 0 | 2 |
| 东亚 | 0 | 0 | 0 | 0 |
| 欧洲 | 11 | 0 | 2 | 9 |
| 拉丁美洲和加勒比 | 7 | 0 | 3 | 4 |
| 中东和北非 | 0 | 0 | 0 | 0 |
| 北美 | 1 | 0 | 0 | 1 |
| 东南亚 | 1 | 0 | 1 | 0 |
| 南亚 | 6 | 1 | 2 | 3 |
| 总计 | 29 | 2 | 8 | 19 |

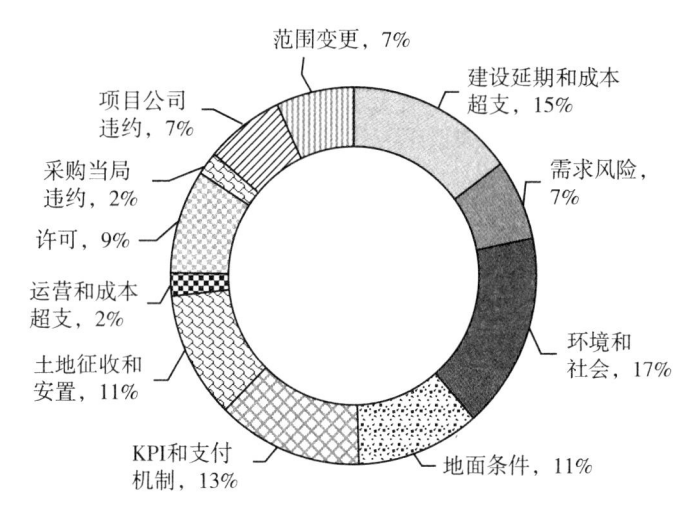

**图9** 争议的原因——基于30个出现过争议且争议原因可知的项目

注：部分项目存在多重原因。

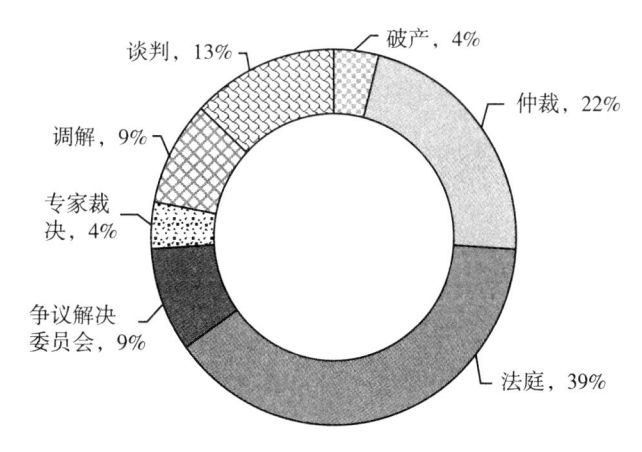

- 范围变更，7%
- 项目公司违约，7%
- 采购当局违约，2%
- 许可，9%
- 运营和成本超支，2%
- 土地征收和安置，11%
- KPI和支付机制，13%
- 地面条件，11%
- 环境和社会，17%
- 需求风险，7%
- 建设延期和成本超支，15%

**图10** 解决争议的方法——基于28个争议被解决的项目

- 谈判，13%
- 破产，4%
- 仲裁，22%
- 法庭，39%
- 争议解决委员会，9%
- 专家裁决，4%
- 调解，9%

### 争议解决机制

我们在样本库中收集了 115 个项目的合同数据，约 68% 的项目都设立了争议解决机制。图 11 展示出不同解决机制的普遍性。其中，超过半数的项目都设立国内仲裁争议解决机制。这表明国内仲裁是世界上普遍存在的做法。

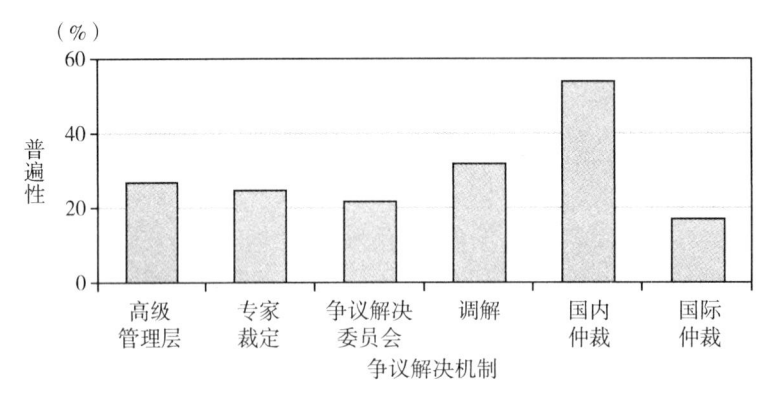

**图 11　PPP 合同中明确界定的争议解决机制的普遍性，基于 115 个项目**

数据显示，约 20% 的项目设立争议解决委员会。这些项目主要集中在印度、巴西、欧洲等地区。北美和中东地区的项目往往不选择通过委员会解决争议。

数据显示，约 27% 的项目有明确的通过高级管理层解决争议的流程。高级管理层解决争议的机制在不同地区的项目中存在较大差异。大多数北美洲项目都运用这个机制，而拉丁美洲几乎没有项目运用此机制。

数据显示，32% 的项目运用调解解决机制。印度的部分项目、拉丁美洲的少部分项目选择调解解决争议。我们的数据显示国际仲裁机制的普遍性远低于预期。这个结果或许是收集数据的局限性造成的。

## 其他重大事件的数据

### 总数据

为实现本次研究目的，以下事件被归类为重大事件，分别是：
- 项目公司或主要承包商破产。
- 建设或运营承包商变更。

- 采购当局或者贷款人介入。
- 采购当局或项目公司导致项目终止。
- 不可抗力事件。
- 重大不利政府行为（MAGA）。
- 不能投保的事件。

这些事件的普遍性如图 12 所示。关键事件在下文有更详细的说明。

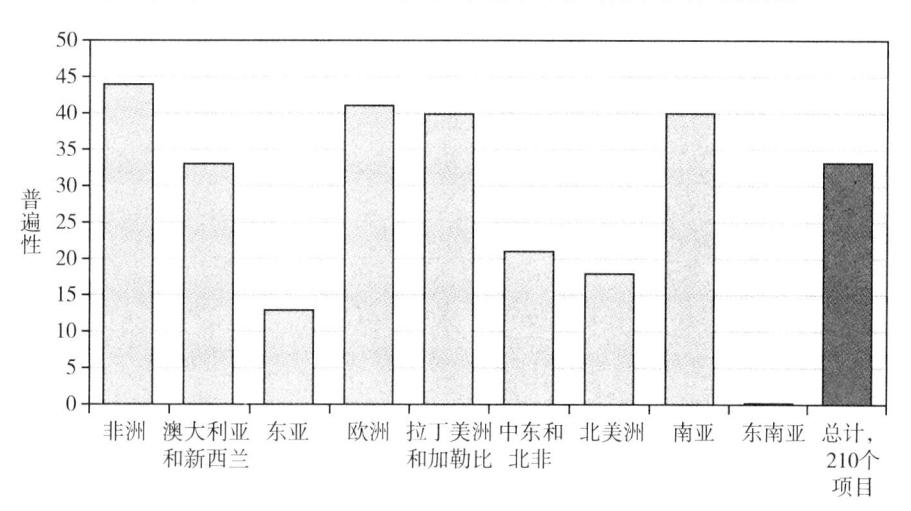

图 12　重大事件的普遍性——按地区划分

## 不可抗力事件

按地区划分的不可抗力事件的普遍性如表 5 所示。

表 5　　　　不可抗力事件的普遍性——按地区划分

| 地区 | 可获得数据的项目（个） | 不可抗力事件数量（个） | 百分比（%） |
| --- | --- | --- | --- |
| 非洲 | 8 | 0 | 0 |
| 澳大利亚和新西兰 | 3 | 0 | 0 |
| 东亚 | 22 | 0 | 0 |
| 欧洲 | 45 | 4 | 9 |
| 拉丁美洲和加勒比 | 51 | 2 | 4 |
| 中东和北非 | 14 | 2 | 14 |
| 北美 | 10 | 0 | 0 |
| 东南亚 | 9 | 0 | 0 |
| 南亚 | 31 | 5 | 16 |
| 总计 | 193 | 13 | 7 |

我们研究的项目中，有 7 个项目出现不可抗力事件。其中，2 个项目的终止完全来源于外部事件影响，分别是俄罗斯占领克里米亚和阿拉伯之春期间埃及爆发革命；剩下的 5 个项目终止虽然归因于不可抗力，但它和项目自身潜藏的风险存在一定联系。如位于西班牙的巴佐阿尔曼索拉海水淡化工厂（Bajo Almanzora Desalination Plant）遭遇洪水，工厂设施停止运转。洪水是否可以算作这个项目出现的不可抗力事件，一直存在争议。有 3 个项目出现工人罢工不可抗力事件，分别是印度的纳瓦依夸兹艮德加高速路项目（Navayuga Quazigund Expressway）、巴西巴希亚入海口水处理工厂项目（Bahia Outfall water treatment plant）以及墨西哥拉萨罗卡德纳斯集装箱码头项目（Lazaro Cardenas Second Container Terminal）。

尽管仅仅根据研究涉及的项目样本数据，难以得出任何关于不可抗力事件普遍性的可靠结论。但研究结果显示，有 5 个出现不可抗力事件的项目位于印度。这表明印度地区 PPP 项目遭受不可抗力事件的风险较大。这个结果可能与我们挑选的印度项目的数量有关。2014 年，印度最高法庭裁决取消满翰特利发电厂的煤炭分配权，发电厂日常发电量因此锐减。塔尔切尔 II 号输电线路项目（Talcher II Transmission Line）因未得到印度采购当局的授权审批，运营步步维艰。不能获批授权被定义为输电线项目出现的不可抗力事件。这些项目出现的不可抗力事件持续时间也长，每一个项目都持续 3~4 年。

## 重大不利政府行为（MAGA）事件

按地区划分的重大不利政府行为事件如表 6 所示。

表 6　　按地区划分的重大不利政府行为事件

| 地区 | 可获得数据的项目（个） | 重大不利政府行为事件（个） | 百分比（%） | 原因 |
| --- | --- | --- | --- | --- |
| 非洲 | 7 | 1 | 14 | |
| 澳大利亚和新西兰 | 3 | 1 | 33 | |
| 东亚 | 21 | 0 | 0 | |
| 欧洲 | 44 | 3 | 7 | 临近项目延误 |
| 被中央政府停止 | 51 | 2 | 4 | |
| 拉丁美洲和加勒比 | 48 | 1 | 2 | |
| 中东和北非 | 14 | 0 | 0 | |
| 北美 | 8 | 0 | 0 | |
| 东南亚 | 9 | 0 | 0 | |
| 南亚 | 27 | 1 | 4 | 土地征收延误 |
| 总计 | 181 | 7 | 4 | |

## 破产

基于 204 个可获取数据的项目汇总的破产事件如图 13 所示。

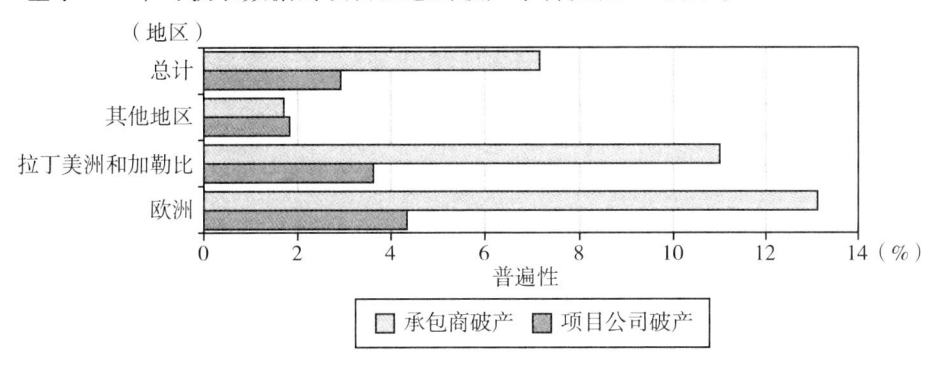

图 13　破产事件——基于 204 个可获取数据的项目

### 项目公司

我们的研究发现，项目公司破产的项目只有 6 个，分布在世界不同地区，其中一个是连接法国和西班牙沿线的佩皮尼昂高速铁路联络线项目（Perpignan Figueras High Speed Rail Link）。这 6 个项目属于交通或能源生产行业，并且项目公司都存在财务风险。

### 关键承包商

研究结果显示，有 13 个项目出现建设承包商或运营承包商破产，或者项目公司的主要供应商破产。其中，建设承包商破产的 7 个项目主要位于荷兰、德国、南非、巴西以及墨西哥等地。

基于可用性和基于需求的 PPP 项目中都有建设承包商破产。研究发现，有 2 个英国垃圾处理项目出现设备承包商破产事件。其中一个项目在建设承包商破产和项目公司破产的双重夹击下最终走向项目终止。

除此之外，研究还发现一个股权投资机构破产的项目案例。在迈阿密港隧道的项目案例中，柏克布朗（Babcock Brown）（作为项目股权投资机构）在 2008 年的国际金融危机中破产。幸运的是在融资交割前被 Meridiam 基础设施基金接替。

## 终止

尽管项目终止发生的情况较少，表 7 显示采购当局比项目公司终止项目的可能性更高，且终止项目的原因各异。我们的研究表明，4 个项目基于不同原因在采购当局违约或自愿终止的情况下终止。其中，1 个运输项目因没有通过"公共利益"测试，项目自行终止；1 个热能工程项目因采购当局煤炭供应出现问题终止；另外 2 个项目分别是采购当局因政治原因在乌克兰出现违约以及采购当局项目用地违约导致终止。大多数项目终止发生在融资交割后（2 年内），建设阶段完成前甚至开始前。这说明项目立项本身就存在问题。

表7　　　　　　　　　　按照合同方进行的终止分类

| 地区 | 采购当局终止 | 普遍性（%） | 项目公司终止 | 普遍性（%） |
| --- | --- | --- | --- | --- |
| 欧洲 | 2 | 4 | 0 | 0 |
| 拉丁美洲和加勒比 | 3 | 5 | 2 | 4 |
| 中东和北非 | 1 | 7 | 0 | 0 |
| 南亚 | 4 | 10 | 1 | 3 |
| 总计 | 10 | 5 | 3 | 2 |

采购当局通常在项目投入运营前或者确定项目不值得再继续之后的阶段终止 PPP 合同。在意大利的普拉托西尼亚连接线项目和印度的温格勒姆库提普若姆高速公路项目中，采购当局均是在出现开工迟延后终止项目；而在约旦亚喀巴港口项目中，采购当局决定扩建现有设施而不是新建设施；圣保罗地铁线项目合同终止后（由于原项目公司不能按时交付建设），很快与另一个项目公司签订新的 PPP 合同。

**其他索赔**

在研究的项目样本库中，有 7 个项目在建设阶段发生过较大范围变更，且相关成本由采购当局承担。这些项目主要是位于北美洲、澳大利亚和欧洲的交通运输行业项目。这个结论可能与这些地区可获取的项目数据有关。相比于项目的资本价值，这些范围变更的价值很高，每个变更的价值都超过 500 万美元，其中一个变更的价值超过 15000 万美元。这个结论同样可能与信息的可获得性有关，因为在我们进行信息收集时，不太可能收集范围更小的数据。

项目建设阶段范围变更较大，往往与延期有关，甚至大部分完全是由时间延误引起。大部分项目变更在融资交割之后出现，其中 6 个项目在金融交割后第 1 年内就发生了变更。

研究发现，项目运营期间范围变更较少。即使出现，大多数和建设阶段（如不同的维护要求产生额外成本）的变更直接相关。

# 所有权变更和再融资数据

基于187个项目汇总的所有权变更普遍性和基于172个项目汇总的再融资普遍性如图14所示。

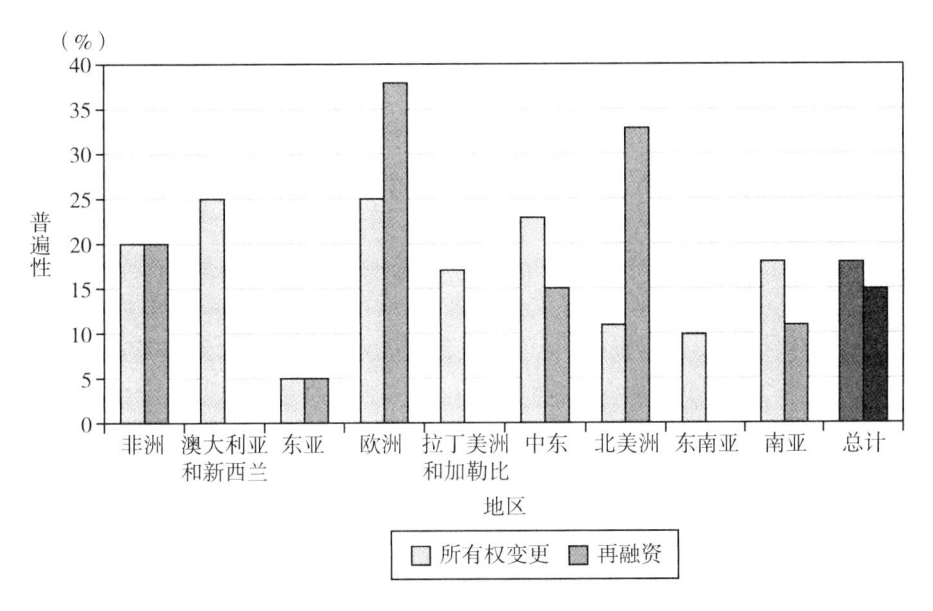

**图14　所有权变更——基于187个项目；再融资——基于172个项目**

## 所有权变更

我们对187个项目进行所有权变更调查和数据收集。研究发现，18%的项目在生命周期内经历所有权变更（所有权变更需要采购当局审批）。其中，约1/3的项目位于欧洲，绝大多数位于印度和拉丁美洲。所有权变更出现的概率在不同领域中没有明显差别。

需要注意的是，数据收集存在滞后性。研究收集的所有权变更和再融资的数据都属于事后收集。此外，我们研究的项目尚未移交采购当局，许多还没有投入运营。若研究的项目都已结项、走完整个合同生命周期，所有权变更及再融资的普遍性将会更高。

### 再融资

研究中大约15%的项目通过采购当局审批进行了债权再融资。其中,75%的项目位于发达的欧洲市场。交通运输领域的项目几乎都经历了再融资。这个结论可能和某类特定项目的特点有关,也可能和数据收集过程有关。研究结果也从侧面反映出采购当局更多地参与交通运输项目;能源领域项目中签署的协议,如能源购买协议,采购部门往往不予审批。

## 全球数据和样本数据

选取项目是本调查研究的重要步骤。我们通过有机整合全球现有的网络数据库创建出PPP主数据库(主数据库)。创建主数据库遵循的主要原则是筛选出经济基础建设领域2005~2015年完成融资交割的项目。具体创建步骤在书中方法论章节有具体阐述。从主数据库中选取的部分数据分析见表8至表11、图15和图16。

表8　　　　　　　　　　按照地区和行业的主数据库分类

| 地区 | 能源(个) | 运输(个) | 垃圾(个) | 水(个) | 总计(个) | 百分比(%) |
|---|---|---|---|---|---|---|
| 澳大利亚和新西兰 | 0 | 32 | 1 | 4 | 37 | 1.0 |
| 东亚 | 281 | 100 | 73 | 54 | 496 | 13.3 |
| 欧洲 | 93 | 423 | 73 | 54 | 643 | 17.2 |
| 拉丁美洲和加勒比 | 511 | 358 | 32 | 79 | 980 | 26.2 |
| 中东和北非 | 140 | 68 | 3 | 380 | 249 | 6.7 |
| 北美 | 2 | 117 | 3 | 6 | 128 | 3.4 |
| 东南亚 | 164 | 56 | 4 | 14 | 238 | 6.4 |
| 南亚 | 317 | 466 | 0 | 7 | 790 | 21.1 |
| 撒哈拉以南非洲 | 114 | 57 | 0 | 4 | 175 | 4.7 |
| 总计(个) | 1622 | 1677 | 189 | 248 | 3736 (100%) | |
| 总计(%) | 43.4 | 44.9 | 5.1 | 6.6 | | |

**表9　每个地区的项目的百分比**

| 地区 | 项目百分比（%） | 项目数量（个） |
| --- | --- | --- |
| 澳大利亚和新西兰 | 1.0 | 32 |
| 东亚 | 13.3 | 496 |
| 欧洲 | 17.2 | 643 |
| 拉丁美洲和加勒比 | 26.2 | 980 |
| 中东和北非 | 6.7 | 249 |
| 北美 | 3.4 | 128 |
| 东南亚 | 6.4 | 238 |
| 南亚 | 21.1 | 790 |
| 撒哈拉以南非洲 | 4.7 | 175 |
| 总计（数量） |  | 3736 |

**表10　按照部门的主数据库构成**

| 部门 | 项目百分比（%） | 项目数量（个） |
| --- | --- | --- |
| 运输 | 44.9 | 1677 |
| 能源 | 43.4 | 1622 |
| 水 | 6.6 | 248 |
| 垃圾 | 5.1 | 189 |
| 总计 |  | 3736 |

**表11　按照融资交割日期的主数据库构成**

| 融资交割（按照阶段） | 项目百分比（%） | 项目数量（个） |
| --- | --- | --- |
| 阶段1 | 20.0 | 747 |
| 阶段2 | 24.5 | 914 |
| 阶段3 | 28.7 | 1072 |
| 阶段4 | 26.8 | 1003 |
| 总计 |  | 3736 |

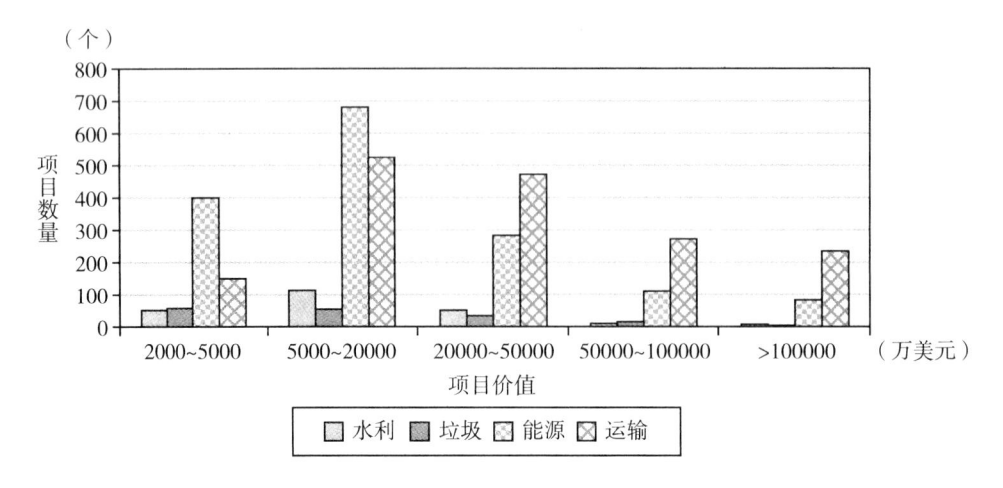

图 15 主数据库中的项目的资本价值

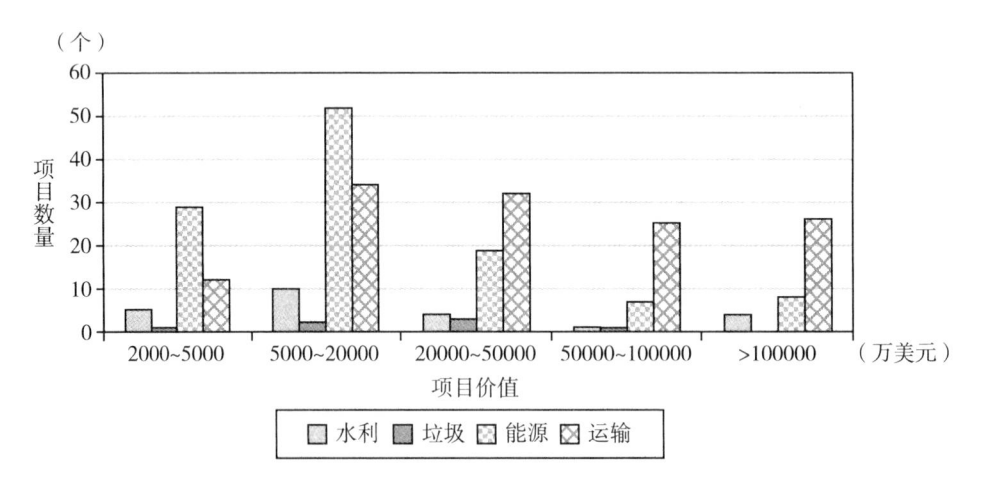

图 16 样本数据库中项目的资本价值

# 附录2 案例研究

## 比利时：布拉伯一号轻轨

**项目概况**

地点

比利时安特卫普市

行业

运输——铁路

采购当局

佛兰芒道路局（Agentschap Wegen en Verkeer，AWV）和佛兰芒公共交通公司（De Lijn）

项目公司

布拉伯一号轻轨企业

项目公司责任

设计、建设、融资和维护

融资交割

2009年8月8日

资本价值

1.7亿欧元（2.54亿美元——2009年汇率）

合约年期

38年（与佛兰芒道路局）

28年（与De Lijn）

关键事件

范围变更，再融资，撤回建设许可证

## 案例摘要

布拉伯一号轻轨是比利时佛兰德斯第一个公共交通方面的 PPP 项目。此项目由两个采购当局负责,签署两个独立的项目合同:(1)现行轻轨网络扩建以及大型电车轨道维护车辆段的合同;(2)对相关道路基础设施全面升级的合同。项目公司——布拉伯一号轻轨企业负责项目的设计、建设、融资以及维护,项目付费机制为可用性付费以及绩效基准付费。项目按期移交,没有出现延期。项目运营五年间,经历的重大事件和挑战分别是 2016 年 3 月再融资、2011 年项目公司建设许可证撤销以及与另一个新建轻轨网络的衔接问题。整体上,两个采购当局都认为此项目成功结项。

该项目拥有与最早期的比利时 PPP 模式的特定的融资结构,也即采购当局在该项目中拥有项目公司的股份。两个采购当局之一的 De Lijn 公司于 2007 年通过其成立于 2007 年的投资公司 Lijninvest NV 投资了项目公司 24% 的股份。该项目的第二个特定特征是项目公司还与安特卫普市另外签订了设计、建造、融资合同,涉及市政内部道路基础设施的更新。安特卫普市主要参与建设,在建设完成时,安特卫普市的里程碑付款用于偿还项目公司筹集的短期融资。安特卫普市还有义务在运营阶段为特定的维护服务提供季度供款。

## 经验要点

- 尽早预计到工程范围的变更(即使费用未知)会有助于项目成本管理。
- 重视文件控制管理。管理不当,将会影响过渡期项目效率。
- 变更指令审批时间规定不充分会引起项目延期、影响项目公司和采购当局的合作关系。
- 与所有利益相关者建立融洽关系,提高项目许可管理工作的效率。
- 项目公司进入运营阶段时可能需要一定时间来做出调整才能完全满足关键运营绩效标准。
- KPI 不达标时,项目双方需要进行主动管理,共同找出不达标原因。
- 再融资期间成立专项工作组、任命财务顾问。此举可以帮助采购当局从项目公司的再融资中获得积极结果。

## 项目筹备

### 项目合作目的

2003年，项目由安特卫普市交通计划发起。2007年8月，负责推行交通计划的政府机构 Beheersmaatschappij Antwerpen Mobiel 启动项目招标。项目旨在促进城市中心和偏远地区的互联互通，推广公共交通系统，减少城市中心的汽车数量。项目范围主要是安特卫普市东部7千米的轻轨基础设施，Wijnegem 的53个有轨电车的大型电车维修站，以及相关街道基础设施的全面更新。此项目是推进安特卫普市交通计划的关键一环。安特卫普市交通计划由若干个改进方案组成，计划致力于实现到2020年该地区一半的公共出行都通过公共交通、自行车或步行实现。

2009年5月，Beheersmaatschappij Antwerpen Mobiel 启动项目采购工作。项目公司与佛兰芒道路局以及佛兰芒公共交通公司 De Lijn 签订了两个合同（在此统称为 PPP 合同）。第一个合同与 De Lijn 签订，合同期为28年，包括3年建设，并可能延长10年合同，以扩展其铁路网络并维护其维修站。第二个合同与佛兰芒道路局签订，合同期为38年，包括在相关道路基础设施升级的3年建设阶段。

项目建设需要在限定的时间和市区受限的区域内完成，对于这项规模宏大的项目，采购当局的逻辑是，将项目职责交由私人伙伴一方，并允许其分配项目接驳的风险，可以激励私人部门更好地进行管理。项目的优势在于问责机制、物有所值和噪声削减管理。

### 经济和政治环境

撰写此项目案例时，布鲁塞尔机场铁路交通 PPP 项目以及布拉伯一号轻轨 PPP 项目已经形成成功的采购模式，并应用于之后的数个基础设施项目。该项目在2009年第三季度完成融资交割，当时正值全球金融危机期间。当时，中央政府并没有出台对 PPP 项目任何的政策保障。采购当局通过一个个项目积累的经验，逐步摸索出把 PPP 模式应用于基础设施项目的方法。

融资交割时经济环境恶劣，使得项目发起人很难安排长期债务融资。因此，该项目随后根据十年的贷款期限进行建设。结果，该项目必须在合同期内进行再融资。佛兰芒政府为帮助项目公司抵御再融资的风险，承诺项目公司在商业再融资失败时，会以合适的价格提供5~10年的贷款，满足其融资需求。

## PPP 合同管理

此项目的复杂性在于存在两个采购当局。采购当局 De Lijn，负责安特卫普市和佛兰德斯总体的铁路基础设施和公共交通开发；采购当局佛兰芒道路局，主要负责佛兰德斯连接不同自治市的地方性基础设施。合同中相关政府机构是安特卫普市政府，它负责城市的基础设施（街道和人行道）工作。

De Lijn 主导项目招标工作。它与佛兰芒道路局以及安特卫普市联合，设立指导委员会代表他们在建设时期的共同利益。De Lijn 还作为持有项目公司 24% 股份的股权投资者参与到项目公司中。

### 建设阶段

除了建设许可证问题，项目建设阶段没有遇到重大问题。建设阶段的主要建设承包商是负责道路基础设施的 Heijmans、负责电车车辆段的 Franki 以及负责铁路基础设施的 Frateur de Pourcq。

建设阶段出现的一个问题是项目公司的建设许可证在 2011 年 5 月因公众对计划的反对被撤销。2011 年 9 月 27 日，颁发了附带条件的新许可证。当法院做出撤销许可证裁定时，De Lijn 的股权显示出了优势。De Lijn 与私人股权投资者一起，以合作伙伴的身份共同解决这一问题。尽管轻轨部分的建设工作受到撤销许可证的影响而暂停，其他受不同许可证管理的工作仍在继续。最终，四个月的延期并未对项目总体的完工和进程造成重大影响。

### 运营阶段

公共部门知识欠缺和项目建设阶段数据信息封锁，导致项目从建设到运营的过渡极具挑战。对此，采购当局的经验是，更好的文件管理系统可以有效应对过渡期挑战。

项目的主要运营承包商是 Heijmans、Franki 和 Frateur de Pourcq。项目的运行模式是在融资交割后的财务模型的基础上形成。项目开展的运营和维护活动完全遵循约定的运行模式。为推进运行模式年度审核，核实实际维护支出及其记录、调整实际支出与预期支出关系，采购当局可以查阅项目的日常运行情况。

项目总体的运营绩效良好，到目前为止，绩效扣减微乎其微。项目未出现重大失误，KPI 上没有出现重大问题。针对轻轨产生过量噪声问题时，双方都主动进行减噪控制管理，共同收集噪声阶段的相关数据，研究并实施合适的降噪措施（如在轨道上增加润滑装置）。

**履约监督和关键绩效指标（KPIs）**

该项目中的 KPI 和其他类似的项目相比，表现相对一般。在该项目中，与其他类似项目相比，总体认为协商确定的 KPI 相对而言是通用的。KPI 分为关键（24 小时进行补救，只要发生就进行处罚）和非关键（补救时间更长，仅在未在补救期限内进行补救才进行处罚）。

由于 KPI 具有通用性特点，采购当局和项目公司在运营阶段初期会就付费扣除的目的和适用性开展较多讨论。但是，两年之后，随着对 KPI 运营理解的不断加深，双方将推行出可行的解决方案。项目公司使用软件来监测 KPI 运行，采购当局无软件访问权。采购当局通过项目公司提交的季度报告和自己收集的数据来核实绩效失误和付费扣除情况。

**变更管理**

PPP 合同由变更指令的规定，设置了清晰和严格的变更程序。然而，审批的时间线限制过于严格。

总的来说，该项目运营至今经历了几次变更（大部分变更较小）。但是，有一个较大的变更涉及铁路接口，将在下文题为"关键事件"部分进行详细讨论。

此项目规模较大，项目出现的变更次数频次合理。大部分变更需求都由采购当局提出。

## 政府角色

采购当局的作用取决于采购当局和其他相关政府机构在项目中的利益和管辖权。在建设阶段，在与项目公司的关系中，De Lijn 处于领导地位，而佛兰芒道路局的利益则由监督整个项目的指导委员会来代表。该指导委员会由两名来自 De Lijn、两名来自 Beheersmaatschappij Antwerpen Mobiel 以及五名来自项目公司的成员组成。Beheersmaatschappij Antwerpen Mobiel 和 De Lijn 从 2009 年起成为项目公司的股权投资者。

就与 De Lijn 签署的合同而言，De Lijn、佛兰芒道路局和项目公司召开季度合同管理会议来处理合同运营中出现的问题。如果运营问题需要提高到更高管理层面进行协商，采购当局和项目公司中所有股东参加的指导委员会会议将召开专门会议进行讨论。此外，De Lijn 每季度举办关于 De Lijn 所有 PPP 项目的内部指导委员会会议，讨论项目层面以及总体投资组合层面的重大问题。

**采购当局和项目公司之间的关系**

项目公司和采购当局之间的关系融洽。至今为止，还没有产生重大分歧或争议。

运营阶段，采购当局基于可用性和绩效标准向项目公司支付单一付费，付费可以基于绩效结果进行扣减。与安特卫普市之间是里程碑付费机制，建设阶段结束后由该市支付建设费用。除了可用性付费之外，采购当局还需支付合同规定的维护费用。

**团队组建与人员安排**

运营阶段，De Lijn 配有一名合同经理和两名技术人员。

**沟通**

建设阶段，各方使用同一个网络平台管理项目文件和数据。运营阶段，此网络平台的作用仅限于管理活动，比如财务和公司报告，以及监测管理。

运营阶段的会议属于分层次按需举办。技术人员会面，沟通技术上的日常问题。采购当局和项目公司的合同管理人召开季度会议讨论 KPI、绩效失误等商业问题。同时，采购当局和项目公司的利益相关者召开指导委员会会议，处理所提交上来的问题。总的来说，项目中，会议频次合理恰当。

尽管会定期对项目绩效进行审计，但审计结果并未公布。

**关键事件**

**变更指令**

融资交割前，曾有一次大的变更指令事件。预估变更的价值为 200 万欧元。由于安特卫普轻轨网络的扩建，需要在技术上对存量轨道网络进行改造，以实现与新的网络的接驳。由于这次变更，项目范围内铁路基础设施的使用频率也得到增加。

变更有关的费用由采购当局承担，包括变更建设成本的固定投资部分。而增加的维护费用则通过更高的可用性付费来支付。这部分付费的数量通过商业谈判确定。

项目的一个关键问题是轻轨使用率高于预期，随之而来的是高损耗和维护费用攀升。然而，这一变更在拟定合同条文时已经预料到了。虽已预料到，但在融资交割阶段还未找到合适的方法来预判其对资产状况的影响和估算所需提供额外的维护费用。

因此，要解决上述问题，可以通过加强（独立的）监测管理，评估因高使用率带来的资产损耗情况。通过检测数据、量化实际使用率，有助于各方在可用性付费价值上达成一致。

**优先债务再融资**

另一个关键问题是优先债务的再融资。受当时金融危机影响，项目公司在融资交割时没有筹集到长期债务资金。2006 年，项目完成再融资，才为剩余合同期的项目筹集到新贷款。

2006 年完成的再融资是项目再融资投资组合的一部分。整个过程由 De Lijn 主导。De Lijn 和项目公司成立了再融资工作组，聘请一名外部财务顾问。再融资的 8 个月期间，De Lijn 的股权在分担融资风险方面起到了积极作用，同时项目迎来一名新投资商加入。

## 项目经验

**尽早预计到工程范围的变更（即使成本未知）会有助于项目成本管理。**

虽然融资交割时已预测到铁路基础设施和不同轨道车辆使用量增加的情况，但由于无法获取可用数据，提前预测增加的维护成本便难以进行。项目合同已经将使用量增加情况包含在内，并为收集相关数据提供了可用的方法。即通过监测资产损耗，判断使用量对资产的影响，进而预估增加的维护成本。项目建设和安特卫普其他轻轨网络接驳时，部分项目工程段使用量增加、维护成本增加，这些情况下采购当局和项目公司联合起来共同应对可能引发的财务状况。双方的通力合作保障了项目的付费机制最终运行稳定，无重大问题产生，这被 De Lijn 视为项目的典范。

**重视文件控制管理。管理不当，将会影响过渡期项目效率。**

采购当局认为建设到运营阶段的过渡是项目的一大挑战。过渡期内人员变更频繁、文件管理系统不充分往往导致过渡效率低、进程缓慢。因此，设计并运行完善的文件和信息管理系统至关重要。从融资交割开始到整个合同期内，都要保障系统的充分使用。

**变更指令审批时间规定不充分会引起项目延期、影响项目公司和采购当局的合作关系。**

PPP 合同由变更指令的规定，设置了清晰和严格的变更程序。然而，审批的时间线限制过于严格。不充分的时间会引起项目延期、影响项目公司和采购当局的合作关系。一旦发现变更程序有问题，各方需要尽快商讨出一致可行的解决方案。这个方案应该在合同签署前让各方知晓并同意。

**与所有利益相关者建立融洽关系，提高项目许可管理工作的效率。**

建设阶段出现的一个问题是项目公司的建设许可证因公众对计划进展的反对被撤销。几个月后，项目公司获得了附带条件的新许可证。De Lijn 与私人股权投资者一起，以合作伙伴的身份共同解决许可证这一问题。尽管轻轨部分的建设工作受到撤销许可证的影响而暂停，其他受不同许可证管理的工作仍在继续。最终，4 个月的延期并未对项目总体的完工和时间造成任何重大影响。

**项目公司进入运营阶段时可能需要一定时间来做出调整才能完全满足关键运营绩效标准。**

由于 KPI 具有的通用特点，采购当局和项目公司在运营阶段初期就付费扣除的目的和适用性开展较多讨论。但是，两年之后，随着对 KPI 运营理解的不断加深，双方将推行出可行的解决方案。

**KPI 不达标时，项目双方需要进行主动管理，共同找出不达标原因。**

项目总体的运营表现良好，绩效扣除微乎其微。项目未出现重大失误，KPI 没有重大问题。针对轻轨产生过量噪声问题时，双方都主动进行噪声削减控制管理，共同收集噪声阶段的相关数据，研究并实施合适的降噪措施（如在轨道上增加润滑装置）。

**再融资期间成立专项工作组、任命财务顾问。此举可以帮助采购当局从项目公司的再融资中获得积极结果。**

受当时金融危机影响，项目公司在融资交割时没有筹集到长期债务融资。2016年，项目完成再融资，才为剩余合同期筹集到新贷款。

2006 年完成的再融资是项目再融资投资组合的一部分。整个过程由 De Lijn 主导。De Lijn 和项目公司成立了再融资工作组，聘请一名外部财务顾问。再融资的 8 个月期间，De Lijn 的股权在分担融资风险方面起到了积极作用。

# 巴西：水电站

**项目概况**

地点

巴西

行业

能源——发电

采购当局

巴西电力监管局（ANNEL）

项目公司责任

建设、运营和移交

融资交割

2005~2010年

资本价值

超过5亿雷亚尔（约2.5亿美元——融资交割时的汇率）

合约年期

35年

关键事件

建设初期因环境许可问题延期

## 案例摘要

21世纪早期，采购当局和项目公司就此水电项目签署PPP合同。然而，项目公司未能及时取得建设许可证，项目在合同签署5年后才完成融资交割。巴西水电站发电量约为70兆瓦。PPP合同下，项目公司负责水电站建设，在PPP合同到期前拥有发电站运营权。项目资产移交政府前，项目公司可以延长运营时间。

此项目是巴西早期批准的能源生产PPP项目之一。因未能获批环境许可证，项目建设出现延期。采购当局通过对PPP合同再谈判，允许项目公司延长完工时间。从这个水电PPP项目和同时期授予的其他项目中积累的经验，已经在巴西后续的PPP合同中得以体现。

## 经验要点

- 清楚了解项目公司的财务绩效对于运营阶段的有效管理非常重要。
- 出台降低项目公司需求风险的政策，可营造更为可持续的投资环境、并提高私人部门的参与度。
- 公众是否支持环境敏感项目（如巴西的水电站），可能会影响此行业后续项目的长期发展。
- 在自由开放的市场中，可以实施适当的政策激励私人部门在能源效率上不断创新。
- 采购当局组建专门合同管理团队，统筹项目合同、提高管理效率。

## 项目筹备

### 项目合作目的

此项目是巴西增加 2607 兆瓦发电容量项目的子项目。至今，获批项目预期将在合同期内为巴西政府创造 39 亿雷亚尔（20 亿美元）的财政收入。项目预计总投资为 48 亿雷亚尔（24 亿美元），惠及 1900 万名巴西人民。水电站建设范围广，覆盖巴西五个地区共十个州：里约热内卢、米纳斯吉拉斯、圣卡塔琳娜、巴拉那、托坎廷斯、戈亚斯、南里奥格兰德、巴伊亚、玛多克罗索、帕拉。

### 经济和政治环境

21 世纪早期，巴西政府大力推进能源基础设施建设，着力提高电力行业发电能力。当时正乘上巴西新一轮改革政策的东风，国外投资者对巴西市场充满信心。新政府改革推动国家 GDP 增加。巴西跃为投资吸引力巨大的新兴市场，国外投资者纷纷涌入。

## PPP 合同管理

### 建设阶段

PPP 项目合同规定，项目公司全面负责项目资产的设计和建设。除采购当局的规定外，项目公司还需满足电网运营商，即国家电力系统运营商，提出的要求。

采购当局只批准遵从 PPP 合同的计划书，不负责为项目公司获取要求的建设许可证。本项目在获取环境许可证等必需的许可时造成项目延期的情况，将在下文题为"关键事件"部分进一步详述。

项目建设开始后进展非常顺利。项目在融资交割两年后完工。

为保障电网免受损坏、独立电网顺利接入国家电网以及合同期间电站的安全运营，电网运营商积极参与变电站试运行，确保项目公司遵守约定的规范和程序。高压传输线的所有者也参与了项目的测试和试运行。采购当局收到电网运营商提交的批准报告后，才会允许项目进入运营阶段。

**运营阶段**

项目运营阶段没有出现重大问题。由于没有和采购当局签署购电协议或承购协议，项目公司需负责销售生产的电力（如卖给大型工业消费者）来获取收益。项目公司收益严重依赖其与大型工业用户达成的少量销售协议，收益预期不容乐观。在后续的合同中，采购当局新增购电协议条款，将一定比例的电力通过购电协议销售给公用事业供应商，从而提高了项目公司收益的确定性。

**履约监督和关键绩效指标**

除了项目测试和试运行阶段进行了严格的绩效检测之外，采购当局没有在建设阶段密切监测绩效。PPP 合同设定了项目公司要实现的重要里程碑，即：

- 获批环境许可证。
- 开始建设工作。
- 河道水流绕道。
- 开始电机装配作业。
- 启动试运行。
- 启动商业运行。

未达成里程碑时，项目公司需要支付给采购当局商定好的赔偿金并可能没收履约保证金。如果在实现里程碑方面存在任何问题或失败，则采购当局可以赴现场调查原因。

项目测试和试运行结束后，采购当局开始逐步减少对项目的绩效监测。水电站投产开启输送电力服务时，电网运营商将接替采购当局对项目公司进行绩效监测。电网运营商实行实时运营监测，并对外公开形成的监测报告。项目运营阶段，采购当局继续负责监测项目公司对合同履约情况。若履约不当，项目公司需要支付给采购当局商定好的赔偿金。

**支付机制**

项目建设完成和项目资产投入使用时，项目公司才能获得收益。因此建设阶段并没有设立对应的支付机制。

项目公司对该项目的中标价格大大高于设定的标底价约 30 万雷亚尔。应付给采购局的投资费用约为 200 万雷亚尔，按通货膨胀调整后分为年费，并按每月分期付款。除了支付给采购当局的投资费外，项目公司还必须向传输线运营商支付使用费，以连接到电网。如果发电量下降到 30 吉瓦以下，则 PPP 合同允许减少这些费用，这已经在该项目上发生过多次。

尽管不是专门针对 PPP 合同，但需要着重说明的是，巴西的所有 PPP 合同都必须缴纳税款，专门用于资助采购当局监管和检查市场的业务。此外，还有一种"收费"机制，要求所有项目公司都设立一个基金，将其年收入的 1% 存入该基金。然后，这笔资金用于支付能源效率和研发（R&D）的投资。

项目公司负责基金管理工作。基金的存款凭证必须提供给采购当局。所有使用基金进行的研发或者能源效率项目都必须提交至采购当局审核。如果发现项目不符合采购当局对研发定义的要求，项目公司必须将已投入资金进行重新投资。

### 项目公司所有权变更

由于股权投资者法律结构和所有权的变更，项目公司经历了多次所有权变更。项目公司所有权变更，必须经过采购当局的审核批准。采购当局不认为股权变更对项目公司的绩效产生不利影响。在批准变更项目公司的所有权时，采购当局的主要关切是确保新的股权投资者财务稳健，并且在技术上能够继续该项目的运营。

## 政府角色

### 促进低利率融资

从 20 世纪 40 年代开始，为支持地方发展，巴西政府为开发商提供灵活多样的融资手段。巴西主要的开发银行是建立于 1952 年的国家社会经济发展银行（BNDES），它提供的贷款利率一般远低于商业贷款利率。

项目的优先债务贷款由 BNDES 提供。BNDES 比私人商业银行承担风险能力强，提供的财政解决方案利率更佳，可以帮助项目公司更快完成商业融资。

## 采购当局和项目公司之间的关系

### 团队组建与人员安排

采购当局从自己系统内选拔人员，组建了一个较大的发电团队，主要负责 200

个大型水电站（超过 30 兆伏）和 1000 个小型水电站项目。其中，团队中有 40 人专项负责合同履行和合同管理工作，如变更和再谈判等事件；50 人负责项目日常监测和运营。采购当局未对每个项目设立专门团队，而是设立人员充足的综合团队统筹管理所有 PPP 合同。

**培训和发展**

采购当局为每位加入管理团队的员工提供年度培训。培训技能综合而广泛，重点强化 PPP 合同管理中的关键技能。除此之外，各个项目办公室根据项目特点和员工需求，提供定制化和区别化的培训。培训老师一般是经验丰富的内部员工或外部聘请的专家。通常来说，项目会选取国际市场负责人、大型机构，如电力系统委员会（Cigré）、大学以及设备生产商进行专题研讨会、特别小组和专业课培训。

采购当局没有使用合同管理手册。所需的合同管理技能通常是通过在职培训以及从已完成和正在进行的项目以及学术出版物中获得的经验和知识发展而来。

**沟通**

采购当局和项目公司之间的关系是透明的。采购当局非常重视和项目公司建立良好关系，也意识到良好关系将大力推进项目顺利进行。需要注意的是，只有双方关系透明，采购当局才有机会帮助项目公司解决可能面临的挑战。

项目各方通过正式信件进行官方交流。但是，最近，采购当局已与项目公司就所有大合同定期举行季度管理会议。

**关键事件**

**环境许可证延期**

由于环境许可，该项目面临严重的延误。通常推迟一年多时间开工是许多与该水电项目同一时期采购的水电站所面临的主要问题。目前，采购当局不要求与投标书一起提交环境评估，有关项目公司将发现在授予合同后的时间内很难获得所需的环境许可证。

许可过程很严格，需要进行大量研究，而且环境机构的要求在国家和州政府之间以及州与州之间也有所不同。此外，由于在 PPP 合同签订之前尚未开始环境许可，因此环境许可机构首次看到拟议的设计是在合同签署后项目公司提交其申请时。此过程增加了延误的风险，许多电厂被完全取消。在该项目中，PPP 合同没有终止，项目公司获得了获得所需许可证所需的额外时间。

**经验**

如果项目公司有很大的风险无法获得必要的许可证，则采购当局应制定处理延误的计划。

巴西的能源发电厂在获得必要的许可证时遇到困难是很常见的。如果此风险已转移给项目公司，则采购当局需要制订计划来管理延误的影响，尤其是在由于项目公司无法控制的因素而导致的情况下。

**项目需要外部机构审批时（如环境监管机构），尽早在融资交割前与其接洽。**

获批环境许可是巴西能源类 PPP 项目中项目公司面临的常见挑战。和此项目同期的水电 PPP 项目中有 1/2 因为无法获得环境许可不能按期进入建设阶段，继而引发合同终止。为了解决这一问题，采购当局更新了项目流程，要求在项目授予前，必须完成环境获批三个阶段中的第一个阶段。更新后的流程总结如下：

- 第一阶段为项目设计竞赛。设计者向采购当局提交概念设计及环境和社会影响评估。
- 概念设计移交给环境管理部门。环境管理部门从环境角度给出项目是否可行的意见。
- 如果环境监管部门认为概念设计可行，采购当局将批准此设计方案，并推动其进入采购阶段。
- 如果环境监管部门认为概念设计不可行，设计者有机会根据部门反馈的具体不合规意见进行修改、重新设计和提交。
- 第二阶段是基于获批设计进行竞争。投标人综合评估项目设计方案后，提出投标，获得项目建设和运营权以及能源销售权。方案原设计者方可以参与投标。如果中标人不是设计者，中标人需有偿支付设计者的设计成本。
- 采购阶段结束后，项目公司需负责完成环境许可获批剩下的两个阶段，获批相关成本由采购当局承担。

**清楚了解项目公司的财务绩效对于运营阶段的有效管理非常重要。**

强调指出，采购当局对项目公司的财务状况没有清晰的看法。除了由于法律重组而导致所有权变更的原因外，目前尚不清楚导致所有权变更的其他原因。对项目的财务状况和绩效没有清晰的认识，可能使采购当局面临项目公司突然破产的风险。

目前，采购当局计划在其职权范围内对项目公司绩效进行定期的财务监控。这将使采购当局有能力评估项目公司的财务困难，并使自己能够更好地解决这些困难。

**出台降低项目公司需求风险的政策，可营造更为可持续的投资环境、并提高私人部门的参与度。**

巴西早期发电 PPP 合同中，项目公司负责订立销售合同，向最终用户销售电力。由于大型最终用户合同需求难以预测，这一模式并没有提高私人部门的收益。

为解决这一问题，控制项目公司在能源 PPP 合同中面临的风险，采购当局为后续项目引入一项新政策，通过电力购买协议（PPA）将一定比例的电力销售给公用事业供应商。新的水电 PPP 项目中，项目公司签订两份合同，一份是 PPP 合同，另一份是电力购买合同。电力购买合同一般在 PPP 合同生效 5 年后签署。如果项目公司在 PPA 开始日期之前完成建设，则可以在自由市场上出售其电力。因此，该政策除了允许在开始 PPA 之前约 5 年的时间完成建设外，还改善了项目公司收入的确定性，因为公用事业服务提供者对未来的需求更加确定。

**公众是否支持环境敏感项目（如巴西的水电站），可能会影响此领域后续项目的长期发展。**

采购当局注意到目前水电站项目在环境方面声誉不佳。许多利益相关者希望参与到水电领域未来发展的讨论中。为回应利益相关者的关切，采购当局积极改善未来水电站的发展规划。例如，通过研究不同河流制定出最为匹配的发电站方案、及早在每个项目初期接洽环境监管机构。虽然中央政府在国家层面上解决能源需求问题不在本参考工具的讨论范围，这个案例却凸显出利益相关者的关切对不同领域项目方向和政策发展产生重大影响。

**在自由开放的市场中，可以实施适当的政策激励私人部门在能源效率上不断创新。**

按比例收费机制为能源效率和研发投资提供了大量资金，而在没有监管执法的情况下，在自由化市场中可能不会有这些投入的情况。因此，该机制是监管者可以用来推动私人部门参与改善能源市场的工具。

**采购当局组建专门合同管理团队，统筹项目合同、提高管理效率。**

采购当局从自己系统内选拔人员，组建了一个较大的发电团队，主要负责 200 个大型水电站（超过 30 兆伏）和 1000 个小型水电站项目。其中，团队中有 40 人专项负责合同履行和合同管理工作，如变更和再谈判等事件；50 人负责项目日常监测和运营。采购当局未对每个项目设立专门团队，而是设立人员充足的综合团队统筹管理所有 PPP 合同。

# 巴西：皮拉西卡巴 440/138 千伏变电站

**项目概况**

地点

皮拉西卡巴，圣保罗，巴西

行业

能源——传输

采购当局

巴西电力监管局（ANNEL）

项目公司

CPFL Transmissão Piracicaba S. A.

项目公司责任

设计、建设、融资、运营以及维护

融资交割

2013 年 2 月 25 日

资本价值

1.09 亿雷亚尔（按照 2013 年的汇率，5350 万美元）

合约年期

30 年

关键事件

政府许可延期

## 案例摘要

皮拉西卡巴 440/138 千伏变电站位于巴西圣保罗州皮拉西卡巴内陆地区，属于小型设施项目。旨在连接从该州贯穿到地方电网的 440 千伏高压输电线路。因为许可证问题，项目服务阶段出现延期。采购当局驳回项目公司提交的延长合同期限的请求。较不复杂的合同使采购当局认识到，较小和较不复杂的合同可以在简化合同管理方面提供优势。

## 经验教训综述

- 优化合同规模和复杂度是有效管理合同的关键因素。

- 即使对于小型项目，许可也会对施工时间产生重大影响。
- PPP项目年度综合培训是系统培训合同管理团队的有效方法。

## 项目筹备

### 项目合作目的

建设皮拉西卡巴变电站的目标是连接地方电网与国家电网，提高巴西电力服务的可靠性。皮拉西卡巴变电站是降压变电站，它将440千伏的高压输电线路和当地138千伏的低压输电线路连接起来。变电站由两部分组成：（1）第一部分（或第一步），是将440千伏的输入线路接入降压变电站；（2）第二部分（或第二步），是将138千伏输入线路接入地方电网。此PPP项目通过将建设风险转移给项目公司，充分发挥私人部门的专业优势，来提高电网服务的可靠性。

### 经济和政治环境

此项目的采购阶段正好在全球金融危机影响渐渐平息之后、2014年经济挑战开始之前进行。尽管该国仍在遭受债务增加的困扰，但巴西的GDP增速超过了经济预期，从而在2013年结束时表现出色。2014年中期，全球市场对巴西这种外部和财政不平衡的新兴市场丧失信心，巴西经济出现了急剧衰退。

## PPP合同管理

### 建设阶段

巴西PPP项目中，融资、设计、建设和环境许可有关的风险通常都转移给项目公司。采购当局负责监测建设进度和项目公司绩效。项目公司根据PPP合同规定负责资产的设计和建造。

采购当局批准符合PPP合同规定的设计后，项目公司负责获批移交变电站所需的建设许可和环境许可。项目公司还必须遵循国家电网运营商国家电气系统运营商(Operador Nacional do Sistema Elétrico)（电网运营商）和高压输电线路所有者的要求。

双方同意建设阶段需在22个月内完成，包括获得必要许可所需的时间。但是，获批许可的时间超过预期，导致项目延期194天。因此，直至项目投入运营，项目公司由于建设延期需承担额外费用。

PPP合同期限为30年（包括建设和运营阶段）。因此合同期限一定时，任何建设延期都会缩短运营期限。为应对建设延期，项目公司提出延长合同期限，保障运营阶段达到商业交割时预想长度的请求。该请求被采购当局驳回。现在这项索赔已经结束。

**测试和试运行**

电网运营商参与了变电站的调试，并负责确保项目公司遵守电网运营商的规范和程序。这是为了保护电网不受损害，并有助于将该项目顺利整合到电网中，并保证 PPP 合同期内的安全运行。高压传输线的所有者也参与了项目的测试和试运行。

变电站的测试和试运行顺利，没有遇到任何问题或争议。采购当局和电网运营商于 2015 年 7 月开始商业运营。

**运营阶段**

PPP 合同预计运营开始于 2014 年 12 月 25 日。由于建设阶段延期，运营工作直到 2015 年 7 月 7 日才开始。项目进入商业运营以来，没有遇到任何技术问题。项目公司顺利收到可用性付费。采购当局认为这个项目是成功的案例。

**履约监督和关键绩效指标（KPIs）**

建设

PPP 合同规定了项目公司必须实现的关键里程碑。PPP 合同中规定的关键里程碑是：

- 开始建设。
- 开始电机装配。
- 开始试运行。
- 开始商业运营。

未达成里程碑时，除了其履约保证金可能被没收外，项目公司还需要支付给采购当局商定好的赔偿金。

建设阶段合同的管理和监测是通过管理会议和名为 SIGET（Sistema de Gestãoda Transmissão/输电管理系统）的软件系统完成。SIGET 系统跟踪检测融资交割到商业运营过程中的主要里程碑。管理会议每季度举行一次。如有需要，管理会议还会开展实地考察和检查工作。

采购当局和项目公司都有权访问 SIGET 软件系统。项目公司需要每月更新项目进度数据，帮助采购当局清晰把控项目进程。

运营

项目试运行阶段，采购当局进行项目监测的角色更加积极。这一角色随着试运行阶段的结束而结束。之后，采购当局只会在必要时进行干预。输电线路投入使用时，电网运营商将接替采购当局对项目公司进行绩效监督。电网运营商实行实时运营监测，并对外公开发布监测报告。

### 支付机制

巴西所有的输电 PPP 合同都有统一的基于可用性的支付机制。项目公司在项目资产完成且变电站投入运行时才能获取收益。此举可激励项目公司在约定时间内完成项目建设。

项目公司的基本传输收入在 PPP 合同中设定，在该合同中称为"允许的年收入"（RAP）。允许的年收入每年进行调整，以考虑通货膨胀，扣除额和任何其他额外收入（例如，设施的授权扩建）。允许的年收入被分解为每月付款，然后每 5 年进行一次审查，以考虑到采购当局要求的范围变更，不可抗力情况和某些其他变更。

使用称为"PV"的机制计算允许的年度收入的扣除额。扣除额是根据设施不可用的持续时间，已停止服务的设施的收入，并考虑停用中断属于突发还是预期内。扣除额每月调整一次，其年度累计总额限于所允许的年收入的 12.5%。

电网运营商（而不是采购当局）负责向项目公司支付允许的年度收入，为设施最终用户发放月度账单。电网运营商承担需求风险，即使用户未支付账单，运营商也需保障项目公司收益不受此影响。事实上，用户不支付账单的风险很低。一是因为付费用户基数大；二是因为用户一旦支付账单失败，将无法继续获得用电输电服务。

### 政府角色

#### 促进获得低息融资

建立国家社会经济发展银行（BNDES）的目的是通过为符合条件的项目提供有吸引力的融资解决方案，从而推动巴西的经济发展。BNDES 支持获得信贷，并执行联邦政府针对国家或地区社会和经济发展的信贷政策，以低息利率向项目公司提供贷款，帮助项目公司更快完成商业融资。

#### 土地征收

变电站项目要求项目公司拥有工程用地。因此土地征收便成为一个较大的挑战。为应对这一挑战，政府授予采购当局一定的行政权力，批准其为公用设施征用土地。项目公司需向政府提供适当的经济补偿。

采购当局通过称为《公共事业宣言》的行政法获得授权。该法令便利了公用事业项目的土地征收，防止了不必要的工程延误，而这些工程被认为对提供公共服务至关重要。与通常拥有通行权的输电线路项目相反，项目公司必须拥有变电站项目的土地。

## 采购当局和项目公司之间的关系

### 团队组建与人员安排

采购当局的组建的团队由 ANEEL 正式员工组成，规模较小。项目进行期间，该团队成员一直维持在 3 人上下。必要的时候团队会向国家律师和外部财务顾问寻求建议和帮助。

### 培训与发展

采购当局为团队成员制定年度培训计划，针对成功管理 PPP 合同所需的关键技能进行综合培训。培训计划中没有包含合同管理手册。培训内容主要来源于已结项和正在进行的项目，讲授从中获取的知识和经验。所有研讨会、讲习班和专门课程均由国际市场领导者和机构（例如大型电气系统委员会（Cigré）、大学和设备生产商）提供。

虽然提供了培训计划，但没有项目特定的合同管理手册。相关的合同管理培训主要是根据从已完成和正在进行的项目和学术出版物中获得的经验和知识提供的。

### 沟通

采购当局和项目公司之间的关系是透明的。采购当局非常重视和项目公司建立融洽良好的关系，也意识到良好关系将大力推进项目顺利进行。需要注意的是，只有双方关系透明，采购当局才有机会帮助项目公司应对面临的挑战。

项目各方通过正式信件进行官方交流。但是，近期采购当局开始引入季度管理会议、定期会晤，和项目公司商讨所有合同的相关事宜。

## 关键事件

### 建设延期

采购当局认为获取许可花费的时间应计算在项目建设期内，因此许可延期直接导致项目建设期延长。皮拉西卡巴变电站项目恰恰出现了政府许可无法按期获得的问题，导致建设阶段延长了 194 天。根据 PPP 合同，在没有相应延长 PPP 合同的情况下，这些施工延迟的时间会自动缩短运营阶段的持续时间。

尽管施工延迟，但项目公司仍试图保留运营阶段的原计划期限，这是对施工期间额外成本和时间超期的索赔的一部分。采购当局对项目公司提出的索赔进行了审议。

巴西能源项目争议解决程序如下：
- 采购当局拥有绝对的行政权力来接受或拒绝索赔请求；
- 如果项目公司对采购当局的决定不满意，通常将会直接诉诸司法途径解决。

此项目的索赔请求在争议解决程序的第一步就得到双方的一致意见。采购当局拒绝项目公司的索赔请求，没有延长 PPP 合同的合同期限。项目公司接受了采购当局的决定，未提出质疑。撰写本案例研究时，该索赔已经得到解决，争议结束。

## 项目经验

**优化合同规模和复杂度是有效管理合同的关键因素。**

与采购当局管理的其他合同相比，如覆盖区域广阔的传输线项目合同，此 PPP 合同规模较小。采购当局强调，此项目合同具有规模合适的优势，从而使合同不太复杂，易于管理，并且不太占用太多资源。采购当局认为合同保持最佳的复杂性将对合同的高效管理大有裨益。因此它决定将适当缩减未来 PPP 合同规模，从而确保更加有效的合同管理。

**即使对于小型项目，许可也会对施工时间产生重大影响。**

从合同管理的简便性来看，这个小型变电站项目提供了许多优势。但是，由于与政府许可问题有关的延误，该项目的开始运作仍延迟了 6 个多月。在任何规模的项目中，都不应低估与政府许可相关的风险。

**PPP 项目年度综合培训是系统培训合同管理团队的有效方法。**

采购当局为团队成员制定年度培训计划，针对成功管理 PPP 合同所需的关键技能进行综合培训。所有研讨会、讲习班和专门课程均由国际市场领导者和机构（例如大型电气系统委员会（Cigré）、大学和设备生产商）提供。

# 巴西：500 千伏图库鲁伊 – 如鲁帕里输电线路

**项目概况**

地点

巴西图库鲁伊到如鲁帕里

行业

能源——输电

采购当局

巴西电力监管局（ANNEL）

项目公司

新谷输电线路能源有限公司

项目公司责任

设计、建设、融资、运营以及维护

融资交割

2008 年 10 月 10 日

资本价值

9.264 亿雷亚尔（4232 亿美元——2008 年汇率）

合约年期

30 年

关键事件

争议——由于许可延迟，项目公司母公司破产而引起

## 案例摘要

2008 年，采购当局巴西国家电力能源局（ANEEL）与项目公司新谷输电线路能源有限公司签署 PPP 合同，合同内容是连接巴西图库鲁伊和如鲁帕里之间的输电线路的设计、建造、融资、运营和维护。此输电线路项目属于高压输电项目，规模巨大、途经亚马孙地区、贯穿六大城市，并将三个变电站接入国家电网。

在项目的建设阶段，与环境许可、环境条件、不利的工地条件、热带天气和抗

议有关的挑战造成了严重的延误，并且对采购当局在评估未来的 PPP 合同中估算输电项目施工时间表的方式产生了重大影响。此后，采购当局在其所签订的输电项目 PPP 合同中引入了附加条款，以更好地管理导致本项目延误的风险。该项目是一个很好的例子，展示了在 PPP 合同管理过程中获得的经验教训如何为将来类似项目的设计提供信息。

### 经验要点

- 在 PPP 合同管理过程中吸取的经验教训可以并且应该为将来类似项目的设计提供信息，例如与环境许可有关的项目。
- 应监控项目公司的财务稳定性，因为它可以提供对未来风险的预警。
- PPP 项目年度综合培训是系统培训合同管理团队的有效方法。

### 项目筹备

#### 项目合作目的

本项目将三座变电站（图库鲁伊变电站（500/230 千伏）、新谷变电站（500/230 千伏）和如鲁帕里变电站（500/230/69 千伏））连接到国家电网。它是巴西致力于将几个孤立的城市接入国家电网，扩大国家电网的覆盖范围、提高国家电网的可靠性，减少化石燃料发电的广泛目标的一部分。本项目线路穿过地形复杂的亚马逊地区，直线距离约为 527 千米。在像亚马逊这样的艰难地形上建设如此大的项目会带来很大的风险，例如环境许可、不利的场地条件、热带天气和抗议活动。在巴西，这些类型的能源传输项目通常与私人合作伙伴合作交付，将环境许可、融资和建设等风险转移给私人合作伙伴。该项目就是这种合同的一个例子。

在更广泛的目标下还签订了另外两个类似的 PPP 合同，这些合同涵盖 900 多千米的输电线路和另外五座变电站。

#### 项目初期的经济和政治环境

该项目是在 2008 年全球金融危机开始时采购的。结果，招标被推迟，希望融资环境得到改善时再进行。但是，在认识到没有短期解决方案可以解决全球金融危机的影响时，便重新启动了项目招标，并授予了 PPP 合同。

## PPP 合同管理

### 建设阶段

与输电线路有关的融资、设计和建设以及环境许可方面的风险通常会转移给项目公司。采购当局负责监督项目公司的施工进度和绩效。项目公司根据 PPP 合同中的规定负责资产的设计和建造；采购当局对符合合同规定的设计予以批准后，项目公司需获取所需的建设许可和环境许可。项目公司还必须遵守国家电网运营商，国家电网公司或"ONS"的要求。

双方同意项目建设期为 3 年，其中包括获得环境许可所需的时间；原计划 1 年获得环境许可，实际所用时间为 754 天，远超预期。总体来说，环境许可问题导致项目延期 570 天；环境条件、不利的场地条件、热带天气和抗议等其他问题导致项目延期 184 天。这些延迟及其处理方式将在下面的"关键事件"标题下详细介绍。

此项目支付机制下，项目公司在建设完成前无权获取任何收入。因此，项目延期导致项目公司独自承担额外成本。输电线路投入运营后，项目公司才开始获得收入。更多信息将在下文标题为"支付机制"部分进行说明。

此 PPP 合同期限为 30 年。除非项目公司提出延长合同期的请求被批准，否则任何建设阶段的延期都会缩短项目运营期限。事实上，项目公司为延长合同期限（即延长运营期限），曾提出经济和财务再平衡的请求，并寻求额外补偿。项目公司相关请求将在下文题为"关键事件"部分详细探讨。

### 测试和试运行

电网运营商大量参与了输电线路的调试。电网运营商负责确保项目公司符合电网运营商的规范和程序。这是为了保护电网不受损害，促进平稳地接入到电网中，并保证在 PPP 合同期内的安全运行。

测试和试运行进行顺利，没有遇到任何问题或争议。整个过程很顺利，采购当局和电网运营商最终批准了该输电线路的商业运营，并于 2013 年 6 月 12 日开始商业运营；其中，鲁帕里变电站的两台变压器（500/230 千伏）和一台静态伏安反应补偿器在几个月后获得采购当局批准。2013 年 11 月 8 日，项目最后一台设施——如鲁帕里变电站的第二台变压器获批投入运营。

### 运营阶段

PPP 合同原定于 2011 年 10 月 16 日进入运营阶段。由于建设阶段延期，直到

2013年11月8日项目才投入运营。线路开始商业运营以来，没有出现技术问题。采购当局视其为成功的项目案例。

项目进入运营阶段以来，项目公司依PPP合同开始收费。除获得基础输电收入外，项目公司还可以通过向第三方提供输电相关服务获取收益，收益要与电网用户分成共享。一般来说，电网用户是连接国家电网的生产商和消费者；生产商为发电量超过30兆瓦发电厂，消费者则是配电公司和需求超过5兆瓦的客户。

输电相关服务包括使第三方利用其光缆地线电以及向第三方提供操作和维护服务。可用的第三方服务收入的详细信息以及与该第三方服务收入有关的收入共享安排将在下面的付款机制中进一步说明。

**履约监督和关键绩效指标（KPIs）**

PPP合同规定项目公司必须实现的关键里程碑。PPP合同中规定的关键里程碑如下所示：

- 开始建设。
- 开始电机装配。
- 开始试运行。
- 开始商业运营。

未达成里程碑时，除了其履约保证金可能被没收外，项目公司还需要支付给采购当局商定好的赔偿金。

建设阶段合同的管理和监测是通过管理会议和名为SIGET（Sistema de Gestãoda Transmissão/输电管理系统）的软件系统完成。SIGET系统跟踪检测融资交割到商业运营过程中的主要里程碑。管理会议每季度举行一次。如有需要，管理会议还会开展实地考察和检查工作。

采购当局和项目公司都有权访问SIGET软件系统。项目公司需要每月更新项目进度数据，帮助采购当局清晰把控项目进程。

项目试运行阶段，采购当局进行项目监测的角色更加积极。这一角色随着试运行阶段的结束而结束。之后，采购当局只会在必要时进行干预。输电线路投入使用时，电网运营商将接替采购当局对项目公司进行绩效监督。电网运营商实行实时运营监测，并对外公开发布监测报告。

**支付机制**

项目公司在项目资产完成且变电站投入运行时才能获取收益。此举可激励项目公司在约定时间内完成项目建设。

项目公司的基本传输收入在PPP合同中设定，在该合同中称为"允许的年收入"（RAP）。允许的年收入每年进行调整，以考虑通货膨胀，扣除额和任何其他额外收入（例如，设施的授权扩建）。允许的年收入被分解为每月付款，然后每五年进行一次审查，以考虑到采购当局要求的范围变更、不可抗力情况和某些其他变更。

使用称为"PV"的机制计算允许的年度收入的扣除额。扣除额是根据设施不可用的持续时间，已停止服务的设施的收入，并考虑停用中断属于突发还是预期内。扣除额每月调整一次，其年度累计总额限于所允许的年收入的12.5%。

电网运营商（而不是采购当局）负责向项目公司支付允许的年度收入，为设施最终用户发放月度账单。电网运营商承担需求风险，即使用户未支付账单，运营商也需保障项目公司收益不受此影响。事实上，用户不支付账单的风险很低。一是因为付费用户基数大。二是因为用户一旦支付账单失败，将无法继续获得用电输电服务。

除获得基础输电收入外，项目公司还可以通过向第三方提供输电相关服务获取收益，收益要与电网用户分成共享。输电相关服务的收益来源还包括输电线路的用户和受益者，主要是发电公司、配电公司和特定的电力消费者（如工业用户）。

## 政府角色

### 促进获得低息融资

巴西国内有两家开发银行，即国家社会经济发展银行（BNDES）和亚马逊银行。亚马逊银行是一家公共商业银行。亚马逊银行通过为符合条件的项目提供优惠融资方案，支持亚马逊地区的发展。与BNDES不同，亚马逊银行是以政府为多数股东的商业银行。

图库鲁伊-如鲁帕里输电线路的优先级债务资金由亚马逊银行提供。相比于私人商业银行，亚马逊银行承担风险能力较强，它提供的融资方案利率更低，从而使项目具有商业可行性。

### 穿越用地权

穿越用地权是此输电线路项目面临的主要挑战。为应对这一挑战，政府赋予采购当局一定的行政权力，以便在必要时为公用设施征用土地，防止公共服务类项目出现不必要的延期。国内相关法律也促进了公用设施项目获取穿越用地权。具体来说，土地所有权不变，土地使用权付费约占土地价值的30%。按规定，项目公司只需购买建设变电站所需的土地。

## 采购当局和项目公司之间的关系

### 团队组建与人员安排

采购当局团队成员一直维持在 3 人上下，主要由工程师等技术人员组成。必要时，团队会寻求专家帮助，并得到州律师和外部财务顾问的支持。

### 培训与发展

采购当局为团队成员制定年度培训计划，针对成功管理 PPP 合同所需的关键技能进行综合培训。培训计划中没有包含合同管理手册。培训内容主要来源于已结项和正在进行的项目，讲授从中获取的知识和经验。所有研讨会，讲习班和专门课程均由国际市场领导者和机构（例如大型电气系统委员会（Cigré）、大学和设备生产商）提供。

虽然提供了培训计划，但没有项目特定的合同管理手册。相关的合同管理培训主要是根据从已完成和正在进行的项目和学术出版物中获得的经验和知识提供的。

### 沟通

采购当局和项目公司之间的关系是透明的。采购当局非常重视和项目公司建立融洽良好关系，也意识到良好关系将大力推进项目顺利进行。需要注意的是，只有双方关系透明，采购当局才有机会帮助项目公司应对面临的挑战。

项目各方通过正式信件进行官方交流。但是，近期采购当局开始引入季度管理会议、定期会晤，和项目公司商讨所有合同的相关事宜。

## 关键事件

### 争议——建设延期

由于多个原因，建设阶段面临两年的延误，其中包括环境许可、不利的工地条件、热带天气和抗议有关的延误。大部分延误是由于环境许可花费的时间明显长于预期所导致。由于延迟，而且合同期是固定的，因此收入周期相应减少了（取决于任何成功的经济和金融平衡索赔的结果）。

在全面投入运营之前，项目公司就经济和金融再平衡向采购当局提交正式索赔请求。项目公司称自己损失 4.18 亿雷亚尔，要求将允许的年收入（RAP）比例增加到 45%。项目公司提出的索赔请求主要基于以下几点：（1）获批环境许可难，建设延期 19 个月；（2）热带气候导致停工，产生额外建设成本；（3）项目建设需遵守其他环境条件；（4）抗议活动及搭建跨越亚马逊河的塔楼架设超支引发延期；（5）贝罗蒙特发电厂进行干预。此外，项目公司要求针对第三方服务收益分成机制和碳信用交易进行再谈判。

采购当局受理索赔请求后，不予通过。原因是项目公司同意签订 PPP 合同即意味着需承担建设风险。因此建设延期的责任方为项目公司。采购当局还决定第三方服务收益分成机制不变，但采购当局也同意，项目公司没有义务就其碳信用交易所获得的收益进行分成。

由于双方无法就所有索赔达成一致意见，项目公司根据合同中规定的争议解决机制将争议提交法院。截至撰写此案例时，法院仍未做出争议裁决。

**项目公司的总公司破产**

2017 年 7 月 4 日，项目公司的母公司 Isolux Corsan 在其本国西班牙申请破产，这导致其出售在世界各地的一些子公司。在撰写本案例研究时，Isolux Corsan 保留了一些仍在运营的巴西子公司。

本项目公司是 Isolux Corsan 在巴西设立的间接子公司。项目公司的设立是为了获得巴西输电项目合同，并且合同要求其只能从事输电业务。Isolux Corsan 全球子公司的抛售仍在进行中，因此项目公司可能在未来某个阶段出现所有权变更事件。

## 项目经验

**在 PPP 合同管理过程中吸取的经验教训可以并且应该为将来类似项目的设计提供信息，例如与环境许可有关的项目。**

该项目强调了采购当局设定合同建设时间这一重要问题。将与环境许可导致的延误有关的全部风险分配给项目公司可能不适当，因为各个主管部门的要求可能会有很大差异。采购当局认识到，它为项目公司规定的获得许可证和完成建筑工程的时间表可能并不总是适当的。

当下，新 PPP 合同将环境许可定为共同风险，并为其分配更为充裕的获批时间。知往鉴今，该项目是一个很好的例子，展示了 PPP 合同管理过程中的经验教训可以为将来类似项目的设计提供信息。

**应监控项目公司的财务稳定性，因为它可以提供对未来风险的预警。**

此项目中，采购当局介入较少，项目公司在项目建设和运营上拥有很大的自主权，融资安排、项目成本、详细的财务绩效等信息都不须与采购当局共享。迄今为止尚未出现任何重大问题；然而问题在于，一旦项目公司或其股东面临财务困境时，由于缺乏相关信息，采购当局认为其提供支持和确保项目成功的能力就会受到限制。

项目公司的最终股东目前正申请破产，破产一旦波及项目公司，采购当局将陷入困境。此时，采购当局在没有项目公司详细财务信息的情况下，将很难找到提前应对风险的措施。

**PPP 项目年度综合培训是系统培训合同管理团队的有效方法。**

采购当局为团队成员制定年度培训计划，针对成功管理 PPP 合同所需的关键技能进行综合培训。除此之外，各个项目办公室根据项目特点和员工需求，提供定制化和区别化的培训。培训教师一般是经验丰富的内部员工或外部聘请的专家。通常来说，研讨会、讲习班和专门课程由国际市场领导者和机构（例如大型电气系统委员会（Cigré）、大学和设备生产商）提供。

# 中国：桥西区集中供暖

**项目概况**

地点
中华人民共和国河北省张家口市桥西区

行业
能源——供热

采购当局
张家口市桥西区财政局

项目公司
张家口源通华盛热力有限公司

项目公司责任
运营、维护、融资和移交

融资交割
2015年9月28日

资本价值
人民币4.15亿元（6200万美元——2015年汇率）

合约年期
25年

关键事件
项目公司接收原供热职工

## 案例摘要

桥西区集中供暖项目旨在改善中国河北省张家口市桥西区供暖状况，该工程共两阶段，此为第二阶段。第一阶段涵盖了改进所需的大部分建设，包括安装新锅炉以及停止使用旧锅炉。本案例研究的重点是该计划的第二阶段，即转让-运营-移交PPP模式的阶段，其中包括锅炉、相关热水管网和热转换站的运行、维护和融资的PPP合同，以及在合同期内安装两个额外的供暖锅炉。桥西区财政局是采购当局，张家口源通华盛热力有限公司是项目公司。该项目的运营阶段于2015年10月底成功开始运营。

## 经验要点

- 把重点放在项目员工的需求和顾虑上很重要，尤其是当员工转移到项目公司时。
- 未预计到的收费会招致当地社区的反对。在项目规划阶段应充分考虑适当解决这些反对的措施。
- 在从融资交割向运营的过渡中，提前进行详细安排和充分准备对于确保公用事业服务依照PPP合同规定的进度交付至关重要。
- 通过政府拥有项目公司股权，通常可以指定项目公司的董事会和监事会成员，使其对项目有更有效的监督和影响。
- 私人部门的经验可以帮助政府工作人员获得有价值的PPP合同管理技能和培训。

## 项目筹备

### 项目合作目的

张家口拥有集中供热的有利条件，因为市城区相对集中，大部分基础设施已经到位。但是，这些服务的管理和运营历来很差。缺乏对供暖锅炉的维护和监测导致二氧化硫污染程度增加，并且服务的运营变得越来越低效。过去不仅锅炉安装计划不周，而且当地用户也独立安装了自己的小锅炉。经营这项服务五年的国有企业张家口恒峰热力公司（ZHH）主要由于未收取管道安装费和供热费用，也累积了大量债务。

2009年，当地政府启动了集中供热改善工程，分为两个阶段。第一阶段涵盖了大部分建设工程，其中包括安68台新的70兆瓦供热锅炉、配套的热水管网以及79个热转换站的建设或改造。该区的290个小锅炉也被关闭。第二阶段涉及第一阶段产出的运营、维护和融资，并且根据PPP合同正在移交。这是本案例研究的重点。

2014年，桥西区财政局启动了该项目的招标过程。2015年，北京源通热力有限公司（BYHC），一家专门从事供热和管理的私人企业，被选为首选中标人，随后成立了项目公司。恒峰热力有限公司作为政府代表与项目公司签订了PPP合同。PPP合同下的安排包括将资产从恒峰热力有限公司移交到项目公司，后者负责运营和维护25年，之后，资产无偿移交给政府。

项目公司的所有权由北京源通热力有限公司占90%，桥西区政府占10%。根据PPP合同，项目公司将提供改善的供热服务，扩大对新区域的覆盖范围，对集中供热设施进行管理和维护，并在合同期内安装两台额外的供热锅炉。

**经济和政治环境**

2014年和2015年，财政部和国家发展和改革委员会发布了一系列指导方针，以促进政府与私人合作伙伴之间更好地合作。这些政策发展强调了，私人合作伙伴的参与为整个项目生命周期带来了风险管理的专业知识，也带来了技术和效率的进步。有人认为政府提供的基础设施缺乏市场竞争压力，而且政府组织内缺乏专业知识。

PPP模式用来加强管理实践、提高项目效率及其后续的盈利能力。从私人合作伙伴筹集私人资金也有助于政府为其他公用事业项目腾出资金。私人合作伙伴的参与旨在促进技术转让并帮助提高政府雇员的技能，也有助于政府改善未来基础设施项目的管理。

## PPP合同管理

**从融资交割到运营阶段的过渡**

项目公司在从融资交割过渡到运营阶段面临的主要挑战是确保供暖服务不间断。其中所涉及的风险与天气突变有关，这可能会突然增加对供暖服务的需求。项目公司为此做好了准备，通过安排额外燃料和北京源通热力有限公司其他城市经验丰富的维护人员提前为调试设备和管道提供协助，并且所有这些工作都提前两周完成。

采购当局看到了提前制定详细计划以协助将资产移交给项目公司的好处。在项目招标过程中，包括北京源通热力有限公司及其竞争对手在内的投标人已准备利用相关的技术、财务和法律专业知识进行尽职调查，并调查现有资产的状况。这使其能够在融资交割之前开展重要工作，并帮助确保在过渡期间服务不会中断。

**运营阶段**

该项目面临的第一个挑战是在职责转移到项目公司之前，先前由恒峰热力有限公司雇用的员工的过渡。项目公司以多种方式解决了这些员工的顾虑，包括进行培训和引入基于绩效的激励计划。这在下面的"关键事件"标题下进一步详细描述。

运营阶段开始是成功的，项目公司能够提供比以往更长时间的集中供热，而且用户对供热的投诉数量下降了80%。该区的室内平均温度从19.3℃增加到21.4℃，用户付费比例从80%增加到93%。由于额外锅炉的建设，集中供热服务覆盖的面积增加了20%，预计项目公司将实现2020年的覆盖目标。经过2015~2016年的一个供热运营期后，煤炭、电力和水的消耗量分别为2014~2015年同期消费量的80%、50%和70%。据估计，项目公司增加收入的20%是由于能源消耗减少而产生的成本节约。

**履约监督和关键绩效指标（KPIs）**

PPP合同规定，项目公司对维持高标准的供热服务负有全部责任，而且如果发生紧急情况，必须采取任何必要的行动。主要绩效指标是至少98%相关家庭的温度应符合相关供热标准，用户满意度不应低于98%。如果项目公司未能达标，采购当局在某些情况下有终止权。

政府于2017年9月开始计划进行第一次期中评估，涵盖前两年的运营。这次期中评估将使用精心设计的评估标准由第三方进行，侧重于项目公司的管理。

**支付机制**

项目公司的收入来自供热的用户收费、集中供热管道接驳费和其他运营收入。供热价格费率由张家口市政府根据国家、省和地方的法规政策制定和调整。

**社区和利益相关者参与**

与当地社区接触一直是该项目面临的挑战，特别是因为要求用户拆除老旧锅炉。用户对于在拆除后需要承担所有管道安装费而感到不满，并且提出反对。最终，项目公司、政府和用户同意分摊费用，该问题得到解决。

## 政府角色

2014年，中国的财政部将该项目列为首批30个国家PPP示范项目之一，引起了更多有能力的供热公司的关注，增强了其可融资性，并推动了招标过程的更多竞争。该项目申请列入国家示范项目是由桥西区财政局发起，然后由张家口市财政局审核提交，随后由河北省财政厅审核并提交至财政部。

由于当地政府在提高区域供热项目的效率和成本节约方面没有相关的技术和管理专业知识，因此它依赖于各自领域的专业市场参与者的知识、技术及管理资质。在撰写案例研究时，PPP合同管理已顺利进行。

## 采购当局和项目公司之间的关系

### 团队组建与人员安排

正如下文所述,采购当局凭借以下途径对项目公司施加影响和监督:通过对项目公司的股权投资,进入项目公司的治理结构,并有权否决健康、安全和环境问题的决议。

项目公司的治理结构由股东会、董事会和监事会组成。张家口市桥西区国有资产运营管理中心(桥西区政府授权)和北京源通热力有限公司组成股东会。根据中国公司法,股东会是项目公司行使权力和责任的最高权力机关。董事会和监事会成员的薪酬事宜也由股东委员会负责。

董事会成员有五人,其中至少有一人必须来自桥西区政府。董事会的每位成员,包括主席,在需要作出决议时各有一票。在一些项目中,如健康、安全和环境保护,政府成员拥有否决权。监事会由三名成员组成,其中一名成员必须来自桥西区政府,并担任监事会主席。桥西区政府对股东会、监事会和董事会的参与,使得采购当局能够监督项目公司的履约情况,并在与项目有关的决策中发挥作用。

采购当局员工的培训主要是"在职"培训,员工学习北京源通热力有限公司的技术专长。这一点在运营开始时得到了强调,因为这是改善采购当局与北京源通热力有限公司管理之间关系的有效方法。采购当局员工没有结构化的培训计划。

### 信息沟通和管理

PPP合同规定项目公司有义务在其网站上提供包括用户安全手册、供暖服务和账户、投诉程序等信息。采购当局和项目公司的工作人员在同一地点办公,并定期举行项目会议。

## 关键事件

### 从融资交割过渡到运营阶段

该项目面临的最重大挑战是,在将职责移交给项目公司之前,先前由恒峰热力有限公司雇用的员工的过渡。根据PPP合同,项目公司需要继续雇用所有员工,并确保就业条件符合国家标准。尽管已达成一致意见,但恒峰热力有限公司的工作人员仍对这一变化感到焦虑。这些担忧涉及他们可能无法适应的管理风格差异、他们的长期职业发展以及他们将获得的薪酬和福利。

项目公司以各种方式管理这些问题。它侧重于管理层的沟通，以及提高员工相关技术技能的培训。此外，项目公司推出了一项激励计划，旨在不断改善服务绩效，提升员工士气。该方案包括，例如，测量每个热转换站的水和能量消耗，并计算在一段时间内通过减少其水和能量消耗实现的成本节约。项目公司之后与相关热转换站的人员分享这些热转换站成本节约。对于实现了最大节约的热转换站人员，项目公司支付了热转换站奖金。此外，双方在PPP合同中商定，项目公司员工的工资应高于张家口市整个集中供热部门的平均水平，并且应向受特定就业法规保护的员工，如退伍军人，提供长期雇用合同，如果他们不违反项目公司的规定。

## 项目经验

**把重点放在项目员工的需求和顾虑上很重要，尤其是当员工转移到项目公司时。**

PPP合同要求项目公司保留现有运营商的员工，而这些员工对这一变化感到焦虑。项目公司通过引入"在职"培训以及基于激励的绩效制度解决了员工的顾虑。通过把重点放在员工的顾虑上，项目公司能够激励他们继续提供高质量的服务。

**未预计到的收费会招致当地社区的反对。在项目规划阶段应充分考虑适当解决这些反对的措施。**

用户在过去几年中安装的小型锅炉需要拆除，因为它们效率低下且造成污染。最初的预计是，这些用户将承担所有新的管道安装费用，但在遇到反对后，政府同意分摊这项费用。任何意外成本都不太可能受到当地社区的欢迎，在项目规划进行时必须考虑到这一点。

**在从融资交割向运营的过渡中，提前进行详细安排和充分准备对于确保公用事业服务依照PPP合同规定的进度交付至关重要。**

根据PPP合同，项目公司必须在不晚于区内供暖开始的正常日期提供供暖服务。在此日期和融资交割之间，项目公司只有大约一个月的时间准备向运营过渡，这是通常所需时间的1/3。通过安排额外燃料的储存，以及其他市政府的北京源通热力有限公司经验丰富的维护人员提前提供协助，项目公司能够在不中断服务的情况下完成过渡。

**通过政府拥有项目公司股权，通常可以指定项目公司的董事会和监事会成员，使其对项目有更有效的监督和影响。**

董事会成员有五人，其中至少有一人必须来自桥西区政府。董事会的每位成员，包括主席，在需要作出决定时各有一票。对诸如健康、安全和环境保护等事项，政府成员拥有否决权。监事会由三名成员组成，其中一名成员必须来自桥西区政府，并担任监事会主席。由于桥西区政府在每个治理机构中都有代表，它能够监督项目公司的业绩，并在与项目有关的关键决策中发挥作用。

**私人部门的经验可以帮助政府工作人员获得有价值的PPP合同管理技能和培训。**

采购当局员工的培训主要是"在职"培训，员工向北京源通热力有限公司的技术人员学习。这一点在运营开始时得到了强调，因为它是改善采购当局与北京源通热力有限公司管理之间关系的有效方法。采购当局员工没有结构化的培训计划。

# 哥伦比亚：巴兰奎亚机场

**项目概况**

地点

哥伦比亚巴兰奎亚

行业

运输——机场

采购当局

国家基础设施局（ANI）

项目公司

加勒比航空公司集团

项目公司责任

设计、建设、融资、运营和维护

融资交割

2015 年 9 月（信贷协议签署于 2016 年 3 月）

预估资本价值

3450 亿比索（1.44 亿美元——2015 年汇率）

合约年期

15 年（可延长至 20 年，为实现合同约定的净现值）

关键事件

相对较短的初始期间集中开展施工活动，施工期间关键绩效指标的挑战

## 案例摘要

巴兰奎亚机场 PPP 项目涉及哥伦比亚大西洋沿岸一个主要城市的机场扩建和运营。该项目涵盖了大量的建设工程，包括改造码头和修复跑道，而现有机场仍需保持运营。由于该项目是 2011 年 PPP 法律通过后的第一个机场 PPP 项目，采购当局从该项目中汲取了经验教训，为未来的采购提供了信息。2018 年底，项目最重要的建设阶段完工，标志着该项目取得了成功。在建设过程中，关键绩效指标 KPI 及其在运营阶段的应用方面存在一些挑战；各方通过共同努力克服了这些挑战。

## 经验要点

- 对于在建设期间投入运营的棕地项目，运营 KPI 的设定应反映边建设边运营的难度而非稳定运营期间的难度。
- 在 PPP 合同中规定调整 KPI 评估方法的程序，有助于促进各方就审查和批准所需要的调整达成一致意见。
- 参与合同起草的员工与合同授予后加入项目的员工开展交流并持续协调两者关系有助于确保知识传递。
- 在有限的时间内进行高度集中的建设活动时，需要良好的规划管理和监测，以克服与基本工程分配不均相关的内在挑战。在保持运营的资产上进行此类活动时，情况更是如此。
- 从合同管理中吸取的经验教训应该为未来的采购提供参考。

## 项目筹备

### 项目合作目的

巴兰奎亚是哥伦比亚大西洋沿岸的主要经济中心，拥有主要港口，并与其他区域中心相连。近年来，巴兰奎亚的经济实现大幅增长，人们认识到需要改善运输基础设施以满足不断增长的需求。作为哥伦比亚大西洋省最大的机场，巴兰奎亚机场每年的旅客人数达到 260 万人次，人们也认识到该机场的质量需要提高，以达到国际标准并更好地服务于该地区。巴兰奎亚机场为国内和国际旅客提供直达迈阿密和巴拿马的航线。基于这一原因，机场的开发采用 PPP 合同模式，在项目前三年，机场的建设和运营将同时进行。

拟交付的建设工作包括国内和国际航站楼的修缮，以及商务机航站楼的建设。PPP 项目范围还包括机场跑道的彻底修缮和重新铺设。

### 经济和政治环境

21 世纪初以来，哥伦比亚经济一直处于增长状态，包括石油、咖啡和花卉在内的出口成为经济增长的主要组成部分。哥伦比亚私人部门参与基础设施的模式由来已早。2011 年，中央政府为了实现增加国家基础设施供应目标，成立了 ANI，也即本项目的采购当局。

哥伦比亚有实施特许经营的悠久历史，2011 年之前就有特许经营法。2011 年，该国对之前的特许经营法进行改革，制订并颁布了PPP法。

哥伦比亚PPP法规定了任何政府机构以PPP模式签订合同时应适用的准则。该法以国际最佳实践为基准，同时吸取哥伦比亚管理特许合同长期以来的经验教训。新PPP法律和制度框架使哥伦比亚在过去几年中设计和采购了大量PPP项目，旨在补足其交通基础设施的短板，并提升其竞争力。

## PPP合同管理

### 建设阶段

对于项目公司而言，实现融资交割具有挑战性，部分原因是，这是ANI根据2011年PPP法律签署的第一份机场PPP合同。从采购当局的角度来看，首次融资交割需于2015年9月完成，但是合同并未要求项目公司必须与其贷方已签订信贷协议。为了实现这一合同里程碑，合同并没有要求项目公司承诺融资已经到位；相反，合同只要求项目公司提供它所选定的贷方出具的信用函，表明它们愿意为项目融资的意愿，但并没有约束力。在这种情况下，主要的贷方是拉丁美洲开发银行。美洲开发银行进行了尽职调查，其中特别针对项目的社会和环境影响。项目最终于2016年3月达成融资协议，与此同时，项目公司必须全部使用股权融资方式为项目运营提供资金。

该项目的建设阶段出现了诸多挑战，其中最重要的挑战与机场总体规划有关。通常情况下，总体规划应在采购阶段提供给投标人，以便投标人及时了解机场的状况。但在这个项目中，更新的总体规划并不存在，因此必须在建设前阶段编制总体规划。总体规划对于完成项目设计是十分必要的，而在编制完总体规划后，货运航站楼位置、航站楼扩建规模以及维修和改造区域（MRO）的位置等情况都相应地发生了变更。这些变更并不涉及施工时间或成本的改变。目前，项目公司正以总体规划未得到按时制定和批准为由进行索赔，同时也在请求工程延期。在撰写本报告时，采购当局正在对此索赔进行评估。项目的延期允许项目公司在不违反合同规定的前提下于2018年12月之前完成建设。

在撰写案例研究时，建设正在进行当中，并将于2018年底完工。工程出现了一些迟延，因为某些部分应于2018年6月完成，但预计于2018年12月才能完成；不过这并未延长合同的最终完工日期。

建设期间的另一项挑战是，需要在相对较短的时间内完成大量的建设工程，而这些工程必须在机场全面运营的情况下进行。该项目的资本支出分为八个阶段，其中第一阶段为融资交割到2018年6月之间的三年。在此期间，60%的基本工程（按价值计算）须完工，而可支配的时间仅占整个项目时间表的20%。这一阶段还需要开发和安装重要的临时设施，成本较为昂贵。

**运营阶段**

由于这是哥伦比亚2011年通过PPP法律后的第一个机场PPP项目，因此首次引入了与运营挂钩的KPI机制。由于之前的特许经营项目没有类似的KPI机制，因此项目公司在适应新绩效标准的能力方面存在一定挑战。例如，相同的KPI绩效评价既适用于全面和稳定的运营阶段，也适用于工程建设阶段。采购当局认为，在未来的PPP合同中，工程建设期和运营期之间的KPI评价应有所区分，以便考虑到机场运营和扩建工作同时进行的挑战。在"绩效监测和关键绩效指标"标题下，我们将对这一点做进一步解释。

**履约监督和关键绩效指标（KPIs）**

项目公司在巴兰奎亚机场的绩效受到监测，只有在满足相关KPI时才能获得全部运营收入。在制定PPP合同之前，采购当局通过调查世界各地的最佳实践来制定这些KPI，但是在工程建设期间评估KPI遇到了一定的困难。虽然在项目前三年建设工程与机场运营同时进行，但绩效评估方法在整个合同期内都是相同的。

该项目绩效监测的第二个挑战与评估客户满意度的KPI有关。由于满意度的衡量标准须基于客户调查，因此各方认为将收入与此类定性衡量标准联系起来并不恰当，并且KPI应仅基于项目公司可以控制的因素。采购当局和项目公司共同努力，以找到双方都能接受的解决挑战的方案。

合同允许修订KPI评价方法，以适应项目的实际情况。绩效评价涉及采购当局、项目公司和监测方（详见下文）。三方达成了协议。

为了对项目进行监督，采购当局指定一个独立的项目监督方作为"现场耳目"，以检查合同是否得到执行和遵守。项目监督方监测KPI、审查项目公司提交的文件，并向采购当局提交月度报告。在采购阶段创建了风险登记册，项目监督方协助审查风险登记册，将其作为定期更新报告的一部分。采购当局位于波哥大，定期视察该项目，而项目监督方每天都在现场。项目监督方由采购当局而非项目公司任命。

**支付机制**

项目公司的主要收入形式为机场运营收入，并且没有采购当局或政府的补贴。项目公司收入包括管制收入，例如与机场相关的税收，以及来自机场运营的非规制收入。在撰写本文时，项目公司的收入大致符合预期。

建设期间的支付机制是项目公司只能收到建设阶段应获总收入的一半，另一半暂存于托管账户中，直到建设完成。采购当局认为这是成功的关键，因为这种模式为项目公司按时完成建设提供了强大的动力。在之前的棕地项目中，采购当局意识到运营收入被用于建设，这拖延了项目进展。鉴于许多建设工程将在相对较短的时间内完成，因此鼓励及时融资和建设对巴兰奎亚机场尤为重要。由于这种做法可能导致项目公司融资成本大量增加，在2018年通过新法律后，未来的PPP合同将允许随着建设工程的进展和建设里程碑的实现，为项目公司释放更多的收入。

PPP合同为采购当局规定了一个允许延长工期的机制。项目公司可以申请额外三个月的时间完成建设，同时承担相应支出。在此期限届满后，项目公司可以再申请增加60天时间来完成剩余的非核心工程。对于某些一次性事件，项目公司也可以在项目延期的情况下请求时间宽限。PPP合同没有关于经济再平衡的规定，如果需要对项目的经济性进行任何变更，则必须通过合同重新谈判来实现。

## 政府角色

ANI作为代表政府利益的采购当局，在项目的预期可行性、采购和持续合同管理中发挥了主导作用。该机构成立于2011年，负责监督从规划、建造到合同授予、合同管理以及移交的"从头至尾"项目流程。这种扩展的工作范围让项目拥有更严格的问责制和更好的连续性，同时也持续而有效地改善了合同管理工作。采购当局努力学习国际最佳实践，并不断评估采购流程和合同管理，并不断汲取项目实施中的经验教训进一步完善合同管理工作。

虽然在现有的合同下，许多工程建设前的活动由项目公司负责，但采购当局也会对这些活动给予相应支持，包括环境许可和土地征收等，以保证这些工作顺利进行，避免延误。

## 采购当局和项目公司之间的关系

### 团队设立与人员安排

合同管理团队由三名具有技术背景的人员（即合同经理、客户关系经理和绩效经理）组成，负责监督两个PPP项目。该团队对项目监督方与项目公司之间的关系进行管理，并审查提交给采购当局的所有报告和索赔。他们具有技术背景，对机场运营以及PPP合同有很好的了解。采购当局还设有中央支持团队，为ANI所有需要法律、社会、环境、金融和风险专业知识的合同管理团队提供相关的建议和协助。

参与项目的三位合同经理都参加了合同授予过程。为了协助知识传承，这些员工、ANI中央知识团队的代表以及拟定PPP合同的人员（ANI建设团队和指定的外部顾问就合同设计提供建议）召开了研讨会。这有助于将那些了解合同背景和复杂性的人员的知识传递给即将负责管理合同的人。合同签署后，参与建设的外部顾问与采购当局携手合作六个月；这些顾问在必要时会继续提供临时支持。

鉴于知识传递方面遇到的挑战，采购当局正在考虑将外部顾问的支持扩展到六个月之后。

### 培训与发展

除了召开培训、组织人员参加当地和国际研讨会外，负责机场合同管理的 ANI 团队正在与民用航空机构（Aerocivil）的人员一起参加交叉培训课程，以传授知识并分享经验。

### 沟通

管理委员会每 15 天召开一次会议，讨论出现的问题并帮助制定解决方案。出席相关讨论会议的代表来自采购当局、项目公司和项目监督方，以及相关的机场管理机构。采购当局的代表是合同经理，以及根据讨论主题在必要时从支持团队中派出的其他人员。采购当局认为这个过程很有用，因为它很灵活，且各方都在场参与交流。

### 关键事件

为了在保持机场运营的前提下迅速完成建设工程，建设集中在合同期的前三年，无论工程的强度、数量以及资本价值都是如此。资本工程的这种不均匀分配给双方在工程管理和监督上带来了挑战。

双方同意，基于国际领先实践所采用的 KPI 在建设阶段和运营阶段应该有所区别。该问题的解决办法是各方达成一项协议来审查 KPI 的衡量方法，以便反映同时进行的建设与运营的实际情况。例如，在建设期间调整了客户满意度。

双方共同努力克服挑战，并就满足各自目标的解决方案达成一致。

### 项目经验

**对于在建设期间投入运营的棕地项目，运营 KPI 的设定应反映边建设边运营的难度而非稳定运营期间的难度。**

项目公司在进行工程建设的同时满足运营 KPI 是一项挑战。因此，建设阶段期间的 KPI 测量方法最好能够针对这一时期的挑战做出调整。

**在 PPP 合同中规定调整 KPI 评估方法的程序，有助于促进各方就审查和批准所需要的调整达成一致意见。**

如上所述，合同允许修订 KPI 测量方法，以适应项目运营时所面临的情况。审查和达成的协议涉及采购当局和项目公司，以及指定的监督方。

**参与合同起草的员工与合同授予后加入项目的员工开展交流并持续协调两者关系有助于确保知识传递。**

为了协助进行知识传递，合同授予后加入的新员工、ANI 中央知识团队的代表以及组成合同的 ANI 团队和顾问召开了研讨会。参与合同拟定的外部顾问在签订合同后的六个月内也与采购当局携手合作，并在必要时提供持续的支持。

**提供足够的激励措施对促进项目公司如期完工十分有效。**

采购当局从之前项目公司未能按照要求的进度进行建设的项目中吸取了教训。对于巴兰奎亚机场项目，项目公司在建设完成之前没有收到全部收入，而采购当局认为这种激励机制是确保按照合同中约定的计划进行建设的重要因素。

**在有限的时间内进行高度集中的建设活动时，需要良好的规划管理和监测，以克服与基本工程分配不均相关的内在挑战。在保持运营的资产上进行此类活动时，情况更是如此。**

由于工作环境的限制、建设活动造成的破坏以及对健康和安全、环境、服务水平带来的相关影响，在运营中的资产上开展建设活动始终是一项挑战。因此，项目目标就是尽可能快地推进大部分建设工程，这会导致资本工程的不均衡分配。在这种情况下，资本工程价值的 60% 计划在工程建设的八个阶段中的第一阶段中完成。这在管理和监测建设工程进度方面造成了特殊的挑战。为了解决这种情况，ANI 将管理委员会的日常会议频率从每月一次增加到每两周一次。虽然尽快完成建设的压力仍将导致工程集中在第一阶段，即使在未来的合同中，合同现在的结构也允许为建设和运营提供量身定制的 KPI 方法，并建立相应机制。必要时调整合同，以克服建设工程工作分布不均所带来的挑战。

**从合同管理中吸取的经验教训应该为未来的采购提供参考。**

从 PPP 合同管理中吸取的经验教训应该形成一个良性循环，从项目发起到项目采购，每一个阶段都为另一个阶段提供信息和见解。在这种情况下，采购当局根据从该项目获得的 KPI 和建设活动的经验教训评估其未来的 PPP 采购。当 PPP 项目是特定法律启动后第一个根据此法律开展的 PPP 项目时，这一点变得尤为重要。虽然在这种情况下采购当局采用了国际领先的做法，但很明显，必须使 KPI 方法适应当地环境并仔细考虑因地制宜的做法，因为虽然一些做法在某些地区运作良好，但并非在各地可能都会取得成功，可能需要进行具体调整。

# 约旦：阿利亚皇后机场扩建

**项目概况**

地点

约旦吉兹亚（安曼以南 30 千米）

行业

交通——机场

采购当局

交通部——项目管理小组

项目公司

机场国际集团（Airport International Group）

项目公司责任

建设、运营和移交

融资交割

2007 年 11 月 15 日

资本价值

6.95 亿第纳尔（9.82 亿美元——2007 年汇率）

合约年期

25 年

关键事件

再谈判，重大范围变更

## 案例摘要

约旦政府一直努力提升旅游业、推动约旦成为旅游中心，而约旦阿利亚皇后国际机场正因此得到扩建和翻新。该项目遇到了与初始设计相关的一系列挑战，同时也碰到了与扩建运营机场相关的难题。项目范围变更要求对 PPP 合同进行重新谈判，导致采购当局为项目提供财政援助，而交通量和相关项目收入高于预期，则弥补了援助支出。

该项目还强调了如何通过专门的项目团队保护项目免受在进行的政治变革的影响，以及如何通过保留关键员工来确保知识的连贯性。该项目也提供了良好实践的案例：它强调项目初期让最终用户参与的重要性；也强调了从公共部门提供服务到私人部门提供服务转变时，工作文化改变所面临的挑战。

## 经验要点

- 利益相关者的早期参与可以避免范围的重大变更，这种变更往往会导致延期和成本超支。
- 建立专门的项目团队或有利于降低政治和制度变革带来的风险。
- 让最终用户参与建设工程可以简化施工进度，促进项目从一个阶段快速过渡到另一个阶段。
- 采购当局在处理不可预见的情况时的灵活性和承诺可以对项目的整体成功产生重大的积极影响。
- 尽早而稳健的过渡计划将使过渡阶段更加高效。

## 项目筹备

### 项目合作目的

在此项目之前，阿利亚皇后国际机场的设计容量仅为 350 万名旅客，但每年该机场都要接纳 550 万名旅客。它被评为世界上最差的机场之一，建筑结构过时、用户体验差。这种情况促使政府决定升级机场并增加其容量，项目从一开始就认识到客户体验是项目成功的一个重要因素。

### 经济和政治环境

在融资交割前两年和发布招标公告的前一年，约旦政府通过了一项内容全面的十年国家议程。通过政治和金融改革来建设国家经济是一项宏伟计划，其内容包括促进公共和私人部门之间的合作伙伴关系，使私人部门在当地经济中发挥重要作用。发展基础设施建设是该议程的一个支柱。

促进公共和私人部门之间的合作伙伴关系以及强调基础设施建设的支柱作用，其目的是促进私人部门参与推动经济发展。通过将机场运营私有化并组建民航管理委员会，航空部门进行了重组。因此，政府规划了阿利亚皇后国际机场 PPP 项目，并宣布进行招标。

## PPP 合同管理

### 建设阶段

建设分两个阶段进行。第一阶段包括建设主航站楼及其登机口，之后是第二阶段，此阶段要完成建设物的所有空间以及额外的登机口。机场的设计总共包括 25 登机口。只有登机口将安装乘客通道桥，其余的会搁置至需要时安装。

在建设阶段面临许多挑战。这些主要是由于在融资交割后的第二年就开始需要进行多个范围变更，导致了一年以上的延误以及大约 2.6 亿美元的成本超支。这些变更背后的原因可归纳为：初始设计不充分，缺少重要要素，以及采购当局提出的各种变更请求。由此造成的延误，再加上乘客数量的增长快于预期，导致决定加快第二阶段项目进程。还决定一次性完成机场扩展，而不是在未来几年内逐步扩展。总成本超支额约为 2.6 亿美元，其中包括下文"再谈判"标题下提及的范围变更以及由于敏感性而未在本案例研究中详细说明的其他成本超支。

由项目公司发起的规模较小的变更总共接近 200 项，采购当局为此承担的总成本接近 1000 万美元。

建设场地本身就带来了挑战，因为旧航站楼规模较小，在建设期间却必须保持运营，最终导致建设方式发生变更。最初的计划是在航站楼建设持续进行的同时将新的登机口投入使用，以保证旅客在新登机口建设完成后就可以立即使用。根据新航站楼的最新设计方案，这是不可能实现的，而且整个建设需要一次性完成。而按照原方案，这意味着旅客将不得不穿过建设现场，这导致了不可接受的安全和安保风险。因此决定实施部分航站楼开放，这导致建设项目时间延长了两年。

建设一旦完成，所有各方便参与了资产的测试和试运行，并有独立认证人员在场。项目公司认为移交过程描述是符合常规的，没有出现意外问题。

### 从建设到运营的过渡

从建设到运营的过渡管理是成功过渡管理的一个很好的例子。运营阶段的开始原本是在一夜之间开始并完成的。但是，为了准备这一过渡，项目公司在服务开始前两年组建了"运营准备和机场移交"（ORAT）团队。

在这两年中，项目公司进行了精心的计划，并提供了全面的培训，而采购当局则密切参与了这一过程的计划。知识的连贯性和传递是 ORAT 团队的主要目标，并且由于过渡期短，因此有压力确保所有各方在运营的第一天就熟悉新资产。两年的计划和培训取得了成果，在过渡期间没有遇到任何问题。

### 运营阶段

虽然到目前为止项目运营尚未遇到任何重大困难，但项目公司面临的最大挑战是将机场的运营文化从公共部门提供服务转变为私人部门提供服务。这一变革的引入需要谨慎而温和，但总体而言项目公司做得非常成功。它涉及广泛的利益相关者，包括多个政府机构以及航空公司、地勤人员和零售商。引用一位项目公司代表的话，机场运营商就好像是"管弦乐队的指挥"。总的来说，采购当局和项目公司都认为运营阶段是成功的。

其中发生了一个值得注意的事件，因为一家航空公司向项目公司迟延付费，项目公司不得不通知采购当局无法满足其按时投资的要求。项目公司认为在解决迟延支付投资费用时应该考虑到这一点，因为这是用户的迟延。采购当局对此问题采取了积极行动，得出了有利于项目公司的结论。

### 履约监督和关键绩效指标（KPIs）

采购当局没有承担建设成本。项目公司承担了及时完工的风险，并有激励按时完工，因为任何迟延都会触发约定的损害赔偿机制。采购当局的项目管理小组（PMU）不断地参与建设阶段，工程师每天进行实地考察和检查，以监测实地进展。项目公司还必须提供月度报告，指出建设现金流、进度以及面临的所有问题。另外，还雇用了一个由双方支付工资的独立监督员兼证明人。

该项目的运营KPI在融资交割前达成一致。KPI主要来自国际航空运输协会的行为守则和手册，如果不符合KPI，则需要向采购当局支付额外费用。项目公司向采购当局提交季度报告，其中包括客户满意度、财务绩效和运营绩效。

KPI主要指向客户体验，以此形成改善服务质量的驱动力，但是国际机构（如机场服务质量奖）的排名也被视为绩效的指标。关键绩效指标制度显然已成功地将双方的激励机制结合在一起，项目公司被鼓励提供高水平的服务，以增加其收入。

### 支付机制

采购当局与项目公司之间的PPP合同规定，投资费用为收入总额的54%，按季度支付给采购机构。此外，采购当局将"离港税"的征收转移到项目公司，然后将其计入要分享的总收入的一部分。在建设阶段没有付款机制。

收入和财务绩效通过项目公司提交的季度报告计算。截至本案例研究采访时，采购当局的年收入为1.2亿美元直接税收和1.3亿美元投资费。

## 政府角色

### 政府支持和采购当局

政府在该项目的成功中发挥了重要作用，相关政府官员的决断力和领导力对有效管理项目挑战做出了贡献。项目公司认为，它能够以最合适的方式自由运营机场，以便管理风险，并将效率、透明度文化引入机场运营，而采购当局的决策系统则被视为是这一变革的推动者。

政府支持的一个例子是，为了适应项目的设计，对民防消防规范进行了更新。设计师引入了创新的灭火系统，而当时的防火规范中并没有包含这些系统。当该系统被证明是适当的时，政府参考其在其他现代化的先进机场中的使用情况，对防火规范进行了修订，从而允许在本项目中引入这一系统。

### 采购当局和项目公司之间的关系

#### 团队组建与人员安排

在融资交割后，采购当局为该项目建立了一个专门的团队。成立了项目管理小组（PMU），代表交通运输部（MOT）并代表其管理特许权。该团队有 14 名在机场内办公的全职员工，拥有相关的法律、财务和技术/工程专业知识。项目公司的员工人数有很多，因为他们自己经营机场。但是，首席技术官下面还有一个 20 人的技术团队，向 CEO 汇报。

采购当局主要负责促进约旦政府与项目公司之间的关系。其主要关注点是确保公平地保护各方利益，最重要的是确保项目的成功交付。这有助于项目公司避免管理许多政府利益相关者，因为 PMU 会在遇到任何问题时向监管和许可机构表达其关切并促进其解决。

#### 培训与发展

没有针对采购当局的培训计划。PMU 负责人根据需要提供所有培训。此外，项目公司还为其员工和 PMU 员工提供有关新设施运营的联合培训。

#### 沟通

项目公司与政府有多个联络点。除了与采购当局沟通外，项目公司还必须与不同部门进行沟通，以获得许可、保证合规。因此，这是一个复杂的沟通系统，需要进行谨慎管理。

项目公司面临的一个特殊挑战是，自融资交割以来交通部已经换了 12 位部长。PMU 的负责人直到最近一直保持不变，这在一定程度上缓解了这一情况，使得采购当局与项目公司之间建立了牢固的关系。虽然部长的频繁更换很难应对，但组建 PMU 是一个非常有效的决定，因为如此一来，项目就不会由于部门的变更而受到干扰性影响。

## 关键事件

### 范围变更

迄今为止，在整个项目生命周期中，已提交了多个范围变更。第一次范围变更于 2009 年开始，最新一次的范围变更始于 2014 年。变更的原因可分为三类。

#### 在融资交割时议定的项目设计有不足之处

当项目进入建设阶段时，发现原始设计中并未考虑机场的某些区域。这是由于在设计过程中没有考虑到最终用户所导致的（在这个案例中，最终用户或指航空公司、安保、海关等）。从航空公司到地方当局，不同的最终用户都有特定的需求是原先的设计无法满足的，因此不可避免地要进行范围修正。

#### 在机场保持运营的条件下开展工作的限制

该项目是对现有机场的扩建。项目设计与运营中的资产重叠，使得在机场运营时难以建造，旧的结构也使作业空间受到限制。因此，需要对建设工程进行调整，以降低安全和安保风险。在大多数情况下，扩建工作是分阶段进行的，其中一个部分工程完成并开放使用后，再转移到另一个部分。

#### 交通情况的变化（乘客和飞机）

机场扩建计划分两个阶段进行，第一阶段将机场扩容至每年 900 万人次，第二阶段将机场扩容至每年 1200 万人次。然而，事实证明，对于客运量增长和机场交通类型的预测过于保守。机场开始被用作交通枢纽，因此会有更大的宽体飞机进入，这在原始设计中没有考虑到。交通场景中的这些发展要求增加登机口并使其适用于重型飞机。

### 重新谈判

项目公司在融资交割 3 年后开始就 PPP 合同进行再谈判，以处理各种范围变更，并推动项目第二阶段的加速实施。作为再谈判解决方案的一部分，双方同意采购当局注资 5000 万美元，项目公司将承担 1.5 亿美元的额外债务。采购当局的出资是从年度投资收费中自愿扣除 10 个季度。至于贷款，贷款人决定为原来的债务提供再融资，增加了贷款额并改变贷款利率。最初的贷款已经持续四年，并且根据不同的风险预测定价，因此，再融资方案重新审查了贷款利率和贷款期限，以反映不断变化的风险预测情况。如此一来，项目公司就有可能承担额外的债务并获得更具吸引力的融资条款。另外，由于第二阶段提前交付，预期收入得到增加，这也有助于获得更有利的融资条件。

政府的出资需要得到约旦政府最高行政机关部长理事会的批准。出资建议由 PMU 提交给为该项目组建的指导委员会，该委员会向部长理事会提出了要求。

## 项目经验

**利益相关者的早期参与可以避免范围的重大变更，这种变更往往会导致延期和成本超支。**

最终用户和其他利益相关者应始终参与这种规模的项目。在计划 PPP 项目时，采购当局和项目公司应分析确定最终用户范围，从而了解其需求和活动。如果利益相关者范围较广，那么这一点尤为重要。就机场而言，利益相关者包括航空公司、零售商以及旅客。早起参与可以避免范围上发生显著变更，这些变更往往会导致项目延期和成本超支。

**建立专门的项目团队或有利于降低政治和制度变革带来的风险。**

约旦交通运输部（MOT）决定组建一个专门负责阿利亚皇后国际机场扩建的项目团队（PMU）。由于 MOT 的部长频繁更换，这一决定带来的优势尤为明显。PMU 与 MOT 相互独立，且 PMU 的重点是机场建设，因此避免了 MOT 管理层频繁变化带来的破坏性影响。PMU 工作人员的相对稳定确保了知识和合同管理的连贯性。此外，除了需要提交到交通运输部门高层的战略决策之外，大多数决策都在其职责范围内。这限制了由 MOT 变化而引起的潜在决策迟延。此案例很好地说明，建立专门的项目交付和管理团队有助于降低政治和机构变化带来的风险。

**让最终用户参与建设工程可以简化施工进度，促进项目从一个阶段快速过渡到另一个阶段。**

对正在运营的机场进行扩建是本项目建设阶段面临的重大挑战。扩建工作需要在机场原始结构上以小工程包的方式进行，因此机场的运营也需要从一个区域转移到另一个区域，导致承包商和最终用户在项目不同阶段都要变换场所。在建设工程中让最终用户（由海关、安保、航空等服务代表）参与其中，可以让他们在需要将业务转移到机场的其他区域时做好准备。这一过程简化了施工进度，促进项目从一个阶段快速过渡到另一个阶段。

**采购当局在处理不可预见的情况时的灵活性和承诺可以对项目的整体成功产生重大的积极影响。**

采购当局能够积极主动地管理项目变更。虽然可以避免一些变更，但政府已表明愿意充当项目变更的推动者。当采购当局要求实施变更以适应其需求时，它已做好充分准备以承担与之相关的费用，并促进了政府的批准。

该项目还遇到了另一个值得注意的情况。由于一家航空公司向项目公司延迟付费，项目公司被迫通知采购当局无法按时支付投资收费。采购当局就此采取了灵活的措施，与项目公司达成了可行的解决方案。

**尽早而稳健的过渡计划将使过渡阶段更加高效。**

双方从早期阶段就了解过渡阶段所面临的挑战，因此在从施工过渡到运营之前的两年中开始了认真的计划。有效的过渡管理以及早期计划和培训，确保了从建设团队到运营团队的良好知识传承，并有助于为开始服务进行全面准备，从而使运营服务得以及时顺利地启动。

# 菲律宾：Daang Hari-SLEX 连接道路

**项目概况**

**地点**

菲律宾，从文珍俞巴到甲米地/拉斯皮纳斯

**行业**

交通——道路

**采购当局**

公共工程与公路部

**项目公司**

阿亚拉公司（Ayala Corporation）

**项目公司责任**

建设、移交和运营

**融资交割**

2012年4月3日

**资本价值**

22.3亿雷亚尔（5435万美元——2012年汇率）

**合约年期**

30年

**关键事件**

因为与其他项目的连接而产生变更，因土地征收问题而延误

## 案例摘要

Daang Hari-SLEX 连接道路，当地称为文珍俞巴-甲米地高速公路，是一条4千米长的4车道收费公路项目。该项目是建设-移交-运营的PPP项目，自2015年7月24日开始运营，在运营阶段没有任何重大问题。该项目面临的挑战始于建设阶段，当时必须进行变更调整以确保项目成功。除了变更之外，该项目在征用土地方面也面临挑战，导致建设阶段延期。各方应对这些挑战的有效性凸显了基础设施项目中有效合同管理的好处。本案例也很好地探讨了PPP中心在为采购当局提供建议时可以发挥积极作用。在撰写案例研究时，Daang Hari-SLEX 连接道路

项目已运营两年。

## 经验要点

- 在项目开发和评估阶段，应考虑与其他项目的潜在交汇问题。
- 通过国家 PPP 中心对采购当局的合同管理团队进行培训，有利于使管理团队了解全国 PPP 项目所面临的所有挑战。
- 土地征收应在早期阶段（最好在招标阶段之前或期间）处理，否则会带来额外成本和延期的重大风险。
- 独立顾问可以充当一个调解员的角色，以防止争议发生，因为独立顾问会对任何问题进行公正的评估，并将评估结果提交给各方供其达成协议。

## 项目筹备

### 项目合作目的

PPP 合同有效期为 30 年，并且有规定允许最多延长 20 年（即从建设开始起总共 50 年有效期）。根据采购当局的说法，该项目的目标是让通勤者、驾车者和公众获益，并为该地区提供战略性收益，例如：

- 成为往返马尼拉/甲米地地铁的替代路线。
- 提高此区域作为投资目的地的竞争力。
- 减少甲米地、拉斯皮纳斯和文珍俞巴的交通拥堵。
- 从 Daang Hari 到阿拉邦立交桥的行程时间将平均减少 45 分钟。
- 为到比利比国家监狱（NBP）提供新的通道，该地将重新规划为商业、住宅和公共机构混合地产。

### 经济和政治环境

截至 2012 年 4 月签署 PPP 合同时，菲律宾中央政府雄心勃勃地推动私人融资项目，以改善该国的基础设施。中央政府组建名为"PPP 中心"的机构，旨在促进和推动菲律宾 PPP 项目的发展。该机构对菲律宾的 PPP 计划提供支持，从而为当地基础设施项目的私人投资创造有利环境。除了促进和推动基础设施投资外，PPP 中心还倡导政策改革，以改善管理 PPP 的法律和监管框架，降低 Daang Hari-SLEX 连接道路等项目的风险。

## PPP 合同管理

### 建设阶段

采购当局负责向项目公司免费提供项目所需的土地，同时授予项目公司建设工程相关的专有权利和义务。项目公司负责承担与建设有关的费用。

因为有足够的土地开展施工，项目公司在签订合同后立即展开施工。然而，由于工程一开始时没有将剩余的土地征收完毕，给项目带来了重大变化和挑战，从而导致工程延期。这一变化主要是重新设计了该道路同另一条高速公路的互连互通。有关变化和土地征收延迟的详细信息，请参见下面的"关键事件"。

### 运营阶段

Daang Hari-SLEX 连接道路自 2015 年 7 月 24 日开始运营。该道路的设计承载能力为每日 126000 辆机动车。在项目过渡到运营阶段之后，项目公司将月度交通量报告提交给采购当局。在撰写本案例研究时，在运营阶段没有遇到任何问题或挑战。

### 履约监督和关键绩效指标（KPIs）

在项目建设阶段，采购当局和项目公司聘请了一名独立顾问来审查、监控和认证里程碑。在整个建设阶段，采购当局定期监督、检查和评估项目公司承担的工程质量，以确保道路的设计、建设和设备配备符合合同要求。

在运营阶段，项目公司必须遵守采购当局规定的运营和维护的最低关键绩效指标（KPI）。高速公路运营和道路维护的 KPI 都分别超过 15 个。其中包括：确保收费站 10 辆车的排队时长在高峰时段不超过 20 分钟，并保持人工或混合收费亭的交易容量为每车道每小时至少 400 辆车、高速入口每小时每车道 900 辆车。

其他 KPI 包括：
- 永久保持交通安全和控制系统的存在（即巡逻系统、安全监视系统、对事故或车辆故障的即时响应等）。
- 关于道路质量，根据国际平整度指数（IRI），表面粗糙度不应超过三个单位。
- 在道路损坏的情况下，路面或道路标志的修复不应超过规定的时间。

在运营阶段，项目公司和采购当局都对 KPI 进行监测，没有独立顾问的参与。但是，最终核准是否满足 KPI 指标是采购当局的责任。如果不符合 KPI 标准，项目公司则被处以罚款。到目前为止，KPI 基本运作良好，且项目公司和采购当局都未就 KPI 的指标功能提出任何投诉。

最低绩效标准和规格通常由采购当局监测。收费监管委员会还开展监测活动，以保证收费系统和设施的合规性。项目保修期即建设完成后的一年期间，承包商必须在工程验收之前修复采购当局认定的工程缺陷。虽然项目公司目前满足所有商定的 KPI 指标，但可以注意到，在保修期内，某些 KPI（如道路平整度和道路排水系统的修复）未达标。目前这些绩效不达标的行为均已得到纠正。

**支付机制**

在收费道路的运营阶段，没有应向采购当局支付的投资收费，采购当局也没有给出最低交通需求保证。该协议允许项目公司收取过路费收入作为主要收入来源，收回投资成本。若绩效不达标，项目公司会被罚款。罚款根据项目公司提交的月度绩效报告确定。

道路通行收费标准将会在收费处的各方向根据车辆类别进行评估。根据法律规定，所有通行费均包含 12% 的增值税。通行费每两年定期审查一次，并进行调整以适应当前的经济状况。费率调整根据指定公式进行，并与菲律宾的消费者物价指数挂钩。项目公司由于承担建设和需求风险，因此不允许自行实施收费调整来冲抵超支的建设成本或弥补低于预测交通量的业绩损失。收费调整必须由收费高速公路的政府监管机构收费监管委员会批准。

值得注意的是，任何对收费率调整的不当拒绝可能导致补救措施。其原因在于监管机构的决策受到政治因素、经济因素等多种因素的影响。因此，当项目公司有正当理由要求调整费率却未得到允许时，那么采购当局应保证提供补偿。补偿措施可以是直接付费，也可以延长运营期。

除了路费收入外，项目公司还可以在公路通道内的可用区域上进行开发，为收费公路的用户提供商业服务。采购当局有权获得项目公司商业服务和活动产生的收入的 5%。

**政府角色**

菲律宾中央政府在 PPP 项目中为地方政府和机构提供支持。PPP 中心与国家经济发展局密切合作，其成立的目的是支持 PPP 项目。PPP 中心是菲律宾所有 PPP 项目的中央协调和监督机构，促使政府当局参与 PPP 采购的各个方面，从而支持该国的 PPP 发展计划，同时，在运营阶段 PPP 中心与采购当局也会保持紧密联系。

PPP 中心通过提供以下服务支持采购当局：
- 项目开发和设施服务监测。
- 项目开发服务。
- 政策制定、项目评估和监测服务。
- 能力建设和知识管理服务。
- 法律服务。

PPP 中心在运营阶段继续担任 PPP 监测角色，并参与协调活动以确保项目顺利运行。虽然 PPP 中心对项目的监测主要在高层方面进行，即根据采购当局提交的报告进行监测，但也可以对项目进行深入监测和评估。这可能涉及利益相关者的焦点小组讨论。

虽然 PPP 中心支持采购当局建立和推广 PPP 项目，但任何项目最终都需要投资协调委员会（ICC）和国家经济发展管理局通过核查具体成本进行批准。他们的决定受到 ICC 委员会工作组建议的影响，该工作组由 PPP 中心、财政部、经济和发展局以及环境部组成。

菲律宾政府的结构决定了其地方政府拥有较大的自治权，包括施加限制、要求和税收的权利。因此，采购当局和项目公司必须与地方政府单位（LGU）进行广泛的协商和协调活动，以确保遵守当地所有的法规。

## 采购当局和项目公司之间的关系

### 团队组建与人员安排

在建设期间，采购当局每天积极参与监测项目。采购当局任命了一名独立顾问来核实工程进度，并就采购当局批准的与项目建设阶段相关的所有文件提出建议。独立顾问应对各方负责，有义务采取专业和独立的行动。各方平均分担独立顾问的薪酬，并根据独立顾问提供的发票，在每个月的同一天支付报酬。

在运营阶段，采购当局目前拥有的资源数量足以监测项目公司的绩效，对此采购当局感到较为满意。

### 培训与发展

PPP 中心一直负责为采购当局提供培训。由于 PPP 中心掌握着全国 PPP 项目所面临的挑战，且与中央政府保持密切关系，因此 PPP 中心有能力提供知识共享和培训。

### 沟通

由于采购当局在设施附近设有办事处,所以各方之间保持着持续的沟通,密切监测项目并与项目公司进行公开对话。

PPP 合同规定,任何正式通知应以书面形式发出并亲自递送,或以扫描件的形式通过电子邮件发送。

## 关键事件

### 设计变更

在项目招标之前,采购当局进行了初步设计。然而,当项目公司向采购当局提交其最初的详细设计时,发现在采购当局的初步设计中没有考虑到附近另一条高速公路的计划扩建。因此,为了实现道路扩建,需要改变采购当局最初的项目设计范围。这导致采购当局需要承担额外成本,因为必须补偿项目公司的额外工作。项目也因此必须延期,才有足够的时间重新设计项目、估算成本。

变更程序在合同中有相应规定,任何一方可以通过向独立顾问发送书面通知("变更通知")描述范围变化以启动变更程序。本案例中,变更通知是由采购当局发起的。随后,独立顾问确认证明拟议的变更符合合同履行时商定的最低绩效标准和规范。项目公司紧接着准备了一份提案,列出必要的细节和额外的成本估算(附有相应的细节),包括如何收回成本。如果变更导致成本增加超过合同价值10%,则需要 ICC 的正式批准。如果增加的成本低于 10%,采购当局和项目公司可以直接依照约定进行变更,但须知会 ICC。

由于该项目变更的额外成本超过了合同价值的 10%,因此需要 ICC 的批准。一旦项目公司提供所有支持证据以证明成本增加是合理的,则变更的费用将一次性付清。

PPP 中心认可从项目设计变更中汲取的经验教训,现在已经将 PPP 中心的项目开发和评标过程引入相邻和/或竞争项目识别,以便从一开始就减轻相关风险。

### 土地征收挑战

在建设开始之前,各方都知晓建设所需的土地数量。最初,该项目成功获得了足够数量的土地并按时开工。然而,随着进一步进入建设阶段,获得建设活动所需的剩余土地开始成为难题。土地和财产的获取过程始于基于公平市场估值的要约。如果与所有者的谈判失败,则可能必须将该问题提交法院寻求征用许可。

对于一块狭窄的土地,最初与业主的谈判未取得成功,需要高层干预以促进达成土地使用协议。为了收购项目土地的某些区域,由于未与业主谈判成功,因此必须获得法院令。这一过程较为漫长,导致竣工时间延期。由于采购当局对征地过程中的风险负责,因此延期对项目公司没有任何财务上的影响。这一未解决的土地征收问题只导致了轻微的延误,因此无需延长施工时间。

## 项目经验

**在项目开发和评估阶段,应考虑与其他项目的潜在交汇问题。**

如未能发现相邻项目和竞争项目的问题,可能导致成本增加和延期。由于该项目与另一个道路扩建项目之间存在交汇,且确认时间较晚,采购当局承担的费用发生了变化。PPP中心认识到该项目和国内其他项目中这一类问题的严重性,因此,为了降低与相邻项目和竞争项目的风险,在项目开发和评估阶段就引入了可能与项目相关的确认机制。交汇问题已得到确认的项目在问题解决前不允许进入下一个评估阶段,具体情况视其影响的严重程度。

应该认识到,不同项目交汇的复杂性和影响程度是不一样的,这一点十分重要。因此,通常很难就如何处理项目交汇提供具体建议。有些项目交汇可能易于补救,且不足以影响项目评估的决策,而其他项目则并非如此。因此,"菲律宾式解决方案"十分奏效,因为该方案要求在项目开发和评估过程中就标明项目交汇点,但是让项目技术工作组自行决定是否在不采取补救措施的情况下继续推进。这种积极主动的方法有助于在项目早期阶段发现潜在的问题,因此是项目开发和评估期间采用良好实践的例证。

**通过国家PPP中心对采购当局的合同管理团队进行培训,有利于使管理团队了解全国PPP项目所面临的所有挑战。**

PPP中心一直负责为采购当局提供培训。由于PPP中心掌握着全国PPP项目所面临的挑战,且与中央政府保持密切关系,因此PPP中心有能力提供知识共享和培训。

**土地征收应在早期阶段(最好在招标阶段之前或期间)处理,否则会带来额外成本和延期的重大风险。**

征地带来了额外成本和延期的重大风险,且通常是采购当局承担的风险。

获得必要土地的过程需要谨慎地管理利益相关者及其参与计划。这可能是一个漫长的过程,建议在项目的早期阶段解决征地挑战,以避免建设期间的延期和额外费用。

独立顾问可以充当一个调解员的角色，以防止争议发生，因为独立顾问会对任何问题进行公正的评估，并将评估结果提交给各方供其达成协议。

受访者强调，独立顾问有助于促进有关各方达成协议。在这个项目中，独立顾问由双方委托，确保了意见透明、公正。在某些情况下，独立顾问可充当预防争议发生的调解人角色，因为独立顾问可以对问题进行公正的评估，并将评估结果提交给各方供其达成协议。

# 南非：豪登快速铁路

**项目概况**

地点

南非豪登省

行业

交通——铁路

采购当局

豪登省管理局

项目公司

博姆贝拉特许有限公司（私人）（Bombela Concession Company (Pty) Ltd）

项目公司责任

设计、建设、融资、运营和维护

融资交割

2007年1月25日

资本价值

245亿兰特（34亿美元——2007年汇率）

合约年期

19年零6个月

关键事件

争议，土地征收延误，设计和建设变更

## 案例摘要

本案例研究主要根据豪登省管理局（GMA）（采购当局）处收到信息撰写。

豪登快速铁路项目是一个80千米的铁路项目，用于缓解交通拥堵并且给南非的约翰内斯堡-比勒陀利亚走廊（Johannesburg-Pretoria corridor）的通行提供便利。该项目是一项雄心勃勃的计划，也是南非首个如此规模的PPP项目。项目面临着一系列挑战，包括土地征收方面的一些困难，导致施工过程中的延误。其中也出现了一些争议，并进入仲裁程序，但是当事各方通过谈判达成了和解，目前项目正在成功运营。该项目于2010年6月8日和2012年6月7日分两个阶段完成交付。

## 经验要点

- 需要明确定义变更流程，并采取激励措施及时做出响应，以避免不必要地延长变更协议及其实施的时间。
- 与利益相关者进行接触，尽早解决土地使用权的问题，以避免在建设进行中未能确保土地使用权和延误的风险。
- 项目公司和采购当局使用的共享数据和信息管理系统必须兼容并符合各方的要求。
- 定期的会议人数不能过多，否则会导致管理困难或低效。
- 对于线型项目，为了不造成项目的延误，环境影响评估的时间安排至关重要。

## 项目筹备

### 项目合作目的

项目的目标是为约翰内斯堡－茨瓦内通道提供铁路通勤服务，同时缓解道路网压力，并建立桑顿和约翰内斯堡国际机场之间的联通。该项目为期19年零6个月，涉及77千米轨道交通的设计、建设、融资和运营维护，并提供96辆机车车辆来运送乘客。除了铁路车辆，项目公司还负责提供前往火车站的公交车线路，以方便使用铁路网。因此，项目公司的责任实际上是将乘客从居住地运送到火车站和整个网络。豪登快速铁路项目也为南非创造就业岗位，同时通过为劣势人群创造就业岗位和技能提升来改善社会流动性。

### 经济和政治环境

南非的公共交通虽已广泛普及，但其质量和可靠性并不总是达到所要求的标准。2006年该项目推进的时候，南非客运铁路局通过 Metrorail（南非的通勤铁路服务运营商）为日均100万人次提供出行服务，且所有主要城市都有公共交通服务。然而，公共交通系统的覆盖速度与城市发展未能保持一致，服务质量也因为投资不足而越来越差，这是一个大难题。因此，政府认为，通过约翰内斯堡－茨瓦内铁路通道缓解交通拥堵十分必要，这将有助于提供有效的交通运输并促进人员流动。而当时，即将到来的2010年国际足联世界杯（FIFA World Cup）又为豪登省建立可靠交通系统施加了时间上的压力。

在项目的建设阶段，建设市场上同时开展大量活动。为了准备FIFA世界杯，一系列重大建设项目也在进行中。除了适应人口大量流入而进行的其他交通和基础设施建设外，还为准备比赛建造了五个体育场。在项目建设期间，需求的增加导致技能、材料和设备的严重短缺。

## PPP 合同管理

### 建设阶段

豪登铁路线长约 80 千米，包括 15 千米的隧道以及高架桥、车站、车辆段和停车场等设施。除了铁路轨道和机车车辆之外，项目范围还包括配套设施。项目分两个阶段完成，2010 年 6 月 8 日为第一阶段交付日期，2012 年 6 月 7 日为第二阶段交付日期。由于将要到来的 FIFA 世界杯，项目第一阶段加速完成，并提前三天完成交付。

项目的第二阶段主要修建从米德兰（Midrand）到比勒陀利亚（Pretoria）和哈特菲尔德（Hatfield）以及从桑顿（Sandton）到帕克（约翰内斯堡）的铁路线。由于与征地相关的延误，以及与加之罗斯班克（Rosebank）到帕克路段之间的一条隧道渗水有关的争议，项目第二阶段延迟了 5 个月。这些挑战将在下面的"关键事件"中进一步详细说明。

确认优先中标人后（项目建设阶段之前），采购当局便委托项目公司开展前期工程，从而积极推动从融资交割过渡到项目建设环节。这也有利于项目公司自身，因为在建设开始时，项目公司的团队已经到位。

该项目的建设面临许多挑战，包括未能完成土地征收。由于在 FIFA 世界杯开始之前需要完成项目的某些部分，导致项目面临着时间压力，因此无法在融资交割之前获得计划路线沿线地区政府的批准，甚至在某些情况下，当地政府利用融资急迫性迫使项目公司为改善原有道路进行额外的建设工作。利益相关者也存在其他问题，比如其中一个车站需要重新选址以适应沿线的房地产开发需求。虽然采购当局保留了征地风险，但公用事业的搬迁费用和车站周围的道路改善费用已转移给项目公司。

该项目已完成环境影响评估（EIA）程序，且在 2009 年获得了必要的项目环境许可。获得必要环境许可的时间比预期的时间长。出现延迟的原因是 EIA 流程必须在项目规划阶段开始，因此所获得的环境许可是根据最初的项目设计。在项目变更后，必须提交新的环境影响评估和许可申请。

在建设期间还出现了一些技术问题，例如隧道不符合最大渗水标准。这引发了争议。2016 年有关各方就该争议及其他所有争议一起达成和解。下文"关键事件"对有关争议有详细说明。

**运营阶段**

项目公司和运营承包商提供的服务在2016/2017财政年度的所有行程中均达到并超过了可用性和准时性目标,分别平均达到99.5%和98.6%。同时,通行服务也达到且超过安全和保障目标,从而提高了用户对豪登省和整个公共交通的信心。乘客和系统自身的安全性保持在较高水平。最近,由于项目公司成功实施了密集的清洁操作,车站建筑物的总体状况和清洁度也得到了改善。

项目运营获得广泛的成功。2016/2017财政年,乘客出行总体数量有1%的增长,乘坐火车出行的旅客达到15612070人次。然而,由于手机端应用计程车/出租车呼叫服务的竞争,来自机场车站的用户数量有所下降。于是,该路线于2017年开始冻结机场服务费,以应对手机叫车服务的竞争。

经过6年运营,火车站出行旅客人次达到近8千万,促进了地方经济的发展,减轻了交通拥堵,并使约翰内斯堡和茨瓦内的几个内城区焕发了活力。它也创造了就业机会,并帮助该省重建了铁路部门。有关该项目更广泛效益的一些研究表明,2006~2011年,该项目创造了122000多个工作岗位。每投入项目1兰特,豪登省经济就增加1.72兰特。该项目的可用率达到99%,逃票率不到0.4%,火车准点率达到98%,因此对该项目的扩建已经产生了强烈的需求[①]。

**履约监督和关键绩效指标(KPIs)**

在项目建设阶段,绩效监测通过实现里程碑来实现。这些里程碑由采购当局、项目公司以及一个独立认证机构进行管理。

该项目大约有1000个里程碑,涵盖超过25000个单独的活动,这使持续的绩效监测成为一个挑战。其中,间隔时间为4~5个月的关键里程碑有12个,它们被用作衡量项目整体进度的指标。这些指标也有助于判断土建工程的进度与机车车辆和系统的交付进度相比较,是否保持协调一致。工程竣工后,双方与一个独立认证机构一起检查交付的工程。该独立认证机构是唯一得到授权的机构,其职责是确认项目的进程,确认项目是否合规,并为完成工程的建设承包商签发付款证书。

在运营阶段,每月对25项可测量的绩效监测标准进行检测,以此对项目公司绩效情况进行监控,若不符合绩效标准则有可能会被扣款。绩效标准由项目公司监测,每月向采购当局报告。监测和记录系统尽可能自动化,以降低人为干预。另外,由于支付机制的预设,若服务不可用或绩效不佳,项目公司会被扣除相应款项。

---

① http://gma.gautrain.co.za/article/expansion-of-gautrain-rail-network。

其中有一项 KPI 属于社会发展标准，这些指标设定了培训和雇佣历史上处于不利地位的男性和女性雇员的月度目标，若未遵守会导致扣费。这反映了政府致力于创造就业岗位、改善弱势群体的社会流动性的目标。

**支付机制**

采购当局以 30 亿美元拨款的形式提供融资，而项目公司筹集了 3.6 亿美元债权融资和 7 千万美元股权融资。

各方从最初就意识到，私人部门投资加上使用者付费的收入远不及项目所需资本。因此，政府支持是资金的主要来源，并采取两种形式。第一是省政府为建设阶段资金提供出资，这是政府支持的主要部分，达到将近 30 亿美元。第二是政府在项目运营阶段采用"交通量担保"的形式提供融资。

在建设期间，政府提供第一种形式的融资，给项目公司按里程碑付款，采购当局和项目公司共同委托一个独立认证机构来监督履约情况，并为完成的每项付费里程碑签发付款证书。对于这样一个多项施工任务同时进行的大型项目而言，这种传统里程碑付费制度是十分适用的。

在项目运营阶段，当收入超过一定基数，项目公司便与采购当局根据项目公司达到的权益回报率分摊利润。也有一个较低门槛，由最低收入的"交通量担保"兜底，因此，需求风险在这个较低门槛之上由项目公司承担，但低于这个门槛，则由政府资助担保。用户付费和附属服务收入是项目公司收入的主要来源。运营阶段的前五年为项目公司制定了激励付费方案，以增加项目公司收入。

关于绩效扣除，由于大多数 KPI 指标都关乎卓越的运营和绩效，未达到运营 KPI 标准导致的任何费用扣除都由运营承包商承担，并从其费用中扣除。所以，绩效不佳的风险已从项目公司转移到运营承包商。但是，如果通行列车或公交车可用率低于设定门槛，则项目公司可能面临采购当局提供的资助担保减少的风险。

为了核算资助担保额，使用了最低要求总收入（MRTR）财政指标，该指标是项目公司投标的组成部分。为决定资助担保额，这个标准会进行两项计算：MRTR 与实际收入之间的差额和 MRTR 与收入预测之间的差额中的较小者被视为资助担保金额。结果，项目公司承担收入低于预期的风险。收入超过预测但低于 MRTR 会减少采购当局的资助担保额度。因此，一旦最初的五年激励计划结束，就不会激励项目公司获得高于其预期的收入。

**变更管理**

PPP 合同中，采购当局提出的范围变更管理流程，大体上分为如下步骤：

- 采购当局发出变更通知；
- 项目公司在商定的时间框架内回复，附上成本概要；
- 采购当局之后会做出决定，让项目公司在原成本概要的基础上形成一份详尽的报告；
- 如果采购当局允许项目公司继续推进，项目公司须提交完整详尽的报告回复。

然而，对于项目公司何时提交最终回复并没有设定时间限制。这是一个重大瑕疵，因为项目公司回复完整解决方案的没有时间限制。每项变更必须根据最开始的原则（融资交割之前并未商定好基准率）来谈判，这延长了走完流程所需的时间。

另外还规定，如果在建设阶段发出的变更数量超过15项，项目公司有拒绝变更。但实际上，项目公司并未行使这一权利，因为项目的推进显然需要进行更多变更。总体而言，实施的变更不到初始资本成本的5%。

## 政府角色

此项目是南非首个该类型的PPP项目，因此需要政府在某些层面上作出调整。南非政府成立了一个PPP中心来推动PPP项目，并为采购当局在合同管理和团队设置上提供建议。财政部为这一项目的采购当局提供了建议和支持。最初，项目的采购当局是豪登省政府的道路和交通部门。后来，省执行委员会于2006年12月通过相关法规，成立了豪登管理局。采购当局（豪登管理局）为履行豪登省的合同义务、并且管理它与项目公司和其他利益相关者之间关系提供了所需职能。豪登管理局法确定了采购当局的目标。总体而言，其目标是管理、协调且监管项目，从而满足整个政府而且尤其是豪登省的利益。采购当局的责任包括管理豪登省和项目公司在PPP合同上的关系、管控资产和融资、与有关政府机构及推动项目的利益相关者进行联络、推动黑人经济振兴计划、实现该项目与其他交通服务的一体化整合等。

## 采购当局和项目公司之间的关系

### 团队组建与人员安排

采购当局在PPP合同之外，事先使项目公司开展项目启动和准备工作，这一方法确保了项目从融资交割到建设阶段的顺利过渡。在融资交割之后，采购当局团队和项目公司团队都有新员工加入，从而使项目管理团队进一步得到加强。采购当局的团队配备了当地专家，而且这些专家拥有设计、大型项目管理和合同管理的丰富经验。在融资交割结束后，也对新员工进行了合同管理培训。

### 沟通

所进行的访谈表明，双方之间的沟通难以管理。合同方之间交流的主要形式是召开定期会议，尽管该项目会召开月度会议，与会者最多达 30 人，但有时由于涉及的合同方利益不同，重点难以集中。

采购当局和项目公司代表之间还举行了周会来讨论关键问题，而且因为一次涉及不超过 8 个人，这些会议会更加高效。与独立验收机构之间的会议是有益的，因为它们可以对认证机构发现的问题进行客观的讨论，而且讨论的结果最终被用于项目里程碑的监控。

为了让合同方之间进行交流并建立更牢固的关系，每季度还举行非正式的战略层面的会议。此类会议在融资交割两年后没有举行。

在运营期间，每周、每月和每季度举行一次正式合同会议和非正式协调会议。

### 信息管理

合同规定了数据和文件管理系统。采购当局为所有文件和信息管理选择了特定的软件系统。然而，项目公司发现这套系统对于文件备案和内部管理控制并不适用，于是，项目公司以及相关的合同方使用他们自己的软件来进行文件和信息管理。结果是，项目公司必须转换其文档和信息管理系统以与采购当局系统的兼容。

## 关键事件

### 争议

项目期间发生了较多争议，最开始的争议可以追溯到 2008 年采购当局未能按照计划提供土地。项目公司认为，若发生延期，则自己有权获得救济，但是直到关键道路的施工延期达到 9 个月时，建设承包商才加速作业并要求补偿。虽然设有争议解决委员会，但是该委员会的设立仅仅是为了处理与范围和技术规格有关的问题。如有任何其他争议，则直接提交仲裁解决，而不通过争议解决委员会解决。这个争议由于未能友好协商解决而提交仲裁。

项目中发生的另一起索赔是由于采购当局发现隧道渗水，且超过允许的最大渗水量。争议被提交至仲裁。采购当局赢得了仲裁，同时，项目公司被要求开展补救工作。

另有一些独立的争议也提交至仲裁。2016 年 11 月 18 日，采购当局和项目公司同意全面解决与项目建设阶段相关的所有争议。双方友好协商达成一致，同意结束采购当局和项目公司之间旷日持久、代价昂贵且烦琐的法律和仲裁程序。

双方达成了以下协议：（1）采购当局在最终和解中向项目公司支付9.8亿兰特；（2）采购当局同意放弃价值为2.66亿兰特的铁路使用费收入，这笔费用本来应该由项目公司支付给采购当局。

**与环境影响评价相关的工程迟延**

最初的环境影响评估（EIA）流程始于2001～2003年的项目计划阶段。由于项目公司提出了各种路线调整和设计变更，EIA流程必须在建设阶段更新，并在2009年完成评估。

旷日持久的环境影响评估流程历时8年，并产生了两个主要影响：首先，与环境影响评估过程相关的成本远远高于最初预期；其次，项目公司聘用的环境影响评估顾问在漫长的流程中离职，导致知识缺乏延续性。

环境影响评估流程的时机选择也成为一项挑战，前文在标题"建设阶段"下有详细说明。当时的EIA法规没有将环境合规责任从最初的申请人（即豪登省公共交通、道路和工程部）无缝转移到项目公司。这导致了项目公司与采购当局之间的纠纷。

由于在合同授予及最终设计之前，采购当局要求实施环境影响评估流程，项目公司要重启许多流程，以处理路线安排的调整和最终设计的变更。在合同授予时，详细的环评风险通常被转移给项目公司。

作为环境影响评估程序的一部分，采购当局与项目公司之间在遵守项目授权书所附带条件的责任方面存在分歧。最后，纠纷被提交至仲裁并得到解决。

在进行了广泛的公共磋商之后，豪登公共交通、道路和工程部（也是项目推动者和EIA许可的最初申请者）与其他公共部门参与方之间就项目线路优化也产生了分歧。大多数分歧都得到解决，豪登公共交通、道路和工程部接受并实施了当地居民就线路优化所提出的建议，但是一些争议最终被诉至法院，法院做出了有利于采购当局的判决。

**项目经验**

需要明确定义变更流程，并采取激励措施及时做出响应，以避免不必要地延长变更协议及其实施时间。

项目项目范围变更的管理流程很慢，这会导致延误，也会让项目各方的风险增加。此外，变更流程并没有区分主要变更或次要变更。由于没有针对微小变更的标准成本达成合同约定的基准费率，需要对它们分别进行协商和约定。因此，每项变更必须从最开始的原则进行谈判，这延长了完成流程所需的时间。此外，若发生变更则要求项目公司以完善的方案做出回应，但却没有规定回应的时限。需要明确定义变更流程，并采用合同机制要求及时做出响应。没有响应期限，可能会导致不必要地延长变更协议和实施时间。

**与利益相关者进行接触，尽早解决土地使用权的问题，以避免在建设进行中未能确保土地使用权和延误的风险。**

豪登省土地收购面临的挑战凸显了土地收购的潜在复杂性以及由于土地收购而造成的延误。土地收购工作不应受到轻视，因为任何未能按时获得土地的行为都可能导致项目暂停或导致重大变更。挑战不仅仅来自于土地所有人的不支持；利益相关者通常也会对其他问题（例如环境影响）感到担忧。

尽管土地收购和利用工作在开工建设前就已经开始，但由于 FIFA 世界杯的举办对该项目的实施带来了工期压力，这一工作并未完成。土地收购的延迟导致当地利益相关者对采购当局和项目公司产生了影响。就本案而言，当地利益相关者和土地所有者对项目公司施加压力，要求项目公司建设并修缮某些现存资产，比如车站附近的道路等。较早开展土地征收工作可以减轻建设方案的压力，并为缓解风险提供更多空间。

**项目公司和采购当局使用的共享数据和信息管理系统必须兼容并符合各方的要求。**

合同规定了数据和文件管理系统。但是，采购当局和项目公司使用各自的软件进行文件和信息管理。结果是项目公司必须将其文件和信息管理系统转换为与采购当局的文件和信息管理系统兼容。

数据共享与监测系统的类型需要谨慎挑选。若不能成功规划数据共享和监测平台，有可能导致双方成本增加，另外，双方一直需要将数据从一个系统转换到另一个系统，明显是十分低效的。应该尽早建立一个兼容的平台，如果无法实现，则兼容性问题必须在信息和文件开始堆积之前得到解决。

**定期的会议人数不能过多，否则会导致管理困难或低效。**

合同方之间交流的主要形式是定期召开会议。此外采购当局和项目公司代表每周也会开会来讨论关键问题，由于与会人员一般不超过 8 个人，会议较为高效。

此外该项目会召开月度会议，与会者最多达到 30 人，这让会议重点难以集中。

建设阶段的会议中，与会代表都是项目的利益相关者，而且处理每一个问题以及管理各方利益的关系十分耗时。然而，管理其分包商的利益却是项目公司的责任。

**对于线型项目,为了不造成项目的延误,环境影响评估的时间安排至关重要。**

环境影响评估的时间安排对项目构成了挑战,因为它是在工程项目的规划阶段根据初步设计而实施的。因此,一旦项目公司完成路线调整和详细设计,大部分环评程序必须重新进行。

# 西班牙：塞加拉-加里格斯灌溉系统

**项目概况**

地点

西班牙加泰罗尼亚地区

行业

水利——灌溉

采购当局

塞加拉-加里格斯 Reg Sistema

项目公司

Aigues del Segarra Garrigues，SA

项目公司责任

设计、建设、融资、运营和维护

融资交割

2005年7月8日

资本价值

12亿欧元（14.31亿美元——2005年汇率）

合约年期

39年（可以在下文描述的情况下延长）

关键事件

为保证符合环境法而进行的范围变更，贷款协议终止，合同再谈判

**案例摘要**

塞加拉-加里格斯灌溉系统项目是西班牙加泰罗尼亚地区列伊达省一项重要的发展项目。该项目的目标是将70000公顷的非灌溉土地转变为灌溉土地，使超过35万人口的地区受益。然而，全球金融危机对采购当局的财务状况带来了重大挑战，贷款人终止了与项目公司的融资安排。

必须符合欧盟（EU）环境要求也造成了项目迟延，并限制了项目的范围。由于这些挑战，建设阶段已经延期，预计到2029年才能完成。

## 经验要点

- 在项目启动初期以及整个项目的早期阶段,与最终用户的良好互动对于确保项目的可行性至关重要。
- 采购当局必须进行充分的尽职调查,以确保项目范围和任何合同规定的设计参数符合所有相关法规。
- 将工作人员从建设阶段留任至运营阶段,可以提高过渡阶段的管理效率。
- PPP 合同中的技术规格过度限制,采用投入型而非产出型技术规格,会对项目的最终设计和整个寿命成本产生负面影响。
- 政府的支持在关键情况下(例如缺乏融资时)变得非常重要,并且可以降低项目延期或终止的风险。

## 项目筹备

### 项目合作目的

该项目的初衷是通过新的灌溉系统增加水的供应,从而在项目覆盖的区域种植利润更高的作物、开创新的业务以及提高总体经济效益。由于缺乏可用的灌溉水,目前有超过 16000 人的土地所有者正在种植农作物,由于缺乏水,农作物单产低,因此获利能力低。

计划的灌溉系统包括两个部分。第一部分由国家政府主导,包括一条 85 千米长的灌溉渠(塞加拉加里格斯灌溉渠)和一座大坝(阿尔贝格斯)。第二部分,即本案例研究涵盖的项目,由项目公司 Aigues del Segarra Garrigues,SA 承建,主要是建设一个灌溉水分配网络,将水资源从运河引至土地所有者,然后这些土地所有者负责基础设施建设,将水资源输送到自家农场。

采购当局是 Reg Sistema Segarra-Garrigues,这是加泰罗尼亚地区政府为该项目设立的一家公共部门公司。该公司后来被加泰罗尼亚基础设施公司吸收合并。采购当局与项目公司签订了 PPP 合同,以进行项目的设计、建设、融资、维护和运营。

## PPP 合同管理

### 商业交割和融资交割之间的过渡

商业交割与融资交割之间有一个大的过渡。九家股权投资者和一家银行集团需要达成协议。这个过程过于复杂，历经两年时间才完成。采购当局随后将工作往后推迟了两年，在此期间公共部门高级管理层又发生了许多变化，因此项目进展十分有限。尽管2002年签署了PPP合同，但直到2006年建设工程才开始启动，虽然项目公司有权就此提出索赔，但据了解，2013年的再谈判解决了这一问题。

**建设阶段**

该项目是根据采购当局拟定的概念设计和相关技术规格进行招标的。所有详细设计均由项目公司在授予PPP合同后制定，然后由采购当局批准，随后在建设期间实施。

原建设工期为9年，预计将于2014年完工，但截至2017年，仅有50%的灌溉网络建设完成。项目延迟的原因是设计和建设过程中遇到了各种挑战。其中，对项目建设产生最大影响的是作为关键预期受益者的土地所有者缺乏参与需求，以及基于遵守环境法律所要求的范围变更。

招标阶段曾经假定土地所有者会普遍支持该项目，会成批签约，并同意采购将灌溉用水直接输送至各自土地所需的额外基础设施。这意味着项目公司将通过管道把水输送到面积要求不小于12.5公顷的单个区域（称为"最小灌溉区"），然后土地所有者将承担将水输送到该灌溉区域内的各自土地的成本。然而，由于利益相关者的参与度较低，农民也缺乏兴趣，最小灌溉区的平均面积为2.8公顷。这意味着管道总长度增加了大约30%，直接影响了建设时间和成本。

欧盟法院裁决该项目没有遵守相关立法。这意味着项目公司必须在项目所涵盖的区域内引入所谓的鸟类"特殊保护区"。这减少了用于灌溉的区域，而且对保护区周围管道的重新布置也增加了成本。下文"关键事件"部分将进一步说明。

就项目设计方案而言，项目合同的要求要比通常的PPP合同更具有限制性。例如，PPP合同规定了聚酯管的使用，而从整个生命周期的角度来看，这并不是最佳方案。但是，这是合同里的一项要求，因此难以改变。

要预测剩余工程的最终成本很复杂，但项目公司估计这一成本将高出原合同金额的20%，其中约一半是因为要保证项目符合欧盟环境要求，另一半是原因最小灌溉区减少导致管道长度增加。采购当局承担了所有这些风险以及因此造成的成本超支。

**运营阶段**

因为每个灌溉区一旦建设完成便开始运营，因此整个项目从建设到运营的过渡是一个持续的过程。这个过渡所需要的时间比预期的要长，因为土地所有者必须承诺在灌溉开始之前加入这一计划，而并非在所有情况下，土地所有者在建设工程完成之前能够加入这一计划。

运营阶段的另一个复杂问题是商定 PPP 合同的总期限。一旦建设完成并且土地所有者已经承诺加入计划，每个灌溉区的全面运营就开始了。但是，由于项目的规模，各区域建设完成之间总会有较长的时间差。PPP 合同规定，运营阶段将持续 30 年，但尚未明确从何时开始计算。其中有一项条款规定，30 年的期限于所有建设完成后开始计算，这意味着大多数区域的运营时间将持续 30 年以上。而另一条款则指出，每个区域的 30 年运营时间将单独计算，因此任何区域的运营时间都不会超过 30 年。关于这一点已经得到澄清，而且各方商定，基于确定 PPP 合同总期限的目的，运营合同开始日期为每一个灌溉区都开始运营的日期（即所有灌溉区的建设完成之时），而且 PPP 合同的期限以及每个区域的运营时间将自该运营开始日后的 30 年。

与建设阶段相比，运营阶段的监测和报告系统不够全面和详细。在运营阶段，项目公司仅向采购当局报告耗水量和维护费用，而在建设期间的报告内容则包括更广泛的绩效指标。这是由合同安排所导致的，因为建设成本目前由采购当局支付（详见下文"关键事件"部分的讨论），所以他们建设工程比较关注。而运营收入完全来自向土地所有者收取的使用者费用，因此采购当局的参与需求较少。

**履约监督和关键绩效指标（KPIs）**

有一系列与项目进展相关的里程碑，包括可用于灌溉的土地公顷数，加入灌溉系统的土地所有者协议的数量，运营中的公顷数以及不断增加的用水量。项目公司运营阶段面临的挑战之一是，PPP 合同中有一些条款从运营的角度看难以实现。例如，基础设施如有任何损坏，必须在发现后 48 小时内修复，如果未完成，则会扣除相应款项。这对项目公司来说并不总是可行的。例如，曾发生过这样一个事件：某一泵站的电缆被盗，而更换电缆需要两天以上的时间。但是，采购当局认为 48 小时内的修复是必要的。灌溉系统延迟两天运作会严重损害作物，因此两天内修复的要求必须严格执行。在签订 PPP 合同时，双方也就此达成了协议。

**再谈判**

2013～2015 年期间进行了各种合同再谈判，以处理已经发生的项目变更。第一次再谈判讨论的变更是：其一，加泰罗尼亚地区政府由于预算限制而导致工程建设速度下降；其二，由于要求设立额外的鸟类保护区，施工范围也需要变更。2013 年和 2015 年之间的再谈判以及融资和鸟类保护区的问题将在下文"关键事件"部分详细描述。

据了解，采购当局和项目公司现在都同意，今后 PPP 合同还需要一次正式再谈判，从而把可能影响项目公司财务绩效的因素纳入考虑范围。这些包括：

- 可用于灌溉的水源减少。要求为鸟类设立的额外保护区让可用于灌溉的水量限制在 300 GL／年，低于最初预期的 340 GL／年。目前的使用量仅为 160 GL／年，因此灌溉水源尚未成为一个问题，但灌溉水的销售是项目公司的主要收入来源，因此必须在建设工程完成后解决这一问题。据受访的利益相关者预计，由于土地所有者已经支付了在自己土地上建造管道的费用，因此对水的需求将大于可用水量。

- 为了确保项目的财务可行性，项目公司依靠土地所有者来创造收入。如果土地所有者加入项目的速度低于预期，项目公司或需进行再谈判，以求合同进一步展期，目前这一风险确实存在。

### 项目公司所有权

完成融资交割时，项目公司有包括建设和运营承包商在内的九家股权投资者。其中一家将其股票出售给其余 8 人，最大的 3 家股东持有约 85% 的股份。项目公司的所有权变更不会导致项目延期，且无须采购当局批准。项目公司认为减少参与管理的股权投资者数量是有益的。项目公司还认为，建设公司和运营公司的股权权益得到了很好的平衡，这有助于降低在建设和运营之间厚此薄彼的风险。

### 公众利益相关者参与

从项目一开始，加入该计划的土地所有者就比预期的少，导致上述"建设阶段"部分所讨论的最小灌溉区面积的减少。许多土地所有者认为水的价格太高，并且不确定加入该计划的好处。这种情况逐渐得到改善，建设完成后，预计大多数土地所有者将加入。加泰罗尼亚地区政府承诺推动该项目，有望在 2030 年之前每年为项目提供约 3000 万欧元的预算，以推动建设阶段完工，尽管这尚未获得正式同意。

土地所有者面临的主要挑战是改变思维方式。他们习惯于管理非灌溉土地，改用灌溉系统意味着投资以及加入系统后必须承担的额外运营成本。此外，可以在灌溉土地上种植的作物也发生了变化，许多土地所有者对这种大规模的改变持保守态度。

灌溉项目一开始就必须把优先重点放土地所有者参与上来，以确保项目的可行性。采购当局与项目公司目前正在开展各种活动来提高人们对项目的认识，以吸引土地所有者参与。如采购当局开展宣传活动，向土地所有者提供有吸引力的贷款，从而使其能够负担额外的工程成本，而项目公司则负责展示已加入该计划的农民的成功案例。到目前为止，更多的土地所有者加入了该项目，说明这样的方法是有效的。

## 采购当局和项目公司之间的关系

采购当局与项目公司之间在如何管理某些讨论（尤其是与环境合规性有关的讨论）方面存在分歧。例如，项目公司指出，采购当局就保护鸟类的要求与欧盟环境当局进行了单方面谈判。由于这是一个对项目公司负责的项目的设计和管理解决方案产生重大影响的问题，因此，项目公司认为自己也应该参与到谈判中以考虑到这些影响。但采购当局并不同意，并认为已经与欧盟进行了适当的讨论。

## 关键事件

### 终止贷款协议

在融资交割时，项目公司与银行集团签订了贷款协议，以确保完成项目建设所需的融资。银行提供了定制的融资安排，以完成各区域的建设；而一旦每一区域的工程都已认定完成，偿还相关债务的责任会在应收款项销售模式下转移到采购当局。这项安排使得采购当局和土地所有者能够在 20 年的期间内定期支付费用来偿还项目债务。项目公司的营业收入来自向使用灌溉系统的土地所有者收取的费用。

在 2007 年全球金融危机期间，加泰罗尼亚地区政府的投资评级被降级为垃圾级别，因此贷款人在 2012 年终止了贷款协议。彼时，国家政府制定了一项计划，允许地区政府以低利率借款。加泰罗尼亚地区政府利用这一计划偿还了贷款人的所有未偿还债务，大约为 3 亿欧元。

在贷款终止时，有部分工程仍在建设中，因此债务尚未按照上述定制融资安排的要求转移给采购当局。项目公司承担了这些灌溉系统未完工部分的建设成本，而且采购当局尚未对这部分成本进行补偿。

自项目公司贷款协议终止以来，采购当局一直直接承担建设费用。项目公司充当了负责设计和建设的项目经理的角色，将每个区域的工程进行分包。然后，项目公司所完成的这些工作会得到补偿。这类似于项目公司在贷款协议终止前管理项目建设的方式，并且建设承包商也没有变化。根据这一新的安排，项目公司承担了有限的设计和建设风险，因为采购当局承担了所有建设工程的责任，而土地所有者在加入灌溉系统时负责建设自己土地上的灌溉工程。从运营角度来看，项目合同的原始安排仍然存在，项目公司的运营收入还是全部来自于土地所有者。

### 符合环保要求

欧盟鸟类指令对于成员国承担保护鸟类生存方面的义务进行了规定，其中要求建立所谓的"特殊保护区"以保护指定的鸟类。2007年12月，欧盟法院裁定西班牙未能履行其在塞加拉-加里格斯灌溉项目所涵盖地区的义务，要求对灌溉区域的布局和大小进行重大变更，同时减少从塞格雷河中引出的许可水量。这样一来，项目的总体建设成本增加了，而这些开支完全由采购当局承担，另外还需要就PPP合同进行再谈判，以解决可用灌溉水减少的问题。这一问题通过2013~2015年间的再谈判得到了解决。其结果包括将建设期在原来9年的基础上延长15年，即总建设期间为24年。运营阶段仍然是建设完成后30年，这仍然可行，因为来自土地所有者的收入仅用于支付运营成本，而不用补偿任何建设成本。

### 项目经验

**在项目启动初期以及整个项目的早期阶段，与最终用户的良好互动对于确保项目的可行性至关重要。**

与最终用户的互动始终很重要，尤其是当这些用户需要签约加入项目时，因为只有他们支付了用户费用才能确保项目成功。很明显，该项目一开始就高估了土地所有者的支持，导致在项目初期缺乏足够的参与来推广灌溉计划。

项目公司和采购当局目前的宣传活动被认为是成功的，因为加入该项目的土地所有者人数正在增多。此外，加泰罗尼亚地区政府通过农业信贷研究所向农民提供软贷款，以帮助促进土地所有者融入灌溉系统。

**采购当局必须进行充分的尽职调查，以确保项目范围和任何合同规定的设计参数符合所有相关法规。**

在项目早期进行设计和范围定义时，开展充分的尽职调查并适当商询利益相关者意见至关重要，因为监管合规与否会对项目产生重大影响。这对于环境敏感性项目而言尤为重要。虽然加泰罗尼亚地区政府于2002年批准了环境影响声明，但这对欧盟法院来说并不充分。这导致PPP合同中概念设计所确定的灌溉面积和可用于灌溉的总水量显著减少。随着公众越来越关注环境问题，同时相关国际法规（例如欧盟环境法规）也在不断发展，可能会影响PPP项目的任一阶段。

同样，在项目早期提高利益相关者的参与，可以减小环境组织提出任何挑战的风险。这种风险不能完全消除，因为一些活动分子可能从根本上不同意该项目，但是在项目早期真诚地邀请利益相关者参与可能会阻止其他团体采取法律行动。

**将工作人员从建设阶段留任至运营阶段，可以提高过渡阶段的管理效率。**

保持员工在过渡阶段的连续性，可以提高项目绩效。许多在建设期间为项目公司工作的工程师一直继续留任到运营阶段，这有助于在各方之间建立信任。这对于各阶段之间存在长时间交叉的项目尤为重要。

**PPP 合同中的技术规格过度限制，采用投入型而非产出型技术规格，会对项目的最终设计和整个寿命成本产生负面影响。**

过度限制性的技术规格可能会限制项目公司的创新能力，削弱其寻找有效解决方案的能力。在该项目中，合同的要求对于设计解决方案而言是限制性的。例如，合同规定使用聚酯管，而从整个项目生命周期的角度来看，这并不是最佳解决方案。但由于这是合同要求，因此难以改变。

**政府的支持在关键情况下（例如缺乏融资时）变得非常重要，并且可以降低项目延期或终止的风险。**

在该项目中，由于采购当局在其他项目上面临金融风险，也由于自身财务评级出现问题，因此采购当局决定介入并偿还现有债务。西班牙政府随后提供了财政支持，为加泰罗尼亚地区政府提供救援，这是西班牙政府帮助地区政府解决与贷款机构现有债务大战略的一部分。恰恰因为这些因素，该项目本来可能推迟甚至终止，但最后还是继续推进。

# 西班牙：萨拉戈萨有轨电车

**项目概况**

地点

西班牙阿拉贡自治区萨拉戈萨

行业

运输——铁路

采购当局

萨拉戈萨市政当局

项目公司

Sociedad de Economía Mixta Los Tranvías de Zaragoza, S. A.

项目公司责任

设计、建设、融资、运营和维护

融资交割

2010 年 11 月 30 日

资本价值

3.5 亿欧元（4.657 亿美元——2010 年汇率）

合约年期

50 年

关键事件

融资交割延期，并且在融资交割完成之前就提前开工

## 案例摘要

萨拉戈萨市是西班牙第五大城市。正如西班牙其他重要城市的典型情况一样，萨拉戈萨市自 1885 年以来就有一条有轨电车线路。在 20 世纪 60 年代，对电车系统的投资下降，1976 年，萨拉戈萨最后一条电车线路消失，公共交通服务改为城市公交车。

2009 年 6 月，Sociedad de Economía Mixta Los Tranvías de Zaragoza, S. A. 项目公司与萨拉戈萨市采购当局签订了 PPP 合同，以建设新的有轨电车系统、采购全部车辆，运营并维护电车轨道和车辆。电车轨道系统长 12.8 千米，有 25 个站点，两个多式联运车辆段和两个一般车辆段，其中一个用作主要的中央候车楼。25 个站点由

双人和简单/单人平台提供服务。

PPP 合同中包括车辆的交付、运营和维护。车辆是 Urbos 3 系列，由西班牙公司 Construcciones y Auxiliar de Ferrocarriles（CAF）制造，该公司同时也是项目公司的股权投资方。每辆电车有 5 个车厢，总长度为 33 米。该有轨电车系统的一个有趣的设计特点是它使用车载能源存储系统，该系统累积在制动过程中回收的能源，并且还可以在 20 秒停车期间充电，从而使有轨电车在没有架空电力供应的情况下运行。

该项目已经进行到两个不同的商业交易日期。第一个日期是临时合同授予，第二个是最终合同授予。这是根据彼时西班牙法律所进行的程序，以给予一个月的时间对这一合同授予结果提出法律异议。任何第三方可以在此期间对合同授予，或者在招标和授标过程中可能发生的任何违规行为提出异议。

该项目荣获了多个奖项，最近获得了 2016 年 10 月在伦敦颁发的全球轻轨奖"最佳环境与可持续发展创新"奖。

## 经验要点

- 拥有致力于利益相关者参与的专门工作人员，为收集反馈意见并进而改善服务质量提供了良好机会。
- 不仅使公众参与决策过程，还采用一体化方法解决环境和城市问题，这一良好实践使所有利益相关者受益，并提高了项目的整体效益。
- 合作有助于开发创新解决方案。
- 具有明确、可衡量和可实现的关键绩效指标，定期进行独立监测，并加强绩效监测中的数据收集，这些都是运营阶段的关键要素。

## 项目筹备

### 项目目标

萨拉戈萨电车轨道项目起源于萨拉戈萨可持续交通规划。萨拉戈萨可持续交通规划的目标是满足城市的所有交通需求，同时尊重萨拉戈萨的环境、城市景观和文化遗产。

可持续交通规划为城市持续的发展提供一个完整的交通网络，支持不断增长的人口和城市扩张，以及满足萨拉戈萨人民安全、舒适、高效率出行方面的需求。

这一电车系统在运营后预期能够实现可持续交通计划的目标。萨拉戈萨市各种交通工具共存，彼此相互联通，从而形成了一种全新的多式联运模式，使公共交通乘客的日常出行变得更加舒适和灵活。

萨拉戈萨可持续交通计划的以下目标正在基于该项目的效益而得以实现：

- 基于萨拉戈萨市启动的可持续交通计划，萨拉戈萨成为西班牙可持续发展的参照点。
- 使萨拉戈萨市与选择实施可持续交通计划的其他欧洲城市保持同一水准。
- 基于该计划与其他城市交通工具的兼容性与接驳便利性，促进了城市中不同交通方式之间的联通。
- 通过共享车站或站点，改善不同运输线路之间的接驳。
- 鼓励公众使用公共交通出行。
- 尊重萨拉戈萨市的美学、环境和传统价值观，尽管由于引入了新的有轨电车系统，城市街道可能会发生变化。

该项目已获得 13 项国家和国际奖。来自世界各地的市政当局都参观了这个有轨电车网络，以便从中学习。该项目的成功之处在于通勤友好的路线设计，其路线贯穿于城市中心和人口密集的地区。线路设计也得到了详细的交通需求调研的支持。这一成功的另一个关键因素是股东单位（萨拉戈萨市政当局、西班牙铁路建设和协助公司、公交巴士 TUZSA、Grupo Avanza、西班牙营建集团、阿驰奥纳、Ibercaja y Concessia）和其他利益相关者的支持。

## PPP 合同管理

### 建设阶段

项目设计的编制使用了招标阶段所提供的初步设计。项目设计将有轨电车所覆盖的不同区域和路线纳入其中，这是该项目成功的关键因素之一。初步设计定义了电车线路的通行权。路线的选择考虑了往返于高需求区域的乘客的出行需要。

项目公司的股权投资者为建设阶段的前 15 个月提供了直接融资，采购当局也在这一初始阶段提供了一些资金支持。融资交割的迟延将在下文"关键事件"部分详细讨论。

建设方案分为两期。预计一期和二期建设时间均为两年。除少量工作外，一期建设工程提前 6 个月竣工。至此，由于一期建设项目已经基本完成，并相应地开始第一阶段的电车运行，项目公司开始获得里程碑付费。

在建设阶段，采购当局和项目公司在利益相关者管理方面付出了巨大努力。城市建设工程复杂，会影响大量公共服务，干扰当地居民和企业的日常生活。为了管理与利益相关者的公共关系，项目公司聘用了一名沟通主管，在萨拉戈萨市附近地区也设置了几处咨询办公室，因此任何个人或企业都可以咨询有关该项目的信息或与建设阶段相关的任何问题。

**运营阶段**

由于建设方案预计两期建设时间均为两年，因此，PPP 合同给予一期和二期项目的运营期限分别为 33 年和 31 年。由此，项目公司能够在进行二期建设的同时，就开始一期项目的运营。这激励着项目公司尽快完成建设阶段，获得相关里程碑付费并在开始运营后获得使用者付费的收入。

从运营开始就建立了客户服务办公室，并且根据 PPP 合同规定在整个运营阶段一直运营。

**履约监督和关键绩效指标（KPIs）**

在建设阶段，采购当局对工程施工进行严格的监测，这是按时按预算成功地交付工作的关键因素。此外，还成立了由采购当局和项目公司代表组成的联合小组来监督工程建设活动。

运营阶段的关键绩效指标（KPIs）也是项目成功的关键因素之一。PPP 合同中的关键绩效指标被称为"质量和可用性指标"。其中，大约有 15 个指标涉及多个方面，如正点率、清洁度等，且每个指标都有相应的付费扣除。基于需求的付费或可用性付费（Payment Per Demand，PPD）是采购当局根据电车服务的质量和可用性向项目公司的付费。

采购当局全面监控这些关键绩效指标（KPIs），采购当局分配四名全职人员负责监控服务质量。

例如，与正点率相关的关键绩效指标（KPIs）由控制有轨电车运行的软件自动生成，该软件控制服务的所有方面（所有站点的到达时间和出发时间、速度、有轨电车的位置等）。采购当局通过进行检查来监测其他关键绩效指标（KPIs）。

关键绩效指标（KPIs）对采购当局和确保服务质量来说，似乎都很有价值。从项目公司的角度来看，这种监测过于严格。然而，毫无疑问，这种高强度的监测确保了优质服务和所有资产的良好维护。

**付费机制**

在建设阶段，在完成预先确定的建设里程碑后进行了一次性付费。如果没有在规定时间内完成里程碑，或者质量不达标，付费扣除可高达 1200 万欧元（占采购当局应付的补贴总额的 10%）。由此激励项目公司按时完成里程碑。

在运营阶段，项目公司有三个收入来源。第一个是基于项目公司电车服务的质量和可用性而支付的可用性付费（PPD）。此付费取决于上述"绩效监测和关键绩效指标"中的 KPI 完成情况。

第二个收入来源是使用者付费（Payment Per User，PPU）。此来源有两个部分：第一部分 PPU 收入是作为直接票价从使用者收取的，第二部分是影子付费，因为采购当局为每个用使用者支付了约定的付费。项目公司的第三个也是最后的收入来源是停车费和广告费，占总收入来源的一小部分。

需求风险由采购当局和项目公司共同承担。双方约定具体的基准水平，如果基于使用者付费的实际项目收入低于基线水平 10% 以上，则双方将按 50%：50% 的比例共同承担损失，没有限制。如果基于使用者付费收入超过基准水平 20%，项目公司保留 10% 的收益，其余归采购当局所有，即 90%。

说明一下，在项目公司的当前收入总额中，来自质量和可用性付费的收入占 15%，使用者付费收入占 84%，停车费收入占 1%。受访的利益相关者预计，未来这些百分比将会发生变化，届时有轨电车将拥有更多的使用者，收入占比将分别变为 10%、89% 和 1%。

此外，PPP 合同要求项目公司在移交开始前的第 10 年之前创建一个储备账户。然后，从移交之前的第 10 年开始直到移交的每年，包括移交的那一年，项目公司必须将从采购当局获得的可用性付费收入的 5% 存入该储备账户中。预计车辆维修的一切费用都将由储备账户支付。

**变更管理**

由于 PPP 合同中的设计和建设风险被完全转移给了建设合同中的建设承包商，因此承包商首先向项目公司提交成本超支和时间延迟的索赔。项目公司将审查和评估建设承包商提出的每项索赔的有效性，并向采购当局提交相应的索赔，以供其审查和批准。受访的利益相关者没有提到有关变更管理方面的挑战。

**环境与城市问题**

项目开始时，环境问题就得到了高度重视。建设场地的现有绿化区域已经进行了相当大的改进。

为项目施工而不得不移除的每棵树，都在其他地方种植了两棵树。此外，树木的选择是通过参与性程序进行的，附近邻居和企业主参与了树种的最终选择。

在老城区的一段 2 千米线路上，电车使用了车载储能系统（OESS）；当电车在此路段上行驶时，不需要架空的接触网或任何其他系统来为电车充电。安装在有轨电车上的车载储能系统只有在车站停车时才会进行充电。此外，该系统通过存储制动能量，可以减少电车在悬链线段下运行时的电力消耗。这种创新解决方案的应用对敏感的城市环境中的总能耗和该基础设施的视觉效果都具有积极影响。

该项目也被认为是受项目施工影响的城镇地区获得升级改造的机会。项目公司将萨拉戈萨不同街道的工作称为从外观到立面的干预，为工程建设提供了整体方法，而不是只关注基础设施本身。

采购当局利用新基础设施建设改善城镇面貌的做法，是促进环境一体化改善和公众参与中很好的一课。

### 管理争议

该项目没有任何争议，通常任何分歧都是通过项目公司高级管理层与采购当局之间的讨论来处理的。

在西班牙，通常没有解决争议的具体规定。所有公共合同均遵循《公共部门合同法》的规制。该法律规定了公共管理部门与私人公司之间的所有合同关系。如果争议不能通过双方友好协商解决，将被直接提交法院裁判。

## 关键事件

### 融资交割延迟

受 2009 年西班牙经济危机影响，融资交割被推迟。项目公司与其贷款人之间的谈判也因此受到影响，融资协议被推迟。但是，项目公司选择在融资交割前，于 2009 年 8 月启动工程的设计和施工。直到 2010 年 11 月，融资交割才完成，这意味着虽然采购当局在早期阶段提供了部分融资，但前 15 个月，有轨电车和机车车辆的设计和建设主要由项目公司的股权投资者提供融资。一期项目的有轨电车系统于 2011 年 4 月开始运营。

决定启动建设工程并承担建设阶段超过一年的成本风险，说明了项目股权投资者在本项目中承担的风险的规模及其对项目的承诺。

## 项目经验

**拥有致力于利益相关者参与的专门工作人员，为收集反馈意见并进而改善服务质量提供了良好机会。**

在建设阶段，项目公司专门聘用负责与利益相关者沟通的主管，这被认为是促进利益相关者参与和管理的成功实践。在运营阶段，设立客户服务办公室也是管理与最终用户和公众沟通的良好方法，收集反馈意见也为持续提高服务质量提供了良好机会。

**不仅使公众参与决策过程，还采用一体化方法解决环境和城市问题，这一良好实践使所有利益相关者受益，并提高了项目的整体效益。**

项目的环境问题从一开始就受到了高度重视。为项目建设而必须移除树木，而每移除一棵树，都在其他地方种植了两棵树。此外，树木的选择是通过公众参与进行的，附近居民和企业主参与了树种的最终选择。

以宽广的视野看待城市基础设施，对创新持开放态度，这一良好实践使所有利益相关者受益，并提高了项目的整体效益。利用新基础设施建设改善城镇面貌的做法，是促进环境一体化改善和公众参与中很好的一课。

**合作有助于开发创新解决方案。**

合作、对创新持开放态度，并有战略眼光地在城镇特定区域（具有特定的社会和文化利益）的电车上引入车载储能系统（OESS），使合同双方和用户都从中受益。

**具有明确、可衡量和可实现的关键绩效指标，定期进行独立监测，并加强绩效监测中的数据收集，这些都是运营阶段的关键要素。**

对项目公司提供的服务质量进行定期和独立的监控有助于提高用户满意度，并确保向项目公司付款的透明度和准确性。

# 英国：中伯克郡垃圾处理项目

**项目概况**

地点

英国（UK）中伯克郡

行业

垃圾处理

采购当局

雷丁市理事会、布拉克内尔森林理事会、沃金厄姆区理事会（Re3）

项目公司

Re3 有限责任公司

项目公司责任

设计、建设、融资、运营和维护

融资交割

2006 年 10 月 31 日

资本价值

4.8 千万英镑（9.39 千万美元——2006 年汇率）

合约年期

25 年

关键事件

· 争议——收益测算

## 案例摘要

中伯克郡垃圾处理项目在合作、克服挑战和适应变化的能力方面取得了成功。这项私人融资计划（或英国称为 PFI）是提供垃圾处理、转运和处置服务的 PPP 项目，被认为是雷丁市、布拉克内尔森林和沃金厄姆区理事会之间合作的一部分。自融资交割之日起，该项目经历了动荡的经济和政治时期，且其当前的运营环境，与当时的预期截然不同。

该项目的关键事件是对收益测算的解释存在分歧。双方尝试了各种争议解决方案，并考虑了将争议提交英国高等法院。但是，双方都致力于通过谈判解决问题，并且在寻找解决方案时，他们展示了清晰的沟通和协作的有效性。

## 经验要点

- 在某些情况下，为解决不再符合采购当局目标的 KPI 问题，引入非正式审计可能会提供合适的短期解决方案。
- 采购当局和项目公司同处一地办公有助于更有效地将争议化解于早期。
- 如果正式变更程序证明行不通，那么非正式变更程序可能会提供解决方案。本案也强调了为 PPP 合同谈判设定适当时间之必要性。
- 建立一个小型、封闭的政府行业网络可以对特定部门的 PPP 计划产生积极影响，包括通过知识分享。
- 为确保起草的法律文件具有实用性，律师应得到融资交割后项目参与人员（如合同经理）的大力支持。
- 将未牵涉进争议中的员工配置到谈判中，可以提供更有效解决争议所需的独立性。
- 可能需要将定期审核 KPIs 的流程纳入到 PPP 合同中，以保证项目符合当前需求。
- 设置严苛但扣费额又很小的关键绩效指标（KPIs）不足以激励项目公司完成目标。

## 项目筹备

### 项目合作目标

1998 年，由于地方当局组织的变化，雷丁市理事会、布拉克内尔森林理事会和沃金厄姆区理事会开始负责垃圾处理和垃圾收集工作。三个理事会决定共同合作，以实现欧盟和英国确立的垃圾处理目标，并由此建立了一个联合委员会，称为"垃圾处理委员会"。

除了接收城市垃圾外，PPP 合同的内容还包括在雷丁市和布拉克内尔市建设垃圾处理、转运和处置的设施及设施的后续运营。建设这些设施的目的是将家庭垃圾循环利用率提高到 50%，并在 2031 年之前实现 75% 的垃圾不再填埋。

采购伙伴（采购当局）被命名为 Re3，代表三个理事会。因此，项目公司选择使用这个伙伴的名称并称自己为 Re3 有限公司。虽然项目公司和采购当局都使用相同的名称，但它们没有共同所有权。项目公司完全由私人投资者拥有。

**筹备阶段的经济和政治环境**

该项目于 2006 年第三季度完成了融资交割。彼时，中央政府雄心勃勃地推动私人融资计划 PPP 项目，并且大力支持实现垃圾处理目标。大项目的融资成为可能，而且地方理事会也深信他们有能力为大型和复杂的设施买单。

当前，英国垃圾处理 PPP 项目所处的环境与该项目启动时完全不同。现在英国地方当局的大部分资金来自中央政府，而且在全球金融危机和实行紧缩措施之后，中央政府开始减少这种资金和支持。地方当局负责为垃圾处理 PPP 项目提供资金，但他们已经难以承担单一付费，因此他们正在重新评估这些项目。

目前，英国有两个垃圾处理项目备受关注。在曼彻斯特，一个垃圾处理项目在地方当局和项目公司重新评估后终止，而在谢菲尔德，市理事会和项目公司正在讨论是否继续它们的垃圾处理项目。

## PPP 合同管理

### 建设阶段

中伯克郡垃圾处理项目在建设阶段没有发现任何重大争议或延期。设施建设需要在三年内完成，而且采购当局设计了一个三阶段加价的支付机制。这意味着，与雷丁市两处设施和布拉克内尔市设施相关的建设里程碑会影响单一付费，每增加一个里程碑，就会增加应付单一付费的数额。这一支付机制结构，可以激励项目公司按时完成其建设里程碑。

由于项目公司承担了设计和建设的风险，建设承包商对项目施工进行自我监督，同时委员会也会"在后台"进行监控。采购当局和项目公司还任命了一个独立的认证机构，以验证设施是否符合产出技术规格，监督项目进度并批准建设里程碑的实现。

建设承包商使用的风险监测系统采用了基于项目的关键路径方法（critical path method）。这一方法以约束理论为基础，而约束理论和方法论的要点是，识别实现目标的最重要障碍并对其加以改进，使其不再成为一个制约因素。虽然建设工程按时完成，但很难评估有多少结果是建设承包商采用的风险监测系统实现的。

理事会对承担额外风险格外谨慎，这符合他们采用的垃圾处理 PPP 标准合同（垃圾处理基础设施交付计划（WIDP）[①] 项目协议）。理事会除了参加每周通报会议

---

[①] 垃圾处理基础设施移交计划由英国环境、食品与农村事务部（也称为 Defra）设立，以支持地方当局加速在治理剩余垃圾所需的大规模基础设施项目上的投资。

外，几乎不干涉项目事务，干预措施也被保持在最低限度，因为任何更积极的干预措施都会被项目公司视为先例，并且可能暗示采购当局承担了建设风险。

在采购当局、项目公司、建设承包商、运营承包商和独立验收机构进行详细检查后，项目最终完成了正式验收。

**履约监督和关键绩效指标（KPIs）**

PPP 合同中约有 70 个包括二级指标在内的关键绩效指标（KPIs），虽然它们通常由项目公司和运营承包商监测，但采购当局也执行一定程度的监测。项目公司目前一直符合关键绩效指标，并且任何扣款都是微乎其微。然而少数 KPIs 也会引起一些紧张，因为项目公司将其视为"严苛"且无法实现，而采购当局则将其视为是对绩效的持续激励。这一少数 KPI 的付费扣除额相对较小，项目公司认为它们不会激励绩效。

该项目的 KPI 是在撰写本案例研究的 10 年之前，签署 PPP 合同时确定的，当时的重点是减少垃圾填埋。项目公司获得了实现这一目标的自主权，但它通过垃圾焚烧来实现这一目标。然而，目前的政府政策更侧重于回收和满足与循环经济相关的回收目标。因此，KPIs 与采购当局的当前目标不符，因为项目公司不必增加垃圾回收的百分比，就能够满足 KPIs，而 KPI 被认为是"那个时代的 KPIs"。

为了解决当前 PPP 合同未完全涵盖的问题，采购当局引入了一个非正式的审计流程，审计结果向项目公司和采购当局成员代表组成的联合委员会报告。审计范围涵盖采购当局认为重要的但 KPIs 未适当涵盖的方面。这些指标通常较为主观，因此可能更适合非正式程序。

审计结果在雷丁市，布拉克内尔森林和沃金厄姆区理事会的网站上公开分享，但并未被广而告之，因为其目的不是为了指责或批评项目公司。相反，审计结果的在线发布是为了确保，一旦这些指标有所下降，其他委员会和地方当局会以此为参考，主动管理自己的合同，无论是与同一私人合作伙伴还是与他人合作。采购当局对此过程感到满意，并坚信对解决 KPI 未监测的问题非常有帮助。项目公司认为审计很全面，并且也不会对其当前的实施方式带来任何问题。但是，这项审计预计不会持续实行，因为审计并不是 PPP 合同的要求，而且情况可能会发生变化。

**付费机制**

在运营阶段，单一付费与可用性相关联，并且可以基于 KPIs 考核进行付费扣除，其中政府提供最低垃圾量保证。在基准付费之上，有一个与垃圾处理方式（即回收或填埋）关联的收益机制；因不用缴纳垃圾填埋税而节省的费用是项目公司回收垃圾的主要动机。也存在一个收益分享机制，采购当局最多可以分享因免交垃圾填埋税而节省的费用的50%。然而，由于垃圾处理量下降，最近尚未达到基准量。

只有在贷方的技术顾问签发设施认证后才可以支付可用性费用。在设施获得认证后，将根据运营绩效来支付与绩效相关的费用，而运营绩效则依据地磅票和活动证据来测量垃圾量。

一年以来，采购当局采用业务模型来预测预期的业务量和业务处理类型，以评估付款的分配方式。然后，将支付款项与提交凭证进行核对，以确保收入计算的准确性。年底后的6个月，进行最终对账。

**变更管理**

PPP合同的任何实质性变更都必须遵守适用的采购法规。但是，对于非实质性变更，双方已找到处理方法。在出现非实质性变更的情况下，一方提出非正式变更通知，申明变更的性质及其理由。非正式通知需在正式通知发出前一个月发出，以便使各方都有机会审查通知，提出修改建议，并在正式变更实施前进行适当准备。需要注意的是，所提出的变更需要符合法律并在PPP合同约定的范围内。

## 政府角色

显然，这个项目的成功部分归功于中央政府机构和私人融资计划的支持。在项目完成融资交割两年后，英国政府启动了垃圾处理基础设施交付计划（Waste Infrastructure Delivery Programme，WIDP），以支持地方当局加快投资。WIDP向地方当局提供建议，促进地方当局知识共享。WIDP通过发布指南来提供建议，并应请求提供现场指导。WIDP制定的合同管理指南为该项目的成功做出了贡献，WIDP组织的知识共享活动为地方当局有效、直接地分享知识创造了一个安全的环境。

WIDP由环境、食品与农村事务部（简称为Defra）建立，为英格兰的相关垃圾处理项目提供商业支持。对于使用私人融资计划模式采购垃圾服务的地方当局而言，WIDP提供的专业支持协助地方当局保持与私人部门所拥有的商业能力和资金实力的平衡。事实证明，WIDP也提供了争议解决的渠道。下文"关键事件"部分讨论。本案的争议处理程序持续了4年，期间经历多次裁决，花费巨大。

## 采购当局和项目公司之间的关系

### 团队组建与人员安排

采购当局为该项目聘请了专门团队，参与采购过程的大多数该团队成员继续留任，参与到建设阶段和运营阶段。而项目公司的情况则正好相反，所有参与投标的项目公司的员工在 PPP 合同签订之后都离开了。采购当局和项目公司的角色存在一定程度的重复。这被认为是对资源的不当配置，有违伙伴关系的精神，因为对每一方而言，没有必要让两名员工履行相同的职责。

目前，采购当局认为有四名员工参与该项目已经足够。虽然额外的支持会有所帮助，但采购当局不太可能负担得起。例如，采购当局预计需要监测项目公司的融资义务，但采购当局的意愿是通过与 WIDP 合作来完成此任务。

### 培训与发展

采购当局的合同管理团队没有结构化的培训计划。采购当局确实有培训预算，但是没有充分利用，只是根据具体情况提供员工培训。WIDP 还帮助提供地方当局发展所需的指导以及知识共享。

### 沟通

在组成采购当局的三个理事会中，雷丁市理事会充当了管理当局的角色。因此，该理事会负责领导与项目公司和利益相关者的沟通。目前的公共宣传战略是依靠社交媒体进行的。事实证明，与先前举办公开会议的安排相比，社交媒体的成本更低、受众更广。

采购当局和项目公司的办公地点同处一地，对 PPP 合同进行运营管理。这有助于在各方之间建立牢固的关系。日常互动既可以减少敌意行为，也可以推动双方建立牢固关系。双方已经建立了成熟的关系——即使在收入分配方面采取完全不同的立场，双方仍然能够友好地继续开展业务。

### 信息管理

起初，双方都通过信息共享平台进行数据共享，但事实证明，这种规模的项目所要求的信息管理要复杂得多。补救方法是利用一处办公的优势，一起工作，而非利用一个信息分享的虚拟空间。

### 关键事件

#### 争议——收益测算

2010 年，即融资交割 5 年后，采购当局发出了关于计算超额收入的正式争议通知。双方经过多次裁决程序，争议几乎要诉至高等法院，才达成一个满足各方利益的解决方案。

导致争议的因素之一似乎是所收集的垃圾量从2009年起开始减少。垃圾收集量下降很难归咎于某一个单一原因，因为这可能是各种因素相互作用的结果，例如人口统计学（例如当地人口的变化、住宅开发的性质）、全球金融危机造成的消费的减少（由此浪费也会减少）或地方当局的运营政策的变化（例如垃圾收集或垃圾处置）。垃圾量下降影响了项目公司的财务状况，而且在这种背景下，资金流动和付费受到严格审查。这导致项目公司与采购当局在PPP合同解释方式上产生分歧，而采购当局认为项目公司扣留了与超额收入相关的分成。

虽然PPP合同规定了处理此类分歧的方法，但双方最终陷入了僵局。项目公司引进具有关系建设能力的人才打破僵局，并专注于改善与采购当局的关系。新员工对过往杯葛持有更独立的看法，并且能够更务实地解决问题。

值得注意的是，对PPP合同的具体履行方式缺乏一致意见，以及PPP合同本身的含糊不清，导致这一争议陷入僵局。合同双方之间的观点存在差异很常见，特别是考虑到这类项目的周期长且复杂度高，因此面临的挑战是如何克服这些分歧，又不会导致争议。在这种情况下，更好地理解PPP合同的要求本可以改善各方的结果。

根据所采用的解决方案，双方已就PPP合同条件和支付机制的变更情况进行了协商，使合同更加清晰，并且消除了其他任何不明确的地方。

## 项目经验

**在某些情况下，为解决不再符合采购当局目标的KPI问题，引入非正式审计可能会提供合适的短期解决方案。**

对PPP合同中的KPIs未充分涵盖的指标进行了非正式的平行审计。采购当局引入了平行流程，并向由项目公司和采购当局成员代表组成的联合委员会报告。审计涵盖了采购当局认为重要但KPIs未充分涵盖的指标。审计内容在线发布，鼓励项目公司和运营承包商改善在这些方面的绩效。

无论在签署PPP合同中初次设置KPIs时，还是在处理已过时KPIs时，这一经验都十分突出。

**采购当局和项目公司同处一地办公有助于更有效地将争议化解于早期。**

为了PPP合同的运营管理，采购当局和项目公司同处一地办公。这有助于建立日常关系，在诸如发生争议等具有挑战性的时期，这一点有益无害。双方之间的面对面互动有助于在合同争议升级之前找到化解的办法。

**如果正式变更程序证明行不通，那么非正式变更程序可能会提供解决方案。本案也强调了为 PPP 合同谈判设定适当时间的必要性。**

双方已经在 PPP 合同规定的正式通知发出之前，引入并履行了非正式变更程序。这有助于双方了解变更情况，并在引入正式变更程序之前进行调整。在许多情况下，运营阶段的变更指令和调整是由市场需求变化、采购当局政策或其他外部因素变化所导致，这在长期 PPP 合同中很常见。

本案的做法展示了一种处理 PPP 合同变更程序问题的成功方法，对解决 PPP 合同没有为双方了解变更所涉及问题提供足够时间的情况下，如何处理变更问题大有裨益。该方法还为起草 PPP 合同提供了一个有益经验，也即需要在变更程序中设定适当的时间框架，以便各方能够妥善处理这些问题。

**建立一个小型内部政府业务网络（包括通过知识共享）可以对特定部门的 PPP 项目产生积极影响。**

如英国 WIDP 这样的小型内部业务网络，有助于促进最佳实践和知识共享。网络成员们很乐意与同行公开交流并分享经验教训。WIDP 所发布的合同手册也被广泛使用并被普遍认为非常有帮助。这种网络可以对特定问题提供业务支持，对任何其他合同管理问题提供建议，并帮助成员及时了解其他成员面临的热点问题和挑战。

**为确保起草的法律文件具有实用性，律师应得到融资交割后项目参与人员（如合同经理）的大力支持。**

为最大限度地减少歧义，在签订合同之前，双方应就 PPP 合同中处理接口和灰色领域问题的条款和流程达成一致，这对尽可能降低不同解释和争议的风险十分重要。律师应得到合同经理和其他相关人员的大力支持，以确保起草的法律文件具有实用性。

**将未牵涉进争议中的员工配置到谈判中，可以提供更有效解决争议所需的独立性。**

牵涉进分歧中的人自然会固执己见。当争议升级时，有益的做法是，将未牵涉进争议中的员工配置到谈判中，并且更多地关注关系建立和谈判。

**可能需要将定期审核 KPIs 的流程纳入到 PPP 合同中，以保证项目符合当前需求。**

PPP 合同的性质和期限要求在审查和重新评估 KPI 方面有一定程度的灵活性。市场和用户的需求从项目开始到结束，不可能保持一成不变。应定期审查 KPIs，重新评估它们相对于当前的市场或公共需求而言，是否已经过时。为确保项目仍然与当前的需求有关，PPP 合同可能需要考虑包括审核、添加或放弃某些 KPIs 指标的流程。

**设置严苛但扣费额又很小的关键绩效指标（KPIs）不足以激励项目公司完成目标。**

PPP 合同共包含了 70 个 KPIs。项目公司目前能够完成 KPIs，只有一些小额付费扣除。然而，项目公司认为少数 KPIs "太苛刻"且无法实现，而采购当局则将它们视为持续改善绩效的激励，双方关系由此产生了一些紧张。这些少量的 KPIs 对应相对较低的付费扣除额，因此项目公司认为它们不足以形成绩效激励。

# 英国：城际快车项目

**项目概况**

地点

英国（UK）

行业

交通运输——铁路/铁道车辆

采购当局

英国交通运输部

项目公司

Agility Trains West Ltd. 和 Agility Trains East Ltd.（共同作为项目公司）

项目公司责任

设计、建设、融资和维护

融资交割

2012年7月（项目的第一部分，大西部干线），2014年4月（项目的第二部分，东海岸干线）

资本价值

57亿英镑（88.92亿美元——2012年汇率）

合约年期

27.5年

关键事件

由于大西部干线的电气化延期而要求的变更，再融资

## 案例摘要

由于英国铁路网络中大量城际列车即将接近其使用年限，而乘客数量的增加又需要提高列车运载能力，因此英国交通运输部采购当局签署了两份合同，用于新列车的供应、融资和维护。鉴于其规模，该项目分为两部分：一为大西部干线；二为东海岸干线，每个项目公司（即 Agility Trains West Ltd. 和 Agility Trains East Ltd.）负责其中一条主干线的列车。由于两个项目安排采取相同的形式，本案例研究将主要涉及一个PPP合同和一个项目公司。英国私人列车运营公司（列车运营商）将根

据绩效和可用性标准向项目公司支付列车使用费。

由于原定于 2015 年之前完工的大西部干线的电气化工作被推迟，采购当局决定增加该线路的双模列车（电力加柴油动力，而不只电力）的数量，并重新安排交付时间。

在撰写本案例研究时，几乎一半需要在大西部干线运营的列车已投入运营。

## 经验要点

- 在关键时刻更换外部顾问可能会增加项目风险。
- 采购当局、项目公司和其他主要利益相关者之间的密切合作有助于减轻新问题的潜在影响。
- 需要投入资源来管理所有利益相关者，特别是存在多方复杂交互关系的情况下。
- 与项目公司没有直接协议的第三方有关的风险通常由采购当局保留，这意味着它必须管理这些第三方。
- 如果采购当局可以与项目公司分享潜在的再融资收益，他们就应该留意金融市场的潜在机会，因为这可能会为采购当局带来实质性的利益。
- PPP 合同中的变更条款应该是可行的，而且不能过于复杂。有时，采购当局应采用灵活的方法来促进实现更广泛的项目利益。

## 项目筹备

### 项目合作目标

城际快车计划项目于 2005 年启动，采购当局的实施方案表明，彼时，列车运力刚刚满足需求，且现有列车已接近其预期使用寿命。因此，需要进行大量投资，以确保能够在中长期内提供高运力的可靠服务。采购当局为这两个地区的新列车进行了采购，制定了采购流程。鉴于其规模，该项目分为两部分，两部分都在 2012 年 7 月完成商业交割。这两条线路是：

（1）大西部干线，覆盖伦敦西部地区。项目包括 57 列火车，两个新建车辆段和一个需要翻新的车辆段。该项目于 2012 年 7 月完成融资交割。

（2）东海岸干线，覆盖伦敦沿英国东海岸的城际线路。项目包括 65 列火车，两个需要翻新的车辆段和一个新建车辆段，并于 2014 年 4 月完成融资交割。

考虑到项目的规模以及公共部门追求物有所值的愿望，该项目决定采用 PPP 模式来采购所需的机车车辆。在英国，常见的列车采购路径是这样的：私人列车租赁公司（在英国被称为车辆运营商或 ROSCO）采购列车，并将其租赁给列车运营商。作为这个项目的一部分，将有 122 列新列车投入使用（由 866 辆车厢构成），总资本价值接近 57 亿英镑。然而，这批新的列车交易规模过大而被认为无法通过通常的采购路径进行采购。交易规模也是造成东海岸列车融资交割延误的一个原因，因为金融市场可能没有足够的能力来同时满足项目的两个部分的需要。

融资交割完成之前就已经预测到该项目面临的一些挑战。PPP 合同包括了"预期变更"的理念，如果某些情况发生变化，采购当局将允许要求变更合同内容。这些挑战包括以下方面：

- 要求政府在管理各利益相关者的利益方面发挥关键作用。英国铁路网由私人列车运营商运营，他们竞标运营交通网络的一部分（"特许经营"），运营时间通常为七年。在新项目的设计和制造阶段，这两条干线线路（大西部和东海岸）正由不同的列车运营商基于不同的特许经营安排进行运营。在设计阶段，采购当局在制定详细的技术规格时应当在管理利益相关者方面发挥重要作用，以形成统一的基本技术规格。

- 大西部干线上电动列车的运行取决于线路本身的电气化。根据最终确定下来的 PPP 合同，计划是将伦敦至威尔士卡迪夫长约 145 英里（232 千米）的铁路线路电气化。该路段的电气化工作由英国铁路网公司（Network Rail）负责，铁路网公司是英国铁路基础设施的所有者和管理者。这项工作可能存在被延迟的风险，下文"关键事件"部分将讨论这一风险。

该项目的合同安排基于两项协议。第一份协议是采购当局与项目公司之间的可用性和可靠性主协议（此处称为 PPP 合同）。它包括一项保证，也即采购当局将要求列车运营商与项目公司签订合同，并在合同期内为机车车辆提供可用性付费。第二份协议是列车运营商和项目公司之间的列车可用性和可靠性协议（接口协议）。接口协议定义了向列车运营商提供列车以供其在铁路网络上使用的要求，以及应向项目公司支付的相应的可用性付费义务。项目公司再根据供应和维护合同，将车辆的交付和维护转包给该日立铁路欧洲公司，后者也是项目公司的多数股权投资者。

### 项目公司组织

上述合同安排（PPP 合同，接口协议、供应及维护合同）对 Agility 铁路西部项目公司及 Agility 铁路东部项目公司而言都是相同的，这两家公司的初始股权投资者都是日立（70%）和 John Laing（30%）。

鉴于合同结构、所有权和列车设计、交付和运营的共同性，股权投资者决定成立一个跨两个项目的单一管理团队。该管理团队主要由股权投资者的长期借调人员组成。事实证明，这种结构非常有价值：它向采购当局团队提供了一个有效的单一联系点，而采购当局团队也在管理这两份合同。其结果是，采购当局始终掌握项目的发展情况，特别是有关线路电气化迟延方面，并且可以推动通过谈判来解决所需要的协议变更问题。

这种方法也意味着，项目公司、股权投资者和财务顾问可以成立一个强大的团队与贷款人合作，以提高两个项目的融资（以及后续变更所需的额外贷款协议）能力。日立公司与日本银行的关系对此也很重要。

**经济和政治环境**

关于新城际铁路的讨论始于 2000 年代中期，项目信息于 2007 年向市场披露。日立牵头的 Agility Trains 联合体于 2009 年被选中为优先中标人，但该项目随后被搁置。这是由于全球金融危机而导致金融市场融资能力下降，以及 2009 年大西部干线电气化的决定改变了项目要求。几乎同时，还有另一个大型车辆采购计划（Thameslink，2011 年 6 月选择了优先中标人），以及一个大型 M25 高速公路项目。所有这些项目加在一起，可能使采购当局和金融市场的资源捉襟见肘。

2010 年 3 月，政府对该项目进行了物有所值评估，还对所有政府支出进行了全面的支出审查。此外，2010 年英国政府发生了更迭。2011 年最终决定继续该项目，Agility Trains 联合体仍然是优先中标人。

## PPP 合同管理

### 建设阶段

采购当局在项目的设计和制造阶段发挥了重要作用。在融资交割时，采购当局已经为列车制定了技术规格，描述了产出要求，但是招标阶段的设计规格是有限的。项目目标需要得到澄清，最终确定的技术规格需要被转换成详细的设计要求，并且所有这些要求都需要得到审查。在所有这些阶段，都需要征求有关列车运营商的意见，而他们的意见有时未必相同。大西部干线的大量需求来自于经常往返伦敦的通勤乘客，而东海岸线则更多地用于自由行程，因此两条线路的具体需求（在设计和技术规格方面）可能有所不同。在设计和制造过程中，采购当局依赖他们的技术顾问，并且认为在整个过程中聘用相同的顾问非常重要。除了提供机车车辆外，项目公司还负责建造和翻新火车站。

本项目并不包括大西部干线的电气化。但是，电气化工程需要先期完成，以使新的电气化列车得以测试和使用。当铁路网公司没有按时交付时，必须改变制造机车车辆的计划，增加双模列车的数量，并且更新车辆段的设计以满足双模式列车柴油引擎的需要。下文"关键事件"部分将有更详细的讨论。

### 运营阶段

在撰写本案例研究时，大西部干线的列车运营才刚刚开始。采购当局收集的关于大西部干线初始绩效的数据将被用于对原实施方案进行评估，其中包括新机车车辆的优势和维护要求。

### 付费机制

该项目的设计是这样的，项目公司在列车投入服务之前不会获得任何收入，在开始服务后，项目公司才会收到可用性付费。可用性付费由列车运营商基于开始投入服务的每辆列车向项目公司支付，并且受费用扣减的约束。采购当局没有额外付费，但是采购当局会为列车运营商应付的可用性付费提供担保。这项安排鼓励项目公司尽快将列车投入使用，因为在设计和制造阶段他们不会获得任何收入。

列车运营商根据每个运营日开始时列车运营商可用的特定列车数量向项目公司支付设定的可用性付费。列车运营商负责在一天结束时将列车返还给项目公司。在绩效制度下，如果在运营日开始时没有为列车投入客运服务，或者如果列车故障影响客运服务，则列车运营商可以扣减可用性付费。

还可以根据 KPIs 制度，就列车本身状况，例如清洁度，来进一步扣减可用性付费。合同中列出了 84 个关键绩效指标的计分板，以监测关键绩效指标体系。关键绩效指标分为两组，分别为列车的物理状况（例如划痕）和清洁度。每次将列车移交给列车运营商时，项目公司都会填写这些记分板，并在常规绩效评估会议期间再次对评分板进行审核。

所设定的可用性付费是先行支付的，如有扣减则可以再行追回。这种绩效制度对于列车运营商来说是一个重大变化，因为列车运营商通常租赁其他车辆并自行负责对它们进行维护。项目公司意识到，应该给予列车运营商一个过渡期，并且在列车开始运营之前项目公司一直与运营商合作，以避免在后期出现混淆和分歧问题。采购当局还特别关注初期运营期间的绩效制度。

### 变更管理

在设计和制造机车车辆期间出现了许多变更，主要原因是大西部干线电气化计划的延迟和改变。最初的意图是将电气化线路延伸至卡迪夫，然而，随后又决定将电气化线路延长至斯温西，当然后来这一决定又被撤销。每一次变更都意味着所交付的列车类型的改变，以及车辆段的变更；车辆段建设也是该项目的一部分。

如果该项目致力于应对电气化基础设施的延迟，那么对项目做出大量而又耗时的变更就是重要和必需的。随后的商业谈判复杂而又耗时。另外还应该认识到，合同的复杂性、合同变更以及确保贷款人批准的必要性，都必然要求大量的外部顾问参与其中。尽管如此，双方都在共同努力克服这些挑战。采购当局认识到，项目的主要目标必须是实现公平、合理、协商一致的定价，以及其他运营安排和合同条款的修订。

## 政府角色

采购当局在设计和制造阶段承担主要而又明确的职责。在运营阶段，由于付费和绩效机制主要在项目公司和列车运营商之间展开，因此这一职责将显著弱化。在过渡期间，列车开始进入铁路网络系统，采购当局的职责就不太清晰。采购当局正在对此进行管理，以确保在此期间不会承担额外风险。

### 再融资

该项目于2014年进行了再融资。该项目的东海岸部分于2014年完成融资交割，融资条件优于2012年大西部的融资条件。财政部看到了再融资的机会，于是采购当局发出了再融资通知，要求项目公司充分利用现有的融资机会。再融资的最终安排是"所有贷款人协议重新定价"，最初签约的贷款人同意新条款。PPP合同设定了双方共享再融资收益的流程。再融资在相对较短的时间内完成，其中80%的收益归采购当局，由此实现了大约6000万英镑的节约。

## 采购当局和项目公司的关系

### 团队构建与人员安排

该项目的采购当局团队规模相对较小，如果需要特定技术、法律和财务专业知识时可以向外部顾问寻求帮助。多数采购当局的工作人员从招标谈判工作继续留任至项目实施阶段，有利于知识的保留。

采购当局更换了法律顾问，由此导致了无效率，因为文件和知识都需要移交。继续聘用相同的法律顾问或更有效地管理法律顾问之间的过渡，可以避免这种情况出现。

### 培训与开发

由于这是采购当局最近完成的第一个此类性质的 PPP 项目，它在管理此类合同方面的经验有限。另外，在此项目之前，最近一次引入新型列车的时间也是在 2000 年代初期，因此采购当局在早期阶段缺乏专业知识，必须开发和引进这些专长。此后，采购当局专注于项目管理，其商务专业技能、采购和合同管理能力得到逐步提高。

### 沟通

采购当局和项目公司的地址主要位于伦敦，通过面对面的互动实现了合作关系。由于采购当局和项目公司的利益经常一致，这种合作关系是由双方有意识地完成的。合作关系以及利益一致性有助于避免双方形成对抗关系。然而，双方还没有同处办公，因为采购当局认为必要的分离会产生积极的效果。

### 信息管理

采购当局尚未设定信息和数据管理系统。每月审查会议之前项目公司通过电子邮件提交报告。在设计阶段应用了共享数据管理系统和共享风险登记册，然而，此做法是出于实际原因而不是一项严格的要求。由此，各方都能够根据具体情况调整其工作方式。

## 关键事件

### 电气化延期的处理

大西部干线的车辆原本应分为 29 对五车双模列车，15 对八车双模列车和 13 对八车电气列车。双模式列车是配备有柴油发动机的电动列车，为没有电气化的路线提供动力。之前的项目计划并没有预计到大西部网络上所有城际线路的电气化。使部分车队具有双模功能，可以使车辆继续在非电气化路线运行，并可以在一定程度上保持运营灵活操作，特别在开展工程工作期间使用非电气化改道路线的时候。合同承诺为测试和运营提供电气化轨道。

2015 年初，采购当局和项目公司都意识到，原计划的大西部网络中的电气化工作将无法依照英国铁路网原定的时间按时交付，而这对于测试和试运行活动，以及之后的电动城际快车的运营部署都是必要的。为了缓解预测到的延迟及其相关影响，项目公司和采购当局进行了一系列合同变更：（1）将单一电动城际快车改为无架空电线运行的双模 IEP 列车；（2）对车辆段进行必要的变更以容纳和维修柴油列车；（3）解决一系列由延误引发的商业问题。这一方面是无法按时提供测试基础设施，另一方面是由此导致运营开始日期的延后。

采购当局和项目公司密切合作，成功处理了这一挑战；项目公司及其制造商日立公司承诺以最少的迟延交付列车。各方都认为，承诺采取切实可行的方法来克服挑战是至关重要的，而且经过与日立公司紧密合作，修订了交付时间表，也减少了迟延造成的成本。各方之间没有出现正式的争端。

**项目经验**

**在关键时刻更换外部顾问可能会增加项目风险。**

该项目强调尽可能长期聘用相同的主要工作人员和顾问的重要性，特别是对于 PPP 等长期复杂的合同。采购当局在复杂交易中几乎一直依赖于外部顾问处理技术、法律和财务问题，而在项目里特别是在关键阶段更换顾问，会增加项目风险，应尽可能避免这种情况发生。在本案中，中央政府的政策要求采购当局重新签订咨询合同，这导致了一些顾问的更换。

**采购当局、项目公司和其他主要利益相关者之间的密切合作有助于减轻新问题的潜在影响。**

采购当局、项目公司和日立公司之间的良好关系使采购当局能够应对外部因素带来的挑战，例如铁路线路电气化的延迟。在这种情况下，合作与支付机制的结合促使私人合作伙伴尽快交付列车，从而以最小的项目延迟解决轨道电气化问题。采购当局团队领导力的推动和承诺，对于应对挑战也至关重要。

**需要投入资源来管理所有利益相关者，特别是存在多方复杂交互关系的情况下。**

不应低估管理一系列利益相关者所需的努力，特别是在像英国铁路行业等这样多元的环境中。在这种情况下，在设计和制造阶段管理两个列车运营商的过程比预期更具挑战性，因为它需要更多的努力和资源来平衡利益并非总是一致的两个不同运营商的期待。

**与项目公司没有直接协议的第三方有关的风险通常由采购当局保留，这意味着它必须管理这些第三方。**

大西部干线的电气化和本项目所需的工程都是独立而相互依存的项目，在签订 PPP 合同时，铁路网公司是一家独立的公司，与项目公司没有直接的协议。项目公司和采购当局商定，采购当局应承担由铁路网引起的电气化延迟风险。2014 年，铁路网公司被重新归类为一个半独立的公共机构，意味着它继续保留其运营的独立性，但其董事会要向英国交通运输部部长报告。虽然这一变化使交通运输部对铁路网公司的绩效产生了一些额外的影响，但管理铁路网绩效，并使其能够按时交付仍然是采购当局要承担的风险。电气化延迟造成的延误和成本表明，第三方会对整个工程计划产生影响。英国铁路行业的复杂性和独特性导致了这种风险的出现。

**如果采购当局可以与项目公司分享潜在的再融资收益，他们就应该留意金融市场的潜在机会，因为这可能会为采购当局带来实质性的利益。**

有时可以使用再融资来从项目中获取价值，并节约成本。在发达的PPP市场中，PPP合同通常允许采购当局请求再融资并分享项目公司的节余。基于此，采购当局必须具备必要的专业知识，以认识到金融市场中存在的机会，并迅速利用有利市场条件进行再融资。该项目的再融资为采购当局带来了巨大的利益。

**PPP合同中的变更条款应该是可行的，而且不能过于复杂。有时，采购当局应采用灵活的方法来促进实现更广泛的项目利益。**

城际快车项目包括"预期变化"的概念，该概念定义了一方在某些情况下要求变更的过程。该概念旨在简化同意协议变更的程序，如果在签署PPP合同时双方之间已经就可能会出现的某种程度的变更达成谅解。在本案中，情况比预期得更复杂，电气化延迟远远大于合理预期。这意味着"预期变化"条款并不完全有用，因此采购当局决定采用一种灵活的应对方法。

# 美国：I-495 高速车道项目

**项目概况**

地点

美国（USA）弗吉尼亚州

行业

运输——道路

采购当局

弗吉尼亚运输部

项目公司

首都环城高速有限责任公司（Capital Beltway Express LLC）

项目公司责任

设计、建设、融资、运营和维护

融资交割

2007 年 12 月 21 日

资本价值

20.69 亿美元

合约年期

80 年

关键事件

从合同签署到建设的过渡，从建设到运营的过渡

## 案例摘要

I-495 高速车道 PPP（在北美通常被称作 P3）项目包括在弗吉尼亚州的跨州 495 高速（I-495）14 英里路段范围内，增加建设双向各两条高速车道（高乘载收费（HOT）车道）。

I-495 是一个环绕华盛顿特区的跨州高速公路，作为"首都环城路"而被广泛熟知。I-495 高速车道项目，也就是"电子收费系统快车道"，包含在弗吉尼亚州从 Springfield 立交桥延伸到杜勒斯收费路北端的一个 14 英里路段的扩建。2005 年 4 月采购当局弗吉尼亚运输部（VDOT）与项目公司，首都环城高速有限责任公司签署协

议，标志该项目正式开始启动。然而，融资交割直到 2007 年 12 月才完成。在融资交割时，项目公司的股权投资者由福陆公司（Fluor Corporation）和环城公路管理公司（Transurban）组成。

在项目交付期间出现诸多挑战。通过项目专项办公室的大力配合，提供适量资源应对高峰生产阶段，与项目公司紧密合作等措施，项目最终克服了种种挑战而且提前完成建设工程。项目提前开通，项目支出被控制在预算内，并且有业界领先的安全记录。

### 经验要点

- 采购当局的监督水平必须与 PPP 项目的风险状况保持一致。采购当局可能还需要在生产高峰期投入更多资源，以履行其合同管理义务。
- 与关键利益相关者的早期和全面的接触，可以为社区和项目业主提供更好的项目。
- 在运营开始之前，特别是在涉及新技术和未知技术的情况下，与最终用户进行积极的早期互动，对收费设施的成功开放至关重要。
- 运营责任的分配应基于哪一方最能管理所分配的责任。
- 保证项目进度表中有足够的时间来对复杂的收费和交通管理系统进行测试和试运行。
- 为弱势企业提供机会，包括小型、女性拥有和少数族裔所有的企业，可以帮助采购当局实现更广泛的政策目标。

### 项目筹备

#### 项目合作目的

在 2000 年代初期，采购当局开始提出以传统方式实施的高速公路扩建计划，来解决弗吉尼亚州首都环城路 I-495 的日益严重的交通拥堵问题。这一计划受到社区的极大反对，因为该计划被认为过于昂贵，需要拆迁 350 多个家庭和企业，而且没有为当地商业区提供公共汽车和其他交通选择。在 2002 年，私人部门根据《公共私人运输法》提出了一个替代方案——建设 4 条新的高载乘付费（HOT）车道，这些道路能够扩大交通容量并且提供新的出行选择，包括服务于公共汽车和其他交通的网络。采购当局采纳了此提议。与私人部门合作以及收费车道可以帮助采购当局使用更少的纳税人资金实现更快的项目交付、提供新的出行选择，并且降低项目对社区和环境的影响。新方案也把需要拆迁的家庭数量从350个减少到只有8个。

采购当局为新项目开展了竞争性采购、一系列环境评估和公众参与程序。2005年，社区领袖投票决定将该HOT付费车道纳入区域长期交通计划。2007年，采购当局与项目公司签订了长期伙伴协议，由项目公司设计、建设、融资、运营和维护该20.69亿美元的HOT付费车道项目。

项目公司的股权投资者提供了大量的先期股本承诺，以帮助资助项目建设，并通过私人活动债券（PAB）（Private Activity Bonds-PABs）和《交通设施融资和创新法》（TIFIA）贷款，为项目的其余部分提供融资。PABs是免税的债券，由地方或州政府发行或代其发行，为合格项目提供特殊的融资利益。PABs所融资的项目大多数是私人方的项目，而且政府通常不承诺其信贷。TIFIA贷款项目的战略目标是为了利用有限的联邦资源，并且通过为全国性或区域性重大项目提供直接贷款、贷款担保和备用贷款额度（而不是援助款）的方式提供信贷协助，用来刺激资本市场对交通基础设施的投资。这一安排使弗吉尼亚州能够撬动民间资本，使州政府的每一美元税收能够变成四美元，来改善交通基础设施。

根据项目网站数据显示，项目增加了31000个工作岗位，为经济注入了将近35亿美元的投入。项目公司与弱势企业和小企业、女性及少数族裔所有的企业签订了4.9亿美元的工程合同。这是当时弗吉尼亚州历史上单一交通项目为此类企业贡献最大的项目。

## PPP 合同管理

### 从融资交割到建设阶段的过渡

在开始的时候，设计计划编制以及设计审核和批准的流程比预期所花时间要长。通过投入额外资源、改进流程以及专注的协作努力，双方都能够重新将项目进度拉回到项目计划内。

### 建设阶段

在建设期，现有的8条车道（双向各四车道）环城路被扩宽为12条车道，包括双向各四条普通车道和位于内测的双向各两条HOT高速收费车道。该项目也要求更换50多个天桥和桥梁，并重建10个立交桥。该项目也在首都环城路I-495和现有的I-95/I-395高乘载车辆（HOV）车道之间，增加了直接的连通。

建设开始于2008年，并在预算内提前完成，于2012年11月17日开放通行。公共汽车、摩托车和载客三人或以上的车辆可以免费使用快速车道；其他交通工具必须付费。收费率根据交通情况进行动态调整，同时，这种调价机制也调节快速车道的交通流量，从而使其能够保持高速运行。该项目只使用 E-ZPass 电子收费系统收费，不提供现金收费亭。所有车辆使用快速车道，包括免费通行的高载客车辆，都必须安装 E-ZPass 设备。

采购当局在评估认为提速不会导致安全风险之后，于 2013 年 6 月 24 日将快速车道的限速从每小时 55 英里提高到每小时 65 英里。

项目公司依据合同和其制定的项目管理计划，负责监测项目设计和施工的质量控制和保证。项目当局通过独立的验证和保证，进行合规性监测，以确保合同要求都得到满足。此外，采购当局也聘用总工程顾问来监测和认证项目进度以及合同遵守情况。

采购当局和项目公司都采用了风险管理协议，集中关注财政和进度风险。使用了 Primavera P6 软件来管理项目进度和评估潜在的项目进度风险。此外，项目团队每周开会解决所识别出的项目风险和范围变更条款。风险管理协议也追踪采购当局所承担风险的潜在财务责任。

### 建设和运营之间的过渡

为了在 2012 年 11 月开放 I-495 快速车道，2012 年 1 月开始进行驾驶员培训交流项目，并且这项工作在车道开放后 6 个月内持续进行。使用了多种交流方式对整个地区的有关人员进行新规则、新要求以及新系统的进入和退出的培训。驾驶员需要购买一个电子转发器来使用该系统。可以选择购买一个电子收费系统转发器。当有免费车道使用资格（有 3 个或 3 个以上乘客）时，转发器能够调到 HOV 模式设置。整个系统于 2012 年 11 月提前开放。由于发生未预测到的驾驶员行为，系统在开放后不久就进行了一些调整。整体上，在运营的前两年，收费收入比预期要低。驾驶员适应新系统比较慢。一旦驾驶员了解到道路提供的好处，他们就会开始改变，并且越来越熟悉弗吉尼亚州的首个动态收费设施。

### 付费机制

所有项目公司收入都来自过路费。项目公司应当在采购当局的监督下自我监测其绩效。采用这种方法的逻辑是，保持车道开放和状态良好符合项目公司的利益，因为只有如此驾驶员才会愿意继续使用快速车道并为此付费。项目公司提供月报和季报，在 PKPI 指标没有得到满足时进行付费扣除。采购当局每月与项目公司见面，讨论运营、收费和整体绩效情况。

### 变更管理

本项目所进行的变更数量是标准的。对项目范围有一些调整，主要涉及土木工程，涉及约 1.25 亿美元由采购当局做出的变更，而且没有延长项目工期。采购当局资助（或者与其他机构一起资助）实施了这些变更，以衔接和改善本项目内和项目周边扩展的道路网络。这些变更对于需要数年开发的大型项目而言是典型的。

采购当局成立了一个大型项目办事处，协助管理变更（更多信息见下面大型项目办事处一栏），而且各方对加快项目进程达成一致。所达成的项目进程比通常的道路项目范围变更批准时间表要快得多。大型项目办事处的成立意味着，采购当局有专门的员工对变更管理做出快速反应。

### 政府角色

采购当局成立了一个独立的大型项目办公室，以便在融资交割后立即管理前期设计文件的审批。大型项目办公室为项目工作人员提供了一些必要的额外人力资源，最大限度地促进了项目团队之间的协作，并确保了有针对性的及时审查。政府支持有充分的人力资源保障，以项目为中心，允许为了双方合同上的利益快速做出决策。

### 采购当局和项目公司之间的关系

采购当局认为与项目公司之间的关系是相互配合、透明而且成功的。这一积极关系使各方充分利用采购当局的大型项目办事处，克服早期延误问题并按照预算提前交付施工工程，而且保持了行业领先的安全记录。

### 团队组建与人员安排

在项目办事处成立之后，采购当局就有了适当的资源和机构设置来全面履行其义务。在融资交割之后，采购当局就立即指派了总工程顾问，为项目设计审批和建设进程监测提供支持。在融资交割之前和合同进行期间，采购当局也从第三方顾问得到一些财政方面的咨询。

在两个后续项目上，采购当局在融资交割结束之后，没有指派总工程顾问。在后续 PPP 项目中，采购当局能够在采购阶段得到一个工程监理团队的帮助来协助起草项目合同和采购文件，并且之后在设计和建设阶段，该团队继续协助采购当局管理合同。

采购当局员工的绝大部分培训都是在工作现场进行的。

## 关键事件

### 从融资交割到建设阶段的过渡

设计计划编制，设计审查和批准过程最初花费的时间比预期的要长。通过增加人力资源，改进工作流程和集中协作努力，双方都能够使项目按计划进行。双方都致力于积极协作，主动参与。采购当局设立了一个项目办公室，为以项目为中心的团队提供空间，以确定和解决项目问题，并简化计划审查和批准流程。

### 过渡到第 1 天收费的挑战

高乘载收费概念对于最终用户来说是新的，在运营的前两年，最初的付费收入低于预期。用户不熟悉新的收费系统及其带来的好处。

## 项目经验

**采购当局的监督水平必须与 PPP 项目的风险状况保持一致。采购当局可能还需要在生产高峰期投入更多资源，以履行其合同管理义务。**

在项目交付的不同阶段，采购当局需要提供合适的资源，而且必须能够在生产高峰阶段（设计和建设）增加资源。

可能存在一种误解，认为采购当局对项目监督的责任微乎其微，这是不准确的。变更管理尤其需要专用资源来满足所商定的批准时间安排。由于最终设计编制和计划审批进程缓慢，采购当局设立项目办事处，为项目投入专门的资源，以完成所需要的审核和批准，以及最适合他们做的其他任何活动。这有助于加快项目进度并有助于进度恢复，从而使项目提前 45 天向公众开放。

**与关键利益相关者的早期和全面的接触，可以为社区和项目业主提供更好的项目。**

该项目的初步计划仅包括进入该地区最大就业中心泰森斯角的一个出入口。在获得主要雇主、民选官员和公共交通倡导者的早期反馈后，项目团队变更了项目范围，提供了 3 个服务于繁忙商业区的出入口。通过早期（在传统的公共听证程序之外）主动接触利益相关者，各方都能够协同合作开发运输解决方案，从而获得了更好的项目效果，帮助解决了该地区的交通拥堵问题。

**在运营开始之前，特别是在涉及新技术和未知技术的情况下，与最终用户进行积极的早期互动，对收费设施的成功开放至关重要。**

为了在 2012 年 11 月开放 I-495 快速车道，2012 年 1 月开始进行驾驶员培训交流项目，并且这项工作在车道开放后 6 个月内持续进行。使用了多种交流方式对整个地区的有关人员就新规则、新要求以及新系统的进入和退出进行培训。I-495 快车道设有新的出入口，在某些位置限制出入。除了新型设施之外，用户也需要学会在哪里进出网络。这对出行者而言是一个障碍。交流方式包括多媒体广告、沿路条幅和灵活的信息标识、社区活动、业务简介、直接的电子邮件和鼓励采用电子收费系统的激励活动。

**运营责任的分配应基于哪一方最能管理所分配的责任。**

I-495 快速路项目包括快速车道建设和通用道路改善。对于快速车道资产，以及大多数共用资产，比如道路标志结构和桥梁，采购当局把大多数运营责任和风险转移给私人部门。这需要细心地计划与安排，保证有效调度，并且厘清责任。采购当局负责 I-495 快速车道项目的冰雪清除工作，以便与有关区域进行协同，实现规模经济，并且确保在整个交通网络中采取一致的方法。伙伴协议提供了一个框架，以确保采购管理局和项目公司合作实现整个运输网络的最佳运营。

**保证项目进度表中有足够的时间来对复杂的收费和交通管理系统进行测试和试运行。**

应该至少在预期的开放日期一年之前，开始对道路开放和收费进行详细计划和协调，包括跨部门协调、用户培训、运营前规划。采购当局与项目公司，执法部门以及其他交通和社区合作伙伴之间应密切协调和准备开放计划，以确保为客户提供平稳安全的开放。端到端系统的广泛测试对于验证收入和执法活动的准确性和可靠性，以及确保向付费用户提供良好的体验至关重要。在最初的开放阶段就制定一个"超级护理"阶段，其中包括加强所有合作伙伴的资源配置，这有助于确定并快速应对不可避免的启动挑战。

**为弱势企业提供机会，包括小型、女性拥有和少数族裔所有的企业，可以帮助采购当局实现更广泛的政策目标。**

采购管理局制定了政策，优先考虑弱势企业，小型、女性拥有和少数族裔所有的企业，建筑承包商通过各种施工分包方案向这些组织提供了约 4.9 亿美元的工程。这在当时是一个比较新的概念。采购当局在培训小企业并协助其获得参与合同的机会方面发挥了重要作用。

# 美国：迈阿密港隧道

**项目概况**

**地点**

美国（USA）佛罗里达州迈阿密港

**行业**

运输——道路

**采购当局**

佛罗里达交通运输部

**项目公司**

MAT Concessionaire，LLC

**项目公司责任**

设计、建设、融资、运营和维护

**融资交割**

2009年10月15日

**资本价值**

9.2亿美元

**合约年期**

35年

**关键事件**

由于不可预见的地面条件而引发的争议

## 案例要点

迈阿密港隧道是佛罗里达州首批政府与私人合作伙伴（PPP，在北美一般称为P3）项目之一。迈阿密港只有一个通过迈阿密市的出入口，这是该市交通拥堵的主要原因，因此需要找到一个将出入港口的交通流量从市中心转移出去的解决方案。这一解决方案是通过隧道将州际公路网络与港口连接起来，从而将来自州际公路网络的交通流量从城市转移出去。

作为佛罗里达州早期的PPP项目之一，佛罗里达州交通运输部采购当局在管理PPP合同方面没有丰富的经验。此外，州和市政府无法提供项目所需的财政资金。

联邦政府提供了使项目实现和成功所需的支持。佛罗里达州交通运输部提供了管理和移交项目所需的所有技术、法律和金融专业知识。联邦公路管理局通过其"交通基础设施融资和创新法案"（TIFIA）信贷援助计划提供了超过3.4亿美元的贷款。

因此，重要的联邦支持与州、县和城市的当地知识相结合，确保了项目的成功。尽管项目遇到了不可预见的地面条件，并发生了纠纷，但该项目在预算范围内提前完成。

## 经验要点

- 积极的社区服务和参与对任何重大基础设施项目的成功都至关重要。
- 成功移交大型基础设施可能需要各级政府之间的协作。
- 分担任何一方无法控制的风险可对双方的工作关系产生积极影响。
- 尽早与运营承包商就运营 KPI 的理解和适用性进行讨论，可以使建设和运营之间的过渡更加平稳，并有助于避免误解。
- 在建设期间，通过设立应急基金预先考虑了重大建设和财务风险，能够在风险出现后取得令人满意的效果。
- 虽然一些风险依 PPP 合同分配给了项目公司，但采购当局仍需对其进行密切管理，以避免其声誉受损。
- 双方可能需要一些时间，对建设阶段向运营阶段的过渡进行调整，以适应管理运营阶段的义务。
- 经常（甚至每周）与所有利益相关者举行会议，可以帮助采购当局密切跟踪建设活动并管理任何可能的挑战。
- 成立争议解决委员会的成本可能很高，但是，它们也可以成为解决纠纷的有效方式，并具有降低诉讼风险的优势。

## 项目筹备

### 项目合作目的

迈阿密港位于比斯坎湾迈阿密和迈阿密海滩之间的一个岛屿上。在迈阿密港隧道建设之前，通往港口的唯一通道是通过岛屿与城市中央商务区之间的一座桥梁（如图 1 左下方所示）。每天有超过 16000 辆汽车在港口周围使用道路，货运卡车占该数量的 1/4。

随着巴拿马运河的扩建计划于 2015 年完工，迈阿密港作为"世界邮轮之都"很明显需要更好的通道。拥堵阻碍了港口的运营以及城市的商业增长。迈阿密的交通模式加剧了这种情况，拥堵不仅在工作日的高峰时段，而且在晚上和夜晚的高峰时段也是一个问题。通过将港口直接连接到州际交通网络，隧道每年可以帮助从城市中心区域的道路上转移走多达150万辆卡车。部分由于这个原因，采购当局决定不对隧道收费，因为用户付费会使一些驾驶员避开隧道并继续使用现有桥梁。

早在1982年，该地区的规划者就已经考虑过修建一条隧道，但这会带来很大的风险。它必须建在海平面以下40米，位于繁忙的航运通道和环境敏感区域，并且具有不确定的岩土工程条件。

该项目实际上包括两条隧道（每个交通方向一条隧道），以及对连接的堤道和港口道路的改善。PPP模式被确定为能够确保州政府物有所值的最合适的采购模式，因为它可以最好地将建设风险转移到私人部门。此外，鉴于全球金融危机带来的经济不确定性和困难，该州不愿承担大量债务来为隧道建设提供资金。

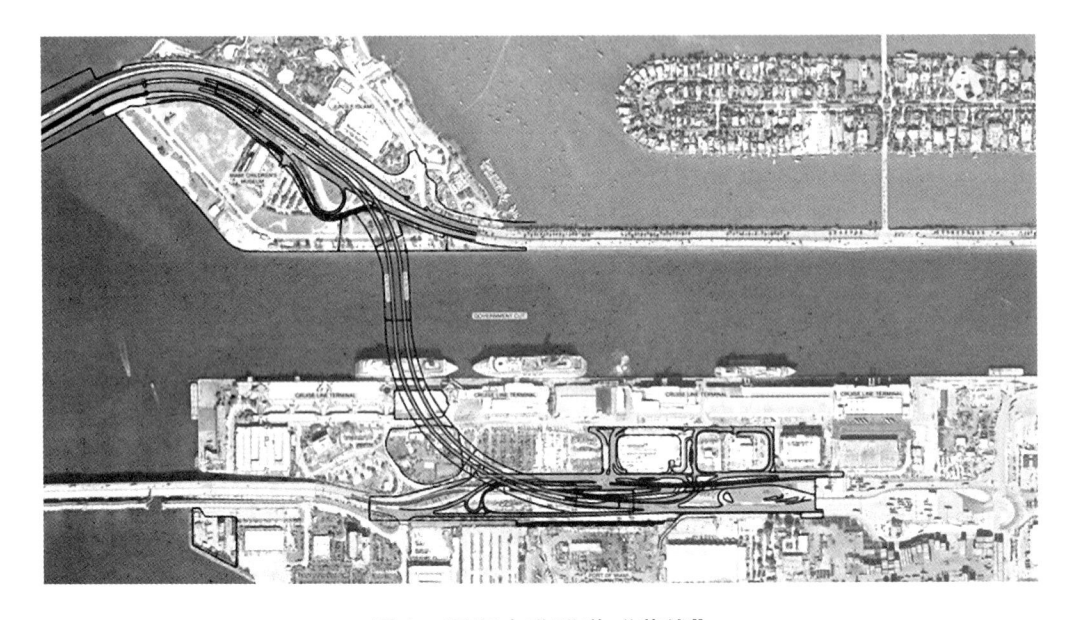

**图1 迈阿密港隧道"黄线"**

资料来源：http：//www.portofmiamitunnel.com。

**经济和政治环境**

在迈阿密港口隧道项目的融资交割的前几年，当地县政府已经同意在一个新的棒球场上花费3.47亿美元，引起了公众的大量质疑。该PPP协议过去和现在仍然充满争议，实际成本（包括借贷成本）被认为高于公布的成本。因此，预计对政府的建设支出将会实施更加严格的审查，特别是在新隧道等高端项目上。这加强了社区参与和包容优先事项的必要性，特别是在高风险建设阶段期间。将让项目惠及当地社区非常重要。

该项目是在全球金融危机的冲击下进行招标的，佛罗里达州交通运输部在2008年选择了Miami Access Tunnel财团作首选投标人。当时的多数股权投资者是在融资交割前破产的巴布科克和布朗。Meridiam随后加入该财团，成为替代巴布科克的多数股权投资者，并于2009年与MAT公司、MAT特许经营有限公司，完成了融资交割。

## PPP合同管理

### 建设阶段

迈阿密港隧道的建设过程一直具有挑战性，因为麦克阿瑟大桥（隧道将要连接的大桥）无法关闭，港口本身也需要保持全面运营。这些隧道是佛罗里达州第一条使用隧道挖掘机（TBM）完工的隧道，这需要大量的前期成本。

由于不可预见的岩土工程挑战，第一条隧道需要8个月才能完成，这比原计划要长。大量类似于花岗岩的硬质材料珊瑚石从一开始就减缓了钻孔的速度。然而，更重要的是，在海平面以下30米处，建设承包商遇到的空隙中充满了半液体浆料，在某些地方，泥浆的体积相当于城市街区的大小。不可能绕过空隙，也不能让它们充满浆料。解决这一挑战的方法是将大约200000立方米的混凝土泵入空隙，使TBM穿过稳定的材料。采购当局和项目公司已设置有应急资金，以支付因岩土工程问题而产生的额外费用。这笔应急资金被用于支付这项额外工作。但是，在承认并同意为项目公司报销这笔额外费用上，产生了争议。下文"关键事件"部分有进一步讨论。由于同时开启了多个工作平台，建设承包商能够重新安排和优化其工作，并减轻由具有挑战性的地质条件所造成的延误。

需要解决的最后一个隧道挑战是地下水的存在，这可能会破坏两条主要隧道之间交叉通道的建设。为了避免海水涌入挖出的空间，建设承包商必须将该区域冻结至零下30摄氏度并保持冷却40天以使盐水有时间变硬。

无论建设期间面临哪些挑战，建设阶段的有效管理以及关键各方之间的合作都能提前在预算范围内完成项目。

建设承包商在充分理解和遵守联邦法律法规，特别是劳动法方面也面临一些挑战。采购当局确保项目公司及其承包商充分了解影响工程的联邦法律非常重要。无论风险如何分配，严重违反劳动法或安全法的行为将对项目和所有相关方的声誉产生负面影响。如果采购当局的任何项目不符合相关法律法规，采购当局也应对罚款负责。在这个项目中，建设承包商聘请了一家工会公司协助其遵守联邦劳动法。

### 运营阶段

隧道于 2014 年 8 月开始运营，距离融资交割差不多 5 年。每天大约有 14000 辆汽车使用隧道，估计 80% 的港口卡车运输已经从中央商务区转移出去。

该项目引入了许多运营创新以改善交通流量和用户安全。自动事件检测系统会扫描巷道中的非典型事件，例如停下的车辆，然后向工人发出警报。隧道的内表面是防火的，并安装了雨淋式喷淋头系统以扑灭任何大火。包括红外线扫描仪、船喇叭和紧急信息在内的传感器和警报系统用于警告超大型卡车不要进入隧道。此外，每个入口处都设有水闸，可以完全密封隧道，免受风暴潮的影响。到目前为止，运营没有发生死亡事故，2015 年 7 月，该项目获得了全国 PPP 理事会（National Council for Public-Private Partnerships）颁发的 2015 年基础设施项目奖。

### 履约监督和关键绩效指标（KPIs）

该项目的 KPI 包括车道可用性、事故检测和响应时间、维护、照明、通风口和安全功能。运营承包商在设计开发和建设阶段期间积极参与，使其能够提出改进建议，并确保所提出的设计符合可用性和绩效标准。作为这种参与的一部分，还从绩效标准的角度对 KPI 的实用性进行了审查。运营承包商参与这一过程对于确保运营义务的实用性非常重要。

两名第三方顾问对施工绩效进行监测，并为采购当局团队提供支持：建设工程检验（CEI）顾问和业主（即采购当局）代表。这些顾问定期提交月度进度报告，并参加了与项目公司和建设承包商的定期进度会议。

采购当局没有相关的隧道运营和维护专业知识，因此与相关第三方签订了运营和维护监理合同，以帮助进行独立的绩效监测和合同管理。采购当局的团队对绩效标准、报告的故障以及操作控制室的工作情况进行抽查。

采购当局发现运营阶段的前三个月最具挑战性，因为它们为项目公司团队和采购当局团队提供了学习曲线。在此期间，也对许多操作程序和人员配备要求进行了调整，以适应实际情况。

### 支付机制

迈阿密港隧道项目的支付机制分为建设阶段的里程碑付费和运营阶段的持续可用性付费，均由采购当局支付。可用性付费每年定为 3250 万美元，不包括费用调整或扣除。

在建设期间，采购当局根据业主代表合同和 CEI 合同雇用了外部顾问。除了审核设计、工作质量和总体进度（由 CEI 团队在现场进行独立完成）的合规性之外，业主代表还负责认证项目公司的里程碑付费。

运营阶段的可用性付费设定为最高年度付费。付费分为每月单一可用性付费。某些 KPI 的扣除是通过绩效点计算强制执行的，这些计算也与违约和终止事件相关联。

可用性付款主要包括运营和维护（O&M）费用，该费用在通胀调整后固定为 30 年。目标是在整个合同期间和移交确保资产的状况符合要求的规格。双方同意分担 O&M 保险费用变动的风险，因为这些风险由任何一方无法控制的全球趋势决定。项目公司负责安排保险的承保范围，所产生的保费节约或额外费用均与采购当局分担。

**社区参与**

该项目成功的一个明显优势是由项目公司进行的持续社区参与。鉴于公众对近期建设项目的批评，这一点尤其重要，因为这些项目被认为对当地居民不利，而且该项目在该市和更广泛的地区也很引人注意。

鼓励当地支持的主要方法是通过 305 号行动（指当地代码），该行动不仅承诺从当地雇用人员，而且还承诺从当地供应商处采购材料。大约 83% 的员工职位来自该县的人员，400 家本地企业参与了隧道的开发。

项目公司团队也非常重视社区服务，与地方当局合作制定交通管理计划，以平衡当地人的需求与建设活动的需求。项目公司代表访问了当地学校，协助进行科学、技术、工程和数学（STEM）活动，并将其延续到运营阶段。隧道挖掘机（TBM）甚至被当地的女童军团体以 19 世纪的废奴主义者哈丽雅特·塔布曼（Harriet Tubman）的名字命名为哈丽雅特（Harriet）。最后，来自隧道的挖掘出的材料被放置在垃圾填埋场上，以便在附近的岛屿上形成一个休闲区。所有各方都将对社区的持续关注视为成功的重要推动力量。

## 政府角色

各级政府之间的关系对该项目的持续成功至关重要。项目组织阶段，联邦、州、县和市政府提供了资金，迈阿密市也授予土地使用权。采购当局设立的 1.5 亿美元应急基金旨在降低与不可预见的地质条件相关的风险，由采购当局和迈阿密戴德县共同资助。鉴于决定不征收通行费，承诺向采购局提供持续的资金支持尤其重要，因为不收通行费增加了政府的资金需求。采购当局与该市和县执行了一项融资协议，但这些当局没有直接监督该项目。

### 交通基础设施融资与创新法案（TIFIA）

TIFIA 计划的设立是为了向美国（US）的合格基础设施项目提供信贷援助。根据佛罗里达州交通运输部的说法：

"TIFIA 信贷计划旨在通过提供补充和附属资本来填补市场空白，并撬动大量私人共同投资。"

该计划的主要目标是通过吸引和促进私人参与来协助改善美国的交通基础设施并缩小差距。该计划不向州和城市提供补助金；它提供有利条件的贷款，以协助从私人部门获得所需资金。该计划的灵活贷款还款条件允许在实质性竣工后将还款时间推迟长达 5 年。该计划还为贷款人提供信贷担保，并提供备用信贷额度以协助项目现金流。

## 采购当局和项目公司之间的关系

### 团队组建与人员安排

在建设期间，采购当局团队在工程高峰时达到了 21 人，随着建设阶段的结束，这个团队减少到了 6 人。采购当局指定一人管理 PPP 合同，该人具有使用采购当局内部和外部资源的权限和灵活性。由于采购当局没有丰富的隧道经验，因此它依赖于 CEI 顾问和业主代表的专业知识。

在运营开始后，任命了两名全职员工、一名兼职员工。一旦团队更熟悉运营阶段，团队就会减少为一名全职员工和一名兼职员工。没有为采购当局的合同管理人员提供结构化的 PPP 培训，但他们通过"在职"培训获得了相关技能。

### 沟通

采购当局与项目公司利益相关者在建设期间的沟通水平被认为对项目有利，特别是在争议期间。每周会举行包括采购当局、项目公司和建设承包商以及市和县政府的代表在内的会议。这些会议的重点是日常问题。这有助于采购当局密切关注建设活动，并帮助缓解因争议和具有挑战性的岩土工程条件造成的延误。此外，项目公司与采购当局之间每月和每季度召开一次会议，重点讨论具有战略意义的事项以及每周会议提交的任何问题。在索赔期间，采购当局与项目公司之间的季度会议也有市县的代表参加。

### 信息管理

采购当局有一个限于部门范围使用的内部文件控制系统。PPP 合同没有规定任何具体的信息管理系统。然而，业主代表引入了可在施工过程中促进文档控制和管理的软件，这被认为是对采购当局已建立的系统的改进。所有各方都可以访问该系统，以便为合同管理团队提交和上传文件以进行审核和批准。

### 关键事件

#### 争议——不可预见的地质条件

项目的岩土工程遇到了挑战，特别是由于岩石中存在软质空洞，需要增加泵送额外的混凝土（即灌浆），以允许隧道工程继续进行。由此增加的额外成本引发了争议。PPP 合同已经设立了一笔应急基金，以分担隧道成本增加的风险。这笔应急基金的结构是，项目公司首先承担第一笔 1000 万美元的超额成本，然后采购当局将承担超过 1000 万美元的任何成本，最多不超过 1.5 亿美元。如果成本超支超过 1.6 亿美元，项目公司将另外承担 2000 万美元。如果耗尽 1.8 亿美元，双方将有权终止合同。

PPP 合同还特别允许 8000 立方码（6116 立方米）的混凝土用于灌浆。然而，由于柔软的地质条件（包括空隙），需要额外的 250000 立方码。由于建设承包商提出索赔，项目公司向采购当局提出索赔，要求支付额外混凝土的泵送费用。然而，采购当局对此提出异议。由于无法就索赔的原因及其价值达成协议，索赔被上报至项目的争议解决委员会（DRB），该委员会的裁决有利于项目公司和建设承包商。但是，DRB 的裁决仅仅决定赔偿的权利，而无关赔偿的金额，或者后来经过双方协商解决。最后结算的赔偿金额远低于项目允许的应急基金总额，而且采购当局对此结果表示满意。

合同没有规定仲裁争议解决机制，如果谈判未能解决争议，则通常会将争议提交给 DRB。DRB 仍然被各方定期用于项目中，以解决争议。DRB 设立成本很高，但各方认为这是解决纠纷的有效方式，并且具有降低诉讼风险的优势。当 DRB 用作此类项目的常规工具时，它还有助于避免争议。双方定期与 DRB 会面，讨论可能引发争议的潜在问题。这些会议是项目公司和采购当局的论坛，可以在问题升级为争议之前主动解决问题。

**项目经验**

**积极的社区服务和参与对任何重大基础设施项目的成功都至关重要。**

当地社区的支持对于任何大型基础设施项目的成功至关重要，特别是在 PPP 可能受到公众更多审查并可能引起争议的环境中。在迈阿密港隧道项目中，双方积极参与当地社区项目，并利用该项目满足他们的需求。双方同意，为了使项目取得成功，需要使当地社区感受到项目可以带来的显著影响。因此，社区参与计划不仅仅是媒体和公共关系，而是提供真正的经济、社会和商业利益。

社区服务计划涉及三个方面：（1）尽量减少建造工程对当地社区造成的滋扰；（2）通过教育和社会活动识别使社区受益的机会；（3）在当地培训和雇用劳动力并使用当地承包商。

随着该计划的实施，该项目成功地解决了当地社区的社会和经济问题以及他们的日常生活挑战。与迈阿密和迈阿密海滩城市合作制定的综合交通规划确保了对通勤者的最小影响。包括女童子军在内的当地项目以及参与科学、技术、工程和数学教育指导，帮助社区实现了社会改良举措。最后，通过培训当地劳动力和使用当地承包商，社区能够分享经济利益。

**成功移交大型基础设施可能需要各级政府之间的协作。**

从组织和签署到实施和运营，四级（联邦、州、县和市）政府的参与对于该项目的成功至关重要。不同公共机构的联合资助和持续参与以及政治支持有助于克服建设方面的挑战，并改善社区参与。

**分担任何一方无法控制的风险可对双方的工作关系产生积极影响。**

双方在该项目中都认识到，与运维保险成本变化相关的风险会受到其无法控制的全球趋势的影响。双方均同意分担节约或增加的保费，以积极应对风险。这种方法确保公平合理地优化风险分配，并有助于双方之间的关系。

**从运营的角度来看，在设计和施工过程中让运营承包商参与进来有助于运营 KPI 的实现。**

在设计开发和建设阶段，应由运营承包商参与。作为在运营方面拥有最专业知识的一方，它将能够提出改进建议，这些建议可以降低整个生命周期的成本并有助于将服务交付提高到更高水平。PPP 合同的结构应激励项目公司这样做。如果运营承包商不是项目公司的股权投资者，则这可能具有更大的相关性。否则，建设承包商的考虑可能会超过运营需求。在此项目中，运营承包商参与了设计和建设阶段，从而使承包商能够尽早指出设计缺陷，以便对其进行纠正。

**尽早与运营承包商就运营 KPI 的理解和适用性进行讨论,可以使建设和运营之间的过渡更加平稳,并有助于避免误解。**

重要的是,各方应从运营角度就每个 KPI 的含义以及如何对其进行衡量尽早达成协议。达成关键绩效指标解释的协议是最大程度减少运营阶段与绩效评估有关的争议的关键。

在该项目中,运营承包商与项目公司和采购当局合作,在运营阶段开始前一年开始审查 KPI,以评估其可实现性并预测任何挑战。运营承包商提出的主要问题是事故响应时间。采购当局已将此作为优先事项,但是,基于最终设计,仍然对 KPI 是否可实现存在疑问。采购当局于是分析了运营承包商在其运营手册中描述的资源,评估了这一疑问的合理性。采购当局得出结论认为,处理大型卡车故障的 KPI 过于繁琐,因为很难将大型拖车引入隧道。采购当局因此调整了相应的响应时间,同时所有其他 KPI 维持在 PPP 合同规定的水平。

**在建设期间,通过设立应急基金预先考虑了重大建设和财务风险,能够在风险出现后取得令人满意的效果。**

虽然在许多涉及建设工程的 PPP 项目中,大部分建设风险都分配给建设承包商,但隧道项目在不可预见的地质条件、延误和成本增加方面可能会带来特别高的风险。在这个项目中,尽管围绕不可预见的地质条件产生了争议,但双方使用应急基金成功化解了争议,并顺利实现了项目移交。

**虽然一些风险依 PPP 合同分配给了项目公司,但采购当局仍需对其进行密切管理,以避免其声誉受损。**

建设承包商在充分理解和遵守联邦法律法规,特别是劳动法方面面临一些挑战。采购当局确保项目公司及其承包商充分了解影响工程的联邦法律的重要性。无论风险分配如何,严重违反劳动法或安全法的行为将对项目和所有相关方的声誉产生负面影响。如果采购当局的任何项目不符合相关法律法规,采购当局也会被罚款。在这个项目中,建设承包商聘请了一家工会公司协助其遵守联邦劳动法。

**双方可能需要一些时间,对建设阶段向运营阶段的过渡进行调整,以适应管理运营阶段的义务。**

采购当局发现运营阶段的前三个月最具有挑战性,因为它们为项目公司团队和采购当局团队提供了学习曲线。在此期间,采购当局对许多操作程序和人员配置进行了调整,以适应实际情况。

在运营开始时,采购当局任命了两名全职员工、一名兼职员工。一旦团队更熟悉运营阶段,团队就会减少为一名全职员工和一名兼职员工。

**双方可能需要一些时间,对建设阶段向运营阶段的过渡进行调整,以适应管理**

运营阶段的义务。

**经常（甚至每周）与所有利益相关者举行会议，可以帮助采购当局密切跟踪建设活动并管理任何可能的挑战。**

采购当局与项目公司利益相关者在建设期间的沟通水平被视为对项目有利，特别是在分歧期间。每周会举行包括采购当局、项目公司和建设承包商以及市和县政府的代表在内的会议。这些会议的重点是日常工作问题。这有助于采购当局密切关注建设活动。

**成立争议解决委员会的成本可能很高，但是，它们也可以成为解决纠纷的有效方式，并具有降低诉讼风险的优势。**

争议解决委员会（DRB）的成立是为了解决双方之间围绕建设承包商在隧道掘进过程中遇到的岩土工程挑战的争议。各方仍在项目上定期使用DRB，以解决争端。DRB设立成本高昂，但各方认为这是解决纠纷的有效方式，并且具有降低诉讼风险的优势。当DRB被用作此类项目的常规工具时，它还有助于避免争议的产生。双方定期与DRB会面，讨论可能引起争议的潜在问题。这些会议是项目公司和采购当局的论坛，可以在问题引发争议之前得到积极解决。

# 后　　记

本书是落实财政部政府和社会资本合作中心与全球基础设施中心（Global Infrastructure Hub）合作《谅解备忘录》的具体成果之一。财政部政府和社会资本合作中心、中国政企合作投资基金管理有限责任公司为本书的翻译提供了指导和支持。

本书具体翻译工作主要由中央财经大学曹富国教授和张小平副教授完成，深圳市南山外国语学校（集团）滨海学校宋明惠也有贡献。其中，宋明惠翻译了附录1和附录2的前七个案例，张小平翻译了附录2的其他案例，曹富国翻译了全书的其余部分，并对全书进行了译校和定稿。

在翻译过程中，全球基础设施中心（Global Infrastructure Hub）和特纳唐逊咨询公司（Turner & Townsend）提供了支持，在此表示感谢。

由于水平所限，翻译工作难免存在疏漏不足之处，敬请谅解和批评指正。

## 版权

除非另有说明，否则，本出版物中版权及任何其他知识产权（如果有）均归全球基础设施中心所有。

@ 全球基础设施中心，2018

ACN 602 505 064

ABN 46 602 505 064

在线 ISBN：978－0－6480762－0－9 《PPP 项目合同管理》

纸质 ISBN：978－0－6480762－1－6 《PPP 项目合同管理》

## 免责声明

本出版物由全球基础设施中心和特纳唐逊咨询公司共同编写。本出版物中所含观点、发现和建议并不代表 G20 成员国或其他全球基础设施中心捐助国意见。本出版物所含材料仅用于说明而非提供专业建议，用户应利用自身技能知识谨慎使用且在必要时寻求独立建议。全球基础设施中心并未就本出版物所含信息的内容或准确性作出任何声明和保证。在法律允许的情况下，全球基础设施中心拒绝向任何个人或组织就依赖本出版物所含信息进行或未进行的任何事项承担任何责任。

## 知识共享许可协议

提供本出版物旨在依据《澳大利亚知识共享署名许可协议3.0》进行使用，但并未提供使用全球基础设施中心标志与品牌、照片、其他艺术作品或第三方内容（带标示）的许可协议。除《澳大利亚知识共享署名许可协议3.0》授予或《1968年版权法案》（澳联邦）允许的任何使用情况之外，保留本出版物内容所述的所有其他权利。关于复制与权利的请求和查询应发送至 contact@ gihub. org。

《澳大利亚知识共享署名许可协议3.0》是一份可允许您对本出版物进行复制、分发、传递和改编的标准形式许可协议，条件是您必须以引用形式使用该文件。许可协议条款概要见 http：//creativecommons. org/licenses/by/3. 0/au/deed. en。完整许可协议条款概要见 http：//creativecommons. org/licenses/by/3. 0/au/legalcode。全球基础设施中心要求您使用以下措辞引用本出版物（来源于本出版物的任何材料）："资料来源：依据《澳大利亚知识共享署名许可协议3.0》从全球基础设施中心获取许可。在法律允许的情况下，全球基础设施中心拒绝向任何个人或组织就依赖本出版物所含信息进行或未进行的任何事项承担任何责任。"